汽车专业“十四五”精品教材

U0869218

汽车涂装技术

（微课版）

主　编　霍金明　白　梅　刘名巍
副主编　陈　珍　陈清辉　陈昌钦　张爱东

哈尔滨工程大学出版社
Harbin Engineering University Press

内容简介

本书坚持“以服务为宗旨，以就业为导向”的编写思想，从汽车涂装职业健康与安全、汽车涂装技术、汽车涂装工艺的认知、特种材料及其涂装工艺、汽车涂装修补技术及工艺等内容出发，理论联系实际，突出了职业技能教育的特色，以“更加实用、更加科学、更加新颖”为编写原则，旨在加强基础知识教育，强化技术技能培养，不断满足高素质中、初级汽车专业实用人才培养的需求。

本书可作为应用型本科、职业院校汽车专业的通用教材，也可作为汽车类相关专业人员的参考用书。

图书在版编目（CIP）数据

汽车涂装技术：微课版 / 霍金明，白梅，刘名巍主编. —哈尔滨 ：哈尔滨工程大学出版社，2022.7

ISBN 978-7-5661-3617-6

I. ①汽… II. ①霍… ②白… ③刘… III. ①汽车—涂漆—职业教育—教材 IV. ①U472.44

中国版本图书馆 CIP 数据核字（2022）第 124016 号

汽车涂装技术（微课版）

QICHE TUZHUANG JISHU（WEIKE BAN）

责任编辑 张 曦

封面设计 赵俊红

出版发行 哈尔滨工程大学出版社

社 址 哈尔滨市南岗区南通大街 145 号

邮政编码 150001

发行电话 0451-82519328

传 真 0451-82519699

经 销 新华书店

印 刷 唐山唐文印刷有限公司

开 本 889 mm×1 194 mm 1/16

印 张 12

字 数 345 千字

版 次 2022 年 7 月第 1 版

印 次 2022 年 7 月第 1 次印刷

定 价 49.80 元

http：//www.hrbeupress.com

E-mail：heupress@hrbeu.edu.cn

前言

汽车让我们的生活发生了巨大的变化，而各种新技术的不断出现也给汽车后市场的服务模式带来很大变化。随着我国汽车保有量的不断增加，汽车后市场更大了。与以前的个体经营、手工操作模式不同，方便、快捷、规范、标准的优质服务成了现代汽车服务业的新标准。汽车涂装是一门传统工艺技术，而现在不仅是汽车车身性能的技术发生变化，其外形的材料、涂料也发生了变化。随着汽车技术的迅速发展，汽车涂装设备与工艺等也有了较大的发展，对于汽车修理配套工业的要求也越来越高。汽车保有量的增加，带动了汽车涂装业的发展，与此同时，具有汽车涂装技术的职业技能型人才走俏市场。

本书主要讲述了汽车涂装职业健康与安全、汽车涂装技术、汽车涂装工艺的认知、特种材料及其涂装工艺、汽车涂装修补技术及工艺等内容。全书内容充实全面，叙述文字简练、通俗易懂，图文并茂。

本书由霍金明（吉林工程技术师范学院）、白梅（重庆电讯职业学院）和刘名巍（贵州省黎平县中等职业学校）担任主编，由陈珍（湖北工业职业技术学院）、陈清辉（江西宜春工业技工学校）、陈昌钦（湛江机电学校）和张爱东（韶关市始兴县中等职业学校）担任副主编。本书的相关资料和售后服务可扫封底微信二维码或登录 www.bjzzwh.com 获得。

本书结合了作者多年的教学实践和相关科研成果，凝聚了作者的智慧、经验和心血。本书在编写过程中参考并借鉴了大量汽车厂家的图片和汽车维修资料，以及国内大量同行的文献资料，在此一并向相关作者表示真诚的感谢。

由于编者水平有限，书中难免有疏漏或不妥之处，恳请广大师生和读者批评指正。

编 者

2022 年 4 月

CONTENTS
目录

CONTENTS
目录

第一章

涂装职业健康与安全

本章导读

汽车涂装工为特殊工种，汽车涂装作业过程中存在很多关于安全、卫生及急救的特殊事项，涂装作业人员必须熟记这些事项并且具备丰富的劳动安全、卫生及环保知识与技能，才能最大限度地避免工作事故的发生，即便在发生事故时，也能进行有效的处理。因此，操作安全、卫生及环保知识与技能是汽车修补涂装从业人员必须要学习的第一课。

学习目标

1. 识读与汽车涂装作业相关的安全警告标识。
2. 了解汽车涂装作业应采取的防护措施。
3. 熟悉汽车涂装车间应采取的安全措施。
4. 掌握防护面罩、护目镜等的正确使用方法。
5. 掌握常遇特殊情况的人员急救方法。

第一节 涂装安全与生产

一、涂装安全警告标识

安全标识是由几何图形和图象符号构成的，作用是引起人们对不安全因素的注意，但不能代替安全操作规程和防护措施。不同的标识代表不同的含义，在生活工作中要时刻注意周围的这些警示标识，以保证操作人员的生命健康。因此，在使用涂装材料前要仔细阅读产品的使用说明书和相应的标签，并能充分了解各类型安全警告标识的含义，以便做到提前准备。常用的与汽车修补涂装作业相关的安全警告标识主要有以下几种。

1. 避免皮肤接触警告标识

避免皮肤接触警告标识如图 1–1 所示。工作时应采取以下措施。

（1）穿着合适的工作服，佩戴合适的手套。

（2）使用隔绝性防护霜以保护裸露的皮肤。

（3）避免使用稀释剂洗手，应使用合适的清洁剂。

（4）若皮肤接触有害污物（如涂料、稀释剂等），应立即除掉污物并用大量清水和肥皂水清洗。

图 1–1 避免皮肤接触警告标识

2. 避免眼睛接触警告标识

避免眼睛接触警告标识如图 1–2 所示。工作时应采取以下措施。

（1）使用或处理涂料、固化剂和溶剂时必须佩戴护目镜。

（2）如有任何涂料溅入眼睛，应马上用清水冲洗 10 min 以上，并送医院治疗。

图 1–2 避免眼睛接触警告标识

3. 避免呼吸系统接触警告标识

避免呼吸系统接触警告标识如图 1–3 所示。工作时应采取以下措施。

（1）避免处于充满涂料和尘雾的工作间，工作间应安装良好的排风系统。

图 1–3 避免呼吸系统接触警告标识

（2）进行干打磨或喷涂操作时，必须佩戴合适的面罩。

4. 毒性 / 刺激警告标识

毒性 / 刺激警告标识如图 1–4 所示。该标识提示可能存在以下安全危害。

（1）急性毒性。

（2）皮肤腐蚀 / 刺激性。

（3）严重眼损伤 / 眼睛刺激性。

（4）呼吸道过敏和皮肤过敏。

图 1–4 毒性 / 刺激警告标识

5. 避免食用接触警告标识

避免食用接触警告标识如图 1–5 所示。工作时应采取以下措施。

（1）切勿在工作间内进食或吸烟，以免误服有害物质。

（2）工作人员进食前要彻底洗手。

（3）误服有害物质后不要强行催吐，保持体温并尽快送医院救治。

图 1–5 避免食用接触警告标识

6. 注意防火警告标识

注意防火警告标识如图 1–6 所示。漆雾和涂料中的挥发性气体是易燃易爆的，工作间必须装备防火设备，工作人员必须具备正确的安全防火知识。

图 1–6 注意防火警告标识

7. 健康危害警告标识

健康危害警告标识如图 1–7 所示。该标识提示可能存在以下健康危害。

（1）呼吸道过敏和皮肤过敏。

（2）生殖细胞突变性。

（3）致癌性。

（4）生殖毒性。

（5）特异性淋巴器官一次接触毒性。

（6）特异性淋巴器官反复接触毒性。

图 1–7 健康危害警告标识

8. 易燃警告标识

易燃警告标识如图 1–8 所示。该标识提示可能存在以下易燃物。

（1）易燃气体。

（2）易燃气溶胶。

（3）易燃液体。

图 1–8 易燃警告标识

图 1–9 腐蚀性警告标识

9. 腐蚀性警告标识

腐蚀性警告标识如图 1–9 所示。该标识提示可能存在以下腐蚀情况。

（1）金属腐蚀物。

（2）皮肤腐蚀 / 刺激。

（3）严重眼损伤 / 眼睛刺激性。

10. 急性毒性警告标识

急性毒性警告标识如图 1–10 所示。该标识提示可能存在急性毒性。

图 1–10 急性毒性警告标识

图 1–11 水环境危害警告标识

11. 水环境危害警告标识

水环境危害警告标识如图 1–11 所示。该标识提示可能存在急性 / 慢性水环境危害。

二、涂装安全生产

安全是永恒的主题，涂装车间应致力于打造安全的生产车间，不断提升每位员工的安全行为素养。汽车维修企业的涂装车间多是立体作业，自动化程度不高，使用酸、碱和其他易燃物及处理被涂件时，如果操作不当，很容易发生人身伤害和设备事故。另外，在涂装过程中产生的废气、废水和废弃物等容易污染环境。所以涂装车间是工厂的公害防治重点区和防毒防火要害区。从事涂装工作的人员和管理人员必须全面熟悉涂装安全知识，并能采用有效的办法控制污染和灾害的发生。在进行涂装作业时，所使用的材料若含有有害物质，可能会使操作人员发生急性中毒或患上职业病（如皮肤病等），因此必须加强工作环境的保护、劳动保护和技师的健康保护工作。

1. 安全守则

（1）所有涂装相关产品应适当储存并远离孩童。

（2）所有涂装相关产品必须在通风较好的环境下且安装排气系统的操作间内使用。

（3）汽车修补涂料只供专业喷涂或工业施工用。

（4）涂装相关产品说明书及安全守则可向经销商或涂料制造商查阅。

（5）所有涂装相关产品在使用前，操作者必须详细阅读有关资料及化学品安全技术说明书。

2. 涂装车间安全

（1）一般安全措施。

①手工清除铁锈、旧漆膜、焊渣及打磨时应该戴护目镜、棉纱手套、防尘口罩，穿工作服和带钢头

的防滑皮鞋。用溶剂型清洁剂清洗工件，用脱漆剂脱漆，喷涂时应该戴护目镜、橡胶手套、活性炭口罩，穿抗静电工作服和带钢头的防滑皮鞋。如果喷涂的是含异氰酸酯的双组分涂料，必须戴供气式面罩。

②施工环境要有良好的通风条件，尤其是室内施工时。在喷烤漆房内，充足的空气交换量不仅有利于涂层干燥，还能及时排出有害漆雾和挥发性气体。如果是干打磨，要安装吸尘装置。

③在进行登高作业时，要注意凳子是否牢固，严禁穿拖鞋登高或操作，超过一定高度必须系安全带。

④使用电动工具操作时，应该检查工具是否接地，电线要用胶管保护。在潮湿场地操作时，必须穿胶皮鞋，戴橡胶手套。

⑤施工场地的照明设备必须有防爆装置，涂料仓库照明开关应安装在库房外面。

⑥电气设备（空气压缩机、电动工具、照明设备）发生故障时，应立即切断电源，并且立即报告，由专业人员进行检修。修理电气设备时，要切断电源，所有能够接通电源的配电柜或开关箱都要上锁，并且挂上禁止开启的警示牌。

⑦操作人员要熟悉所使用的设备（空气压缩机、通风设备及其他设备），定期检查有关设备和装置（如储气筒、安全阀等）。

⑧使用空气压缩机的安全阀时，随时注意压力表的指针不要超过极限红线。

⑨施工场地的易燃品（包括棉纱等）要随时清除，并且严禁烟火。涂料库房要隔绝火源，要配备消防器材，要有严禁烟火的标志。

⑩施工完毕后，盖紧涂料桶盖，收拾工具，清理余料和棉纱，防护用品放在专用柜中。

（2）防火防爆措施。

①由于涂料在施工中有大量溶剂挥发，并且相当一部分溶剂是一级易燃品，其闪点低，极易燃烧，因此施工场地应该配备防火设备，涂料桶盖要盖紧，防止溶剂蒸发而使空气中的溶剂浓度超过规定的界限。

②施工完毕，应该清理易燃材料，盖紧涂料桶盖，并且把材料入库。

③清理所用过的浸有涂料、溶剂的棉纱、碎布等易燃物，应该集中存放在金属桶内，并用清水浸没，防止材料因过热而自燃。

④施工场地严禁明火操作和点火、吸烟，附近不得有明火，消除发生火灾的隐患。

⑤施工现场的电气设备必须有防爆装置，专业人员必须经常检查电气设备，消除隐患。必须使用防爆插座，禁止使用闸刀开关。

⑥施工现场必须放置足够数量的灭火器、沙土及其他防火器材。

⑦施工场地不准堆放易燃品，出入口及其通道上严禁堆放任何货物，易燃品应放入危险品仓库。

（3）防毒措施。

①施工场地应该有良好的通风或者安装排风设备，使空气流通，加速溶剂气体散发，降低溶剂在空气中的浓度。要有吸尘装置，可以及时抽走打磨粉尘。

②施工人员如果感到头痛、眩晕、心悸、恶心，应该立即停止工作，到室外空气清新的地方休息，严重的应该及时治疗。

③长期接触漆雾和有机溶剂气体的人，有可能发生慢性中毒，所以涂装施工人员要定期检查身体，如发现有中毒迹象，应该调离原工作岗位。

④涂料及有机溶剂通过肺部吸入人体，因此在喷涂时要戴供气面罩或活性炭口罩。

⑤有机溶剂蒸汽可以通过皮肤渗入人体，因此在喷涂完毕后，要用肥皂洗脸和手，条件许可时，喷涂完毕后应该淋浴。为了保护皮肤，施工前可在暴露的皮肤上涂抹隔绝性防护霜，施工后洗干净，再涂抹其他润肤霜以保护皮肤。

⑥有些含铅质颜料的涂料（如红丹）毒性很大，不可以喷涂，只宜刷涂。一些含有毒重金属（如铬、镉）的底漆，打磨时一定要注意防尘。

⑦若施工时溶剂溅入眼睛内，应立即用清水冲洗，然后送医院治疗。

⑧喷涂完毕后要多喝水，以湿润气管，增强排毒能力。平时多喝牛奶，可有利于排毒。

（4）涂料的存放和保管。

①存放涂料的库房必须专用，不得与其他物品（特别是易燃材料）存放在一起。库房要干燥、隔热，避免阳光直射。库房要有通风口，防止因库房密封使库房内有机溶剂的浓度过高而发生危险。库房内的照明应该使用防爆灯，开关应该安装在库房外面，防止开或关时产生电火花而引起火灾。

②库房必须远离火源，库房门口应该有“严禁烟火”的醒目标志，如图 1-12 所示。火柴、打火机、移动电话不得带进库房。库房外应该放置灭火器、沙土及其他灭火材料。

图 1-12 “严禁烟火”标志

③库房室温不得超过 28 ℃，夏季高温时应有降温措施，取料时尽量避开中午高温时段，在早、晚温度较低时取料。

④库房内不同性质的涂料应该分堆或者分层存放，以免由于牌号不明而混淆不清，造成错发而发生生产事故。

⑤库房内不许调配涂料，涂料桶不得有裂缝，使用过的涂料桶盖必须盖紧，不准存放敞口的涂料桶。

⑥库房内不准存放使用过的棉纱、纸屑。涂料空桶不可以存放在库房内，应该集中存放在通风好、无易燃物品的地方，并定期处理。

⑦库房进料应该登记涂料出厂日期、进库日期和规定的保质期，做到先进先出，防止存放过期而造成涂料变质（如干化、结皮、沉淀等）。

⑧对于用量小或容易变质凝结的涂料，不宜大量进货，防止造成积压。

⑨根据自己的经营规模，选择合适的计算机软件管理库房。

知识拓展

操作防护措施

在涂装作业场所，一定要采取必要的防护措施，可以从以下几方面考虑。

1. 树立安全第一思想，增强防护观念

进行涂装作业时，必须树立安全第一思想，增强防护观念，落实具体的安全防护措施。首先应了解涂料的种类和特性，毒性对人体的伤害方式，涂料的使用注意事项，以及可能发生中毒时的急救措施等。尤其是在室内、车辆内等通风不佳或根本没有通风的环境里作业，绝不可以超过溶剂允许使用的最高浓度和工作时间限制。

作业人员事前必须掌握有毒溶剂的包装标志，并且掌握溶剂的安全使用方法。特别是作业负责人及负责安全的有关人员，必须建立明确的岗位责任制，监督安全生产，执行劳动保护条例及有关操作规程。对作业方法，劳动保护用品的发放使用，排风换气设备的正常运行进行必要监管，并经常对作业人员进行安全教育，牢固树立安全第一的思想和劳动防护的观念，及时消除各种不安全的隐患，确保安全生产。

2. 确保通风设备和安全保护装置正常运行

在涂装作业过程中，正确的涂装工艺、正常完好的涂装设备及通风安全保护装置，是安全生产的根本保证，缺一不可，是一个完整的系统工程。应该从工艺上、生产设备上和安全保护装置上，消除不安全的隐患。根据涂装生产的具体情况，考虑所用的涂装作业设备和安全保护装置的配置和使用。如室内作业而又使用的挥发性溶剂，应采用密闭设备或安装排风装置，防止溶剂泄漏。若在槽、罐内部涂装，一定要保证排气量和进气量保持平衡。应有必要的生产设备和安全保护装置来保证涂装生产的安全。

3. 改善生产环境，保证通风换气正常

对于喷涂作业场所，正常的通风换气是非常重要的，是防止发生火灾和爆炸事故的根本措施，也是防止有害气体超标的重要手段。涂装生产的实际过程中，涂料使用量和种类均是经常变动的，挥发性气体的产生和排出也不是均衡的，都是随时间、地区、喷涂状况而无一定规律变化。为此，要经常进行必要的检测，严格控制"三废"超标，发现问题，及时解决，绝不可有一劳永逸的思想。

4. 操作人员的防护

在涂装过程中，操作人员在作业场所，直接在有涂料和溶剂的场所操作，各种有毒的气体和溶剂无孔不入，充斥整个场所。所以，对操作者个人进行防护是非常必要的。这也是涂装安全技术的一个重要部分。

作业人员在涂装操作时，应穿戴好各种防护用具，如工作服、手套、面具、口罩、眼镜和鞋帽等。不让溶剂触及皮肤。同时将外露的皮肤擦上医用凡士林或其他护肤品。对于沸点低、挥发快、毒性大、易吸入气管的溶剂要特别注意，严防吸入肺部。

作业中挥发出的有毒气体，在浓度高时，对人体的神经有严重的刺激和危害作用，能造成抽筋、头晕、昏迷、瞳孔放大等病状；低浓度时，人体也有头痛、恶心、疲劳和腹痛等症状发生。如不及时防护，在长期接触中能使食欲减退，损害造血系统，发生慢性中毒。

人体不仅可以通过肺部吸入涂料，还可以通过皮肤和胃吸收而发生危害作用。人体表面长期与涂料接触，会使皮肤表层的脂肪溶去，造成皮肤干燥、开裂、发红，并可能引起皮肤病。有的涂料颜料含有有毒成分，如红丹、铅铬黄等，这种涂料宜刷涂，最好不要喷涂。使用时，应采取预防措施，这种涂料能引起急性或慢性铅中毒，最好选用其他涂料代用，减少中毒的可能。

第二节 职业健康与安全

我国涂装行业现已颁发《涂装作业安全规程　涂层烘干室安全技术规定》（GB14443—2007）、《涂装作业安全规程　喷漆室安全技术规定》（GB14444—1993）和《涂装作业安全规程　有机废气净化装置安全技术规定》（GB20101）三大安全技术规程。工程技术措施应当以三大技术规程为基本技术依据，设施投入生产前，将涂料产品、工艺设备、防护技术、职业卫生管理组成系统，将烘干设备、电热系统、通风净化系统等组成整体，运用连锁效应，实现系统与整体安全，达到防止火灾爆炸、职业病危害、环境污染的综合防护目的。

一、涂装职业健康

汽车涂装行业VOCs的综合整治

1. 涂装作业可能对人体的伤害

汽车涂装作业时能够危害人体的物质有很多，有些在短期内可能不易察觉其对身体造成的伤害，但多年以后，病症就会发作。通常这种伤害是无法挽回的。

（1）颜料可能含有铅、铬、镉等重金属。铅会影响神经系统、血液系统、肾脏系统、生殖系统；铬会损伤呼吸道、消化道，引起皮肤溃伤等；镉会引起呼吸道病变，危害肾脏系统。

（2）有机溶剂可能含有甲苯、二甲苯，会刺激中枢神经、皮肤，损伤肝脏。

（3）树脂可能会引起呼吸道过敏、皮肤过敏。

（4）2K 型（双组分）涂料的固化剂可能含有异氰酸盐，会刺激皮肤、黏膜，引起呼吸器官障碍。

涂装工在进行汽车修补涂装作业过程中必须注意安全，避免意外的发生。因为一旦发生事故，将可能造成不可挽回的损失，因此必须谨记，预防胜于补救。

注意事项：有慢性肺病或呼吸系统疾病者，应避免接触涂料及有关产品。

2. 职业防护措施

（1）环境控制。涂装环境控制中很重要的内容是通风。在使用涂料、稀释剂以及原子灰等化学品时，适当的通风是非常重要的，通常采用换气扇等换气系统强制通风。特别是喷漆车间，更需要充分换气，这样不仅可以加速漆膜的干燥，也可以除去有害粉尘和有害气体。如果条件允许，最好在具有强制换气扇的喷烤漆房或无尘车间内喷漆。

（2）使用先进的工具和设备。先进的涂装设备可以有效地降低化学物质对操作者的危害。

①使用高质量的喷枪（如高流量低压力喷枪），可提高喷涂时的涂料利用率，减少漆雾。

②使用无尘干磨设备可以使打磨造成的粉尘降到最低，减少了操作者呼吸系统吸入粉尘的量。

③改进喷烤漆房的排风效率，减少喷漆时漆雾对人体的影响。

④在准备工作、调漆和喷漆作业时，为抵御产生的溶剂蒸气和漆雾，应佩戴高质量的劳动保护。

（3）使用环保的涂装产品。

①使用固体含量高的涂料。高固体含量涂料中，溶剂少，涂装作业时可减小对人体的伤害。

②使用水性涂料等。水性涂料是以水为稀释剂的涂料，相对于溶剂型涂料来说，其对人体伤害的程度较小。

（4）佩戴个人安全防护用品。汽车涂装作业操作者应佩戴个人安全防护用品。在工作中采取安全防护措施的成本，远比健康损害和工作能力降低的损失要低。

二、职业安全防护

1. 个人安全防护

（1）呼吸系统的安全防护。磨料的粉尘、腐蚀性液体及溶剂蒸发的气体和喷漆时的漆雾都会给呼吸系统带来危害。即使在通风良好的环境中，操作者仍然需要佩戴呼吸系统防护用品。防尘面具用于保护肺部免受打磨时产生的固体微粒的危害。防尘面具应根据需要使用不同级别的微尘过滤器（滤芯）。滤芯的保护等级如表 1–1 所示。

表 1–1　滤芯的保护等级

过滤物质	英文代号	颜色	过滤等级	保护范围
颗粒	P	白色	P 1	低毒性固体物质
			P 2	低毒性固体及液体物质
			P 3	一般毒性固体及液态物质
有机气体及挥发物	A	棕色	A 1	沸点在 65 ℃以上的有机气体及挥发物（如溶剂）
			A 2	沸点在 65 ℃以下的有机气体及挥发物（如溶剂）

防护用品一般有防尘口罩、供气式面罩和活性炭过滤面罩三种。

①防尘口罩。防尘口罩可以防止灰尘、漆雾和烟雾等空气中的浮游微粒通过口鼻吸入人体，以保护肺、预防哮喘以及避免中枢神经受损害。防尘口罩有可更换过滤芯的防尘口罩和简单的一次性防尘口罩两类，如图 1–13 和图 1–14 所示。在原子灰施工、打磨和除尘等操作时使用。

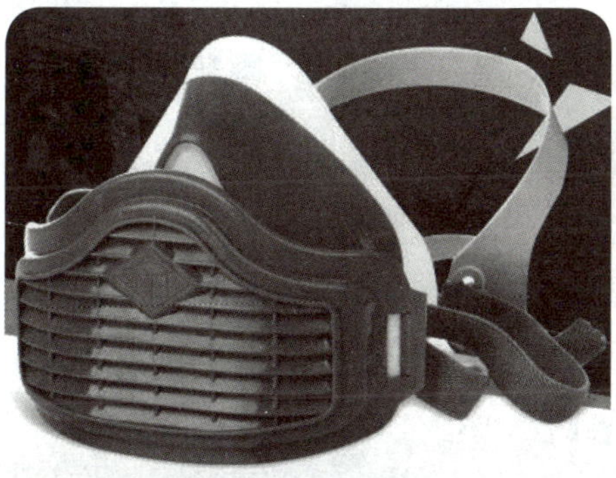

图 1–13　可更换过滤芯的防尘口罩

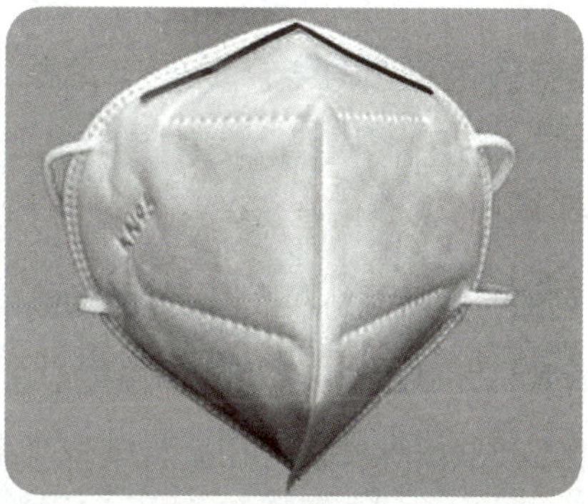

图 1–14　一次性防尘口罩

②供气式面罩。供气式面罩可防止混有溶剂的空气通过口鼻吸入人体，分为半面罩和全面罩两种，如图 1–15 所示为全面罩。它可利用压缩空气供气系统，通过供气软管向面罩内提供新鲜空气，也可用单独小型空气压缩机提供新鲜空气。新鲜空气的入口必须置于清洁、远离喷漆的区域，必须加装可滤油、滤水的空气过滤器及冷冻干燥机，以确保空气的品质。供气式面罩主要在如下喷漆情况和环境下使用：

大量并长时间喷漆；在不通风或封闭的环境，如烤漆房等。

③活性炭过滤面罩。喷涂磁漆以及其他非氰化物的涂料和喷涂量较少时，操作者可以戴活性炭过滤面罩。这种面罩由一个适应人脸形并具有密封作用的橡皮面具构成，如图 1–16 所示。它包括可拆卸的前置活性炭滤芯，可以滤去空气中的溶剂或漆雾。呼吸器还有进气阀和排气阀，以保证呼吸畅通。

图 1–15 全面罩

（2）人体其他部位的防护。

①头部的保护。无论男女（如果头发较长，涂装作业时应将头发扎在头后），始终要戴安全帽。

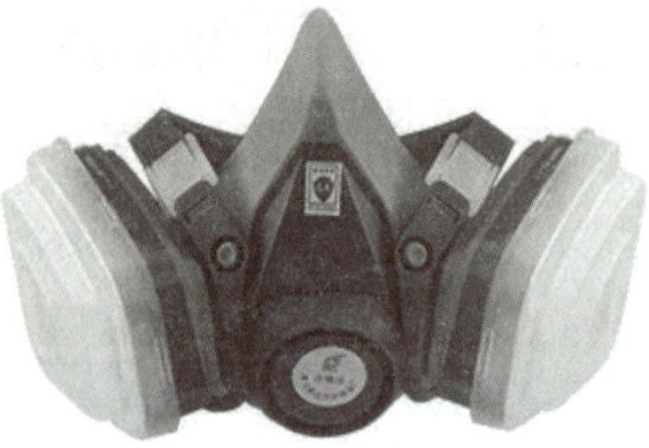

图 1–16 活性炭过滤面罩

②眼睛和脸部的保护。戴护目镜、防漆雾眼镜或防护面具，如图 1–17 所示。防止眼睛受到灰尘、溶剂蒸汽、涂料及溶剂溅出等的损伤，一般用于打磨、喷涂、抛光处理等操作情况。

③耳朵的保护。敲打钢板、打磨或喷涂时所发出的噪声，对人的听觉有不利的影响，重者会损伤耳膜。因此在打磨、喷涂、敲击时应戴耳塞或耳罩，如图 1–18 所示。

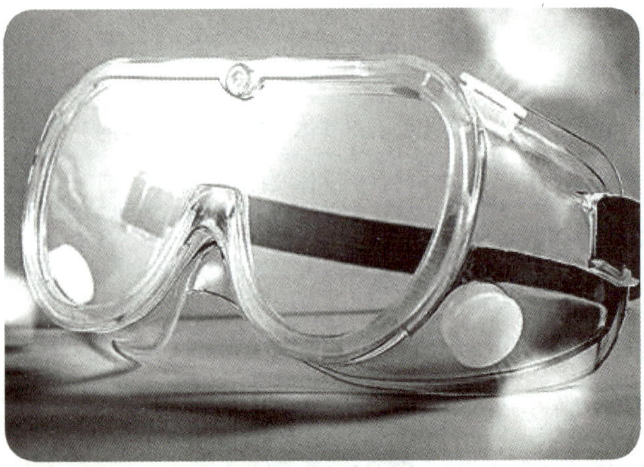

图 1–17 护目镜

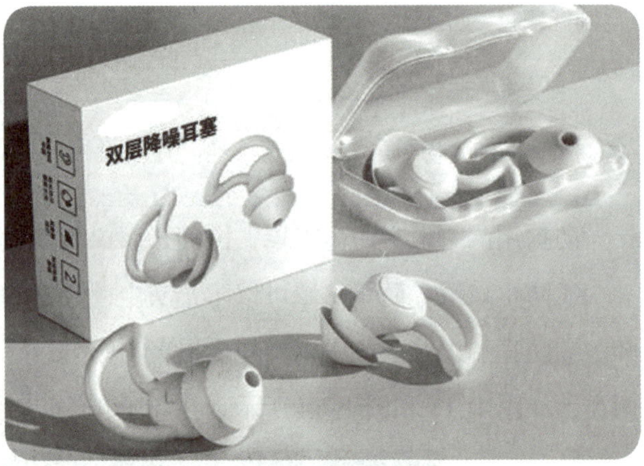

图 1–18 耳塞

④手的防护。为防止溶液、涂料或打磨时器具对手的伤害，工作时应佩戴相应的防护手套进行操作，防护手套主要有两种，一种是棉手套，主要用于在打磨或处理汽车零件时避免手部伤害；另一种是橡胶手套，主要用于在可能接触涂料、稀释剂等时，防止有害物质通过皮肤渗入人体，如图 1–19 所示。

另外，对手部皮肤的保护还可在涂装操作前涂抹防护霜；如果皮肤沾有涂料，应用专用的清洗膏清洁；如果皮肤出现划伤等，应进行有助于皮肤再生的护理。

⑤脚的防护。在工作时，应穿带有金属脚尖衬垫并防滑的安全工作鞋。金属脚尖衬垫可以保护脚趾不受落下物体砸伤。

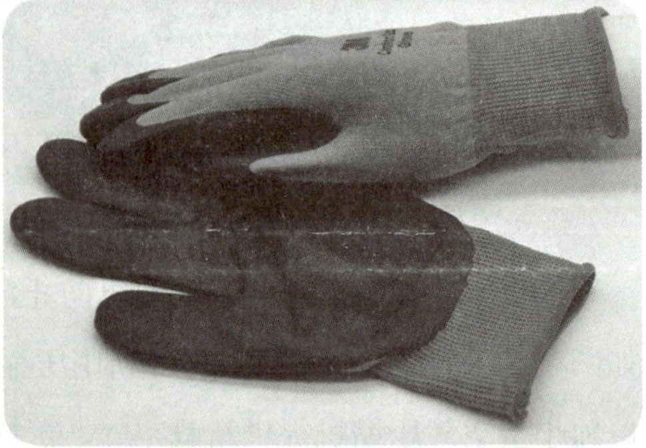

图 1–19 防护手套

⑥身体的保护。按规定穿着工作服进行作业。在喷漆场地，应穿清洁的喷涂防护服，此类防护服面料不起毛，以免影响漆面质量。喷涂防护服的上衣应是长袖的，袖口必须是橡皮扎口；裤装要足够长，裤脚口也以橡皮扎口为好，如图 1–20 所示。

图 1–20　喷涂防护服

2. 防毒面罩的检查与使用

（1）防毒面罩的检查。防毒面罩在每次使用之前必须检查，如面罩损坏或零件缺损，面罩必须丢弃，检查程序如下。

检查面罩有无裂痕、撕破或污物。面罩尤其是面罩与脸部贴合密封部分不能弯曲变形。检查呼吸阀有无变形、裂痕或撕裂，将呼吸阀提起，检查阀座有无脏物或裂痕。检查头颈带是否完整并有弹性。检查所有的塑料部件是否有裂痕，检查过滤盒安装座是否完好，如图 1–21 所示。

（2）过滤盒装配。更换过滤棉时，首先将塑料盖打开，将过滤棉放入塑料盖中，使印有字体的一面朝向塑料盖。将塑料盖扣向过滤盒并卡紧。如装配正确，过滤棉将完全遮住过滤盒表面。先将过滤盒标记部分对准面罩本体的标记部分，然后扣上。以顺时针方向扭转过滤盒至锁紧位置（约 1/4 圈）。

（3）佩戴面罩。将面罩盖住口鼻，然后将头带拉至头顶，如图 1–22 所示。

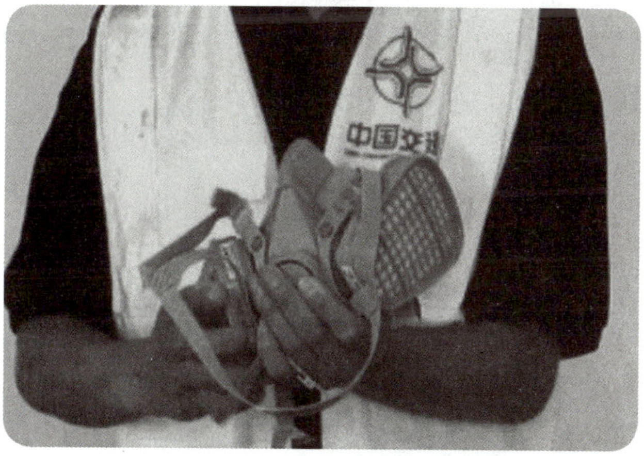

图 1–21　防毒面罩的检查

图 1–22　套头带

用双手将下面的颈带拉向颈后，然后扣住，将面罩上下调整，以不阻挡视线并保持良好密闭性为合适的位置，如图 1–23 所示。先调整头带，然后调整颈带，不要拉得过紧（如果过紧，可向外推塑料卡扣，将头带、颈带放松）。

（4）密封性测试。

①正压测试。将手掌盖住呼气阀并向外慢慢呼气，如面罩向外轻轻鼓胀，而没有感觉气体从面部及面罩之间泄漏，则表示佩戴密封性良好。如感觉有气体泄漏，重新调整面罩位置或调整系带的松紧度，重做以上的正压测试，直至密封性良好，如图 1–24 所示。

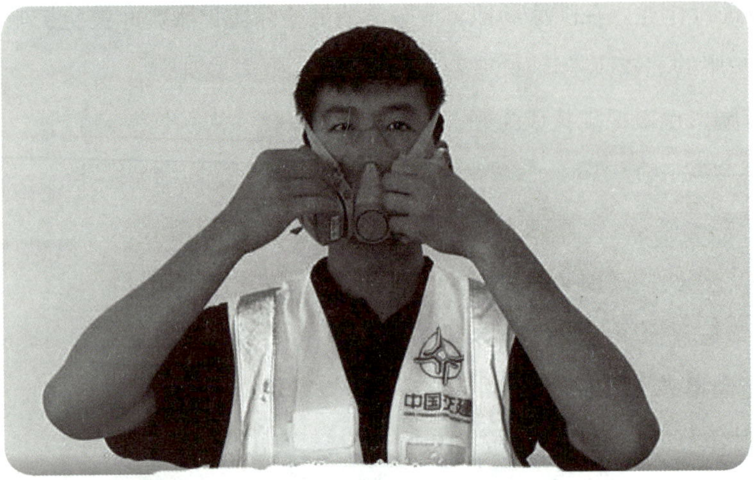

图 1-23 调整面罩位置

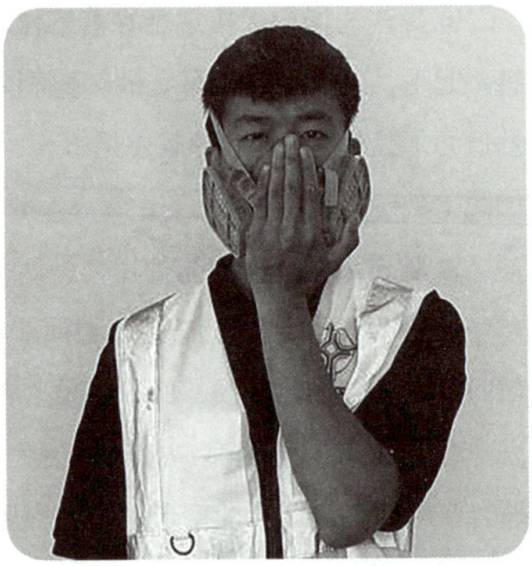

图 1-24 正压测试

②负压测试。用手掌抵住过滤棉的中心部分，轻轻吸气，如果面罩有轻微塌陷，并向脸部靠拢，而没有感觉气体从面部和面罩间漏进，则表示佩戴密封性良好。如感觉有气体漏进，重新调整面罩位置或调整系带的松紧度，重做以上负压测试，直至密封性良好。

如果佩戴的面罩不能达到良好的密封性要求，请勿进入污染区域。

（5）防毒面罩的维护。

①清洁。在每次使用后，应在卸下过滤盒和过滤棉后，用医用酒精棉球清洁面罩。

如果面罩脏污较严重，可将其浸在温热的清洗液中，清洗液温度不要超过 50 ℃，用擦布或软刷清洗直至清洁。用干净、温和的水冲洗，并在清洁的空气中风干。

②存放。清洁的防毒面罩必须在污染区以外区域密封保存。

3. 设备和工具安全

（1）设备安全。通常，喷烤漆房内存在大量与喷漆有关的工具和装置以及易爆、易燃且有毒性的物质。应始终使这些设备保持良好的工作状态，并正确地使用和储存涂料及稀释剂。

（2）通风设备。为了防止有机溶剂中毒（吸入有毒气体），保持良好的通风是重中之重。需要设计通风顺畅的涂装车间或安装高性能的通风设备。

（3）干燥设备。指定喷漆及烘干设备的监管责任人，实施设备安全运行管理、设备检查间隔不得超过一年；喷烤漆房加热方式有热风型和红外线加热型，它们的电源开关应安装在喷烤漆房外部；采取措施预防静电累积，设备上应连接接地线。喷烤漆房应定期清洁；烘烤车辆漆膜时，设定烘烤温度不能超过 60 ℃。

（4）电气设备。涂装车间的电气设备应采用防爆型结构。预先检查是否有火花或漏电现象；将设备的照明灯及开关安装在喷烤漆房外部；设备应连接接地电缆，并采取必要措施防止静电累积。

（5）灭火设备。液体涂料和稀释剂均具有一定的可燃性，所以存在火灾风险。这些易燃物质造成的火灾要比其他类型的火灾更为危险，作业人员必须充分了解灭火方法。如果发生火灾，在火灾的初始阶段及时选用正确类型的灭火设备对减少损失至关重要。

注意事项：发现火灾时，不要恐慌，应首先根据现场观察做出判断，然后采取相应措施；灭火时，应从上风口开始，并随时注意风速与风向变化；了解火灾发生的环境因素，然后开始灭火；如果附近有易燃材料，必须阻止火势向其所在方向蔓延。有效灭火器的类型，如表 1-2 所示。

表 1-2 有效灭火器的类型

灭火器类型	火灾类型		
	普通	油	电
ABC 型	○	○	○
粉末型	△	○	○
泡沫型	○	○	×
二氧化碳型	△	○	○
四氯化物型	△	○	○

注：○—良好；△—一般；×—不能使用。

（6）紧急电话。当伤害事故、车间火灾或者其他事故发生时，应该知道如何应对这些紧急情况，所有车间都应该在电话的旁边张贴紧急情况电话号码表，这些重要的电话号码包括匪警电话、火警电话、急救中心电话、最近医院的电话或者医生的电话等。

（7）工具和设备安全使用。电器、照明等各种设备及工具必须符合安全生产的要求，不应存在安全隐患。特别是动力系统，不应违反规程操作。汽车涂装作业中使用工具和设备的基本安全要求如下。

①手动工具要保持清洁和完好。应经常清洁沾有油污和其他杂物的工具，检查其是否有破损，以免使用时发生机械事故，伤及人身。

②使用锐利或有尖角的工具时应当小心操作。不要将锐利工具或物品放在口袋中，以免伤及本人或划伤汽车表面。

③专用工具只能用于专门操作，不能移作他用。

④使用电动工具之前应检查是否接地，检查导线的绝缘是否良好。操作时应站在绝缘橡胶地板上（或穿有绝缘鞋）。无保护装置的电动设备不要使用。

⑤用气动或电动工具从事打磨、修正或类似作业时，必须戴护目镜。

⑥必须确认电动工具上的电路开关处于断开位置后，才允许接通电源。电动工具使用完毕，应切断电路，并从电源上拔下来。

三、涂装环境保护

1. 有机物排放的环保措施

（1）选择固体含量高的涂料。可以通过选择固体含量高的涂料来降低涂料中有机溶剂（VOC）的排放。这是世界发达国家的潮流，也必将给中国的汽车维修行业带来重大影响。

（2）选择好的喷涂设备。通过对喷涂设备的选择来降低涂料的浪费，如 HVLP（高流低压）喷枪的使用可以提高涂料的利用率而达到降低 VOC 排放的目的。德国 ABAG 研究院（废物处理顾问协会）

研究了采用不同喷涂技术保护环境和节省用量的可行性。采用 HVLP 喷枪可以大大降低溶剂的散失，即降低 VOC 排放，同时经济效益也很可观。但是，我国汽车维修企业没有普遍使用 HVLP 喷枪，原因有以下几点。

① HVLP 喷枪价格比较高。

②汽车维修企业的空气压缩系统供气量不足，或者压力不稳定，用 HVLP 喷枪会提高空气消耗量。

③喷涂速度比传统喷枪速度慢 5% ～ 10%。

④由于一些涂装技师使用 HVLP 喷枪时仍旧按照传统喷枪工艺操作，达不到好的效果。

随着对环境保护工作重视程度的不断提高，环保喷枪也得到广泛的应用。另外，无气喷涂和静电喷涂能更好地降低 VOC 排放，但是目前在一般汽车维修企业还没能得到应用。

（3）使用水性涂料。水性涂料是降低 VOC 排放的最佳方法之一，由于水性涂料技术目前还存在一定的局限，难以在各个领域推广，如汽车修补涂料的单工序纯色面漆就很难通过使用水性涂料达到和溶剂型涂料一致或接近的效果。但在底色漆领域，水性涂料则被广泛运用。

水性底色漆的主要溶剂是水，因此产品体系中的 VOC 与传统的溶剂型底色漆相比有显著的下降。通过实践证明，与传统的溶剂型产品体系相比，若结合溶剂型底漆的产品体系，则可降低 50% 的 VOC 排放；若结合水性底漆的产品体系，则 VOC 排放下降幅度可达 72%。

由此可以看出，就修补涂装而言，若使用传统的溶剂型底漆，即使是将清漆由中固体含量型上升为特高固体含量，其 VOC 下降幅度也仅为 37%；若使用水性底色漆结合高固体含量的清漆，则 VOC 下降幅度可达 64%。因此，在双工序的面漆体系中，使用水性底色漆是降低喷涂体系 VOC 的最佳方法。

2. 废气处理

（1）活性炭吸附法。这种方法是利用活性炭作为物理吸附剂，有机物吸附在活性炭表面，使废气净化。具有吸附能力的物质还有氧化硅和氧化铝等，但以活性炭应用最为广泛。将活性炭装入容器内，废气从一端进入容器，通过活性炭吸附后从容器的另一端排出净化的空气。使用过的活性炭可以再生，可以使用蒸汽脱附的方法，即将水蒸气通入活性炭层中干燥后再使用；还可以用减压脱附和高温燃烧脱附等。当然脱附介质还要经过处理，才可以排放。还有把使用过的活性炭直接燃烧掉更换新的活性炭的处理方法，此法最为简便，但成本较高。

（2）催化剂燃烧法。这种方法是利用催化剂使废气中可燃物质在较低温度下氧化分解成二氧化碳和水，使废气净化。催化燃烧过程是指废气进入预热室升温至起燃温度的 50% 左右，然后通过催化剂层进行催化燃烧，完成废气净化。起燃温度是催化剂的重要活性指标，与废气类别、浓度有关。如果用铂和钯作为催化剂，甲醇气体在 100 ℃左右开始燃烧，酯类、酮类、其他醇类和碳氢化合物等在 200 ℃开始燃烧，在 300 ℃以上时几乎所有的有机溶剂气体都能完全燃烧。

（3）液体吸附法。这种方法是利用吸收液吸收废气中的有机溶剂使废气净化。溶剂分为溶于水的、微溶于水的和不溶于水的。溶于水的有甲醇、丙酮、丁醇和醚类等；微溶于水的有乙酸乙酯、乙酸丁酯等；不溶于水的有苯、甲苯和二甲苯等。涂装作业废气中含甲苯和二甲苯最多，可以用柴油或机油洗涤吸收。洗涤吸收装置一般做成塔式，常用的有填料塔、喷淋塔和斜孔塔三种。

（4）直接燃烧法。直接燃烧法是将含有有机溶剂气体的混合气直接燃烧生成水和二氧化碳，放出的热量还可用于漆膜干燥，是一种经济、简便的废气处理方法。

3. 工业废水处理

（1）废水处理级别。废水排放标准分为三个等级，等级数越大，排放要求越低。废水处理标准也分三个等级，但是等级数越大，处理力度越大。

①一级处理。一级处理主要是预处理，用机械方法或者简单的化学方法使废水中的悬浮物或者胶状物沉淀分离，中和溶液的酸碱度。

②二级处理。二级处理主要是解决可以分解或氧化的有机物和部分悬浮固体物的污染。常采用生物化学分解废水中的有机物，或者添加凝聚剂使悬浮固体物凝聚分离。经二级处理后水质明显改善，大部分可以达到排放标准。

③三级处理。三级处理是深度处理，主要处理难分解的有机物。处理方法有活性炭吸附、离子交换、电渗析、反渗透和化学氧化等。通过三级处理，废水达到地面水、工业用水或生活用水的水质标准。

（2）废水处理方法。

废水处理方法主要有以下几种。

①凝集沉淀法。凝集沉淀法指靠自然沉淀，从水中分离出污染物的方法。

②上浮分离法。上浮分离法适用于凝集物质密度比水轻的原理。其中单靠与水的密度差分离的称为重力分离法或上浮分离法。在凝集浮游物上附着细小的气泡，使其密度减小、浮在废水表面上分离的方法，称为加压上浮分离法。

③离子交换法。离子交换法指利用离子交换树脂基上的离子交换基和水中同符号的离子相互交换的方法。

④膜分离法。膜分离法指用膜透过溶液使物质分离的方法。

⑤生化处理法。靠自然界中的细菌等微生物作用，分解出以有机物为主的废水处理方法。

4. 废渣处理

汽车修补涂装生产产生的废渣主要有以下几种。

（1）前处理过程中产生的各种沉淀物，如锈蚀残渣等。

（2）在清理涂料容器时产生的各种凝固层或凝块涂料。

（3）清理喷漆室、烘干室及涂装设备时所产生的各种凝固层或凝块涂料。

（4）水性树脂涂料所产生的各种残渣。

（5）在涂装水处理过程中产生的各种残渣。

这些废渣的成分大多呈固态或半固态，如原子灰、废漆渣、旧漆膜等。这些废渣如果不进行适当的处理，随意丢弃，不控制排放，对人类所处的自然环境将会造成一定的危害。对于修复涂装过程中产生的各种废渣，能回收利用的则回收利用；不能回收利用的，根据我国相关法规，应当在适当的场所进行深埋、焚烧等处理。

5. 其他废弃物处理

所有废弃物必须分类处理，危险废弃物需由具备当地环保局认可资质的废物处理中心，经由固体废物管理中心审批同意后进行处理，并需登记备案。

以下是对废弃物处理要求。

（1）浸蘸溶剂的抹布、棉纱、废纸或其他可燃物会产生热量，引起自燃，因此要浸没在水中，储存在密闭容器中，必须抛弃时应投入隔开的有盖的金属容器内，并于每日工作完后或换班时清理出喷漆场地，或送往厂房外面的安全区，以避免其自燃。

（2）严禁向下水道倒入易燃溶剂或涂料，应收集进行回收处理或送往锅炉房当燃料处理。

（3）喷漆房的废漆渣绝不可与其他产品混合并储存，应深埋或当燃料处理。

（4）过氧化物的抛弃应绝对小心，以防引起火灾。

（5）异氰酸硬化物的残渣需以沙、土或其他无化学变化的物质吸取后，置于密封的容器中。含异氰酸基的涂料和固化剂要废弃时，应先中和，用90%的水稀释，再用5%尿酸溶液再加2%（质量分数）的洗衣粉中和。中和后，该混合物应放置24 h以上，且瓶盖应打开，如此产生的物质变化才不会污染环境。

（6）空的油漆桶比装满油漆的桶更具爆炸的危险，绝不允许堆积在工厂内，必须每天处理。

（7）在搬运和涂装过程中应尽量避免敲打、碰撞和摩擦等动作，开桶时应使用非铁质的工具，不穿带钉子的工作鞋，以免产生火花或静电放电，而引起着火。

（8）涂装中的废涂料、粉尘、废抹布、废纸和废溶剂等，经分类及循环使用后无法再使用的，一般采用直接燃烧法，即在专用焚烧炉集中烧掉。该法效果好、方法简便。

（9）国内一些汽车维修企业一般用沉淀和漂浮等分离方法处理湿打磨、水帘净化废气等产生的废水，达到初步净化后排放；用活性炭吸附法净化废气；用直接燃烧法处理废物。

知识拓展

5S管理

5S管理就是整理（SEIRI）、整顿（SEITON）、清扫（SEISO）、清洁（SEIKETSU）、素养（SHITSUKE）五个项目，因日语的罗马拼音均以“S”开头而简称5S管理。5S管理起源于日本，通过规范现场、现物，营造一目了然的工作环境，培养员工良好的工作习惯，其最终目的是提升工作人员的品质，养成良好的工作习惯。

1. 1 S——整理

定义：

◇将工作场所任何东西区分为有必要的与不必要的

◇把必要的东西与不必要的东西明确地、严格地区分开来

◇不必要的东西要尽快处理掉

目的：

◆腾出空间，空间活用

◆防止误用、误送

◆塑造清爽的工作场所

生产过程中经常有一些残余物料、待修品、返修品、报废品等滞留在现场，既占据了地方又阻碍生产，包括一些已无法使用的工夹具、量具、机器设备，如果不及时清除，会使现场变得凌乱。

实施要领：

（1）自己的工作场所（范围）全面检查，包括看得到和看不到的

（2）制定“要”和“不要”的判别基准

（3）将不要物品清除出工作场所

（4）对需要的物品调查使用频度，决定日常用量及放置位置

（5）制定废弃物处理方法

（6）每日自我检查

2. 2 S——整顿

定义：

◇对整理之后留在现场的必要的物品分门别类放置，排列整齐

◇明确数量，有效标识

目的：

◆工作场所一目了然

◆整整齐齐的工作环境

◆消除找寻物品的时间

◆消除过多的积压物品

实施要领：

（1）前一步骤整理的工作要落实

（2）需要的物品明确放置场所

（3）摆放整齐、有条不紊

（4）地板划线定位

（5）场所、物品标示

（6）制定废弃物处理办法

3. 3 S——清扫

定义：

◇将工作场所清扫干净

◇保持工作场所干净、亮丽

目的：

◆消除脏污，保持职场内干净、明亮

◆稳定品质

◆减少工业伤害

实施要领：

（1）建立清扫责任区（室内外）

（2）执行例行扫除，清理脏污

（3）调查污染源，予以杜绝或隔离

（4）建立清扫基准，作为规范

（5）开始一次全公司的大清扫，每个地方清洗干净

清扫就是使职场进入没有垃圾，没有污脏的状态，虽然已经整理、整顿过，要的东西马上就能取得，但是被取出的东西要达到能被正常使用的状态才行。而达到这种状态就是清扫的第一目的，尤其目前强调高品质、高附加价值产品的制造，更不容许有垃圾或灰尘的污染，造成品质不良。

4. 4 S——清洁

定义：

◇将上面的 3 S 实施的做法制度化、规范化

目的：

◆维持上面 3 S 的成果

实施要领：

（1）落实前 3 S 工作

（2）制定目视管理的基准

（3）制定 5 S 实施办法

（4）制定考评、稽核方法

（5）制定奖惩制度，加强执行

（6）高阶主管经常带头巡查，带动全员重视 5S 活动

5. 5 S——素养

定义：

◇通过晨会等手段，提高员工文明礼貌水准

◇增强团队意识，养成按规定行事的良好工作习惯

目的：

◆提升人的品质，使员工对任何工作都讲究认真

实施要领：

（1）制定服装、臂章、工作帽等识别标准

（2）制定公司有关规则、规定

（3）制定礼仪守则

（4）教育训练（新进人员强化 5 S 教育、实践）

（5）推动各种精神提升活动（晨会、例行打招呼、礼貌运动等）

（6）推动各种激励活动，遵守规章制度

第三节 职业急救与医护

一、急救与医护

尽管技术上、组织上和个人的安全措施已相当周全，有时仍无法避免发生事故，还要考虑到员工突然发病的可能性。因此，急救在发生事故损伤和其他紧急情况时是必不可少的。

车间应有急救箱，急救箱中有处理车间中经常发生的轻伤的医疗用器，如消毒纱布、绷带、剪刀、杀菌药水和其他工具，用这些物品可以处理轻的割伤和烧伤。应将一个常用的急救箱放在随手可以取到的位置，通常靠近办公室和休息室，并指定 1 ～ 2 名责任心强、有一定医药知识的专人保管。对从事有毒作业的操作人员，应定期进行体检。

汽车维修企业、相关培训机构等，只允许安排在经过认证的救助机构中接受过培训和进修的人员作为急救员。只有受过培训的、熟悉各种必要措施的急救员才能提供有效的急救。因此，必须在适当的时间范围内提升和更新急救员的知识和能力。

二、特殊救护

1. 人工呼吸

尽快将伤患者移至有新鲜空气处，保持适合呼吸的姿势休息，如患者没有呼吸，应实施人工呼吸，并呼叫求助。正确实施人工呼吸抢救的操作流程如下。

（1）先拍打伤患者肩部，以确定伤患者是否有意识反应。

（2）若伤患者没有意识反应，则应高声求救。

（3）若伤患者有意识反应，则先搬动伤患者，使其处于平躺姿势。

（4）解开伤患者衣领，清除口鼻内异物，最好将其颈部垫高，使头部后仰，张开口，如图 1–25 所示。

（5）检查是否还有呼吸。注意，应在畅通呼吸道 10 s 内，判定伤患者是否有呼吸。

（6）救护人深吸气，对准并紧贴伤患者口部，一手捏紧伤患者的鼻孔，用力吹气，如图 1–26 所示。

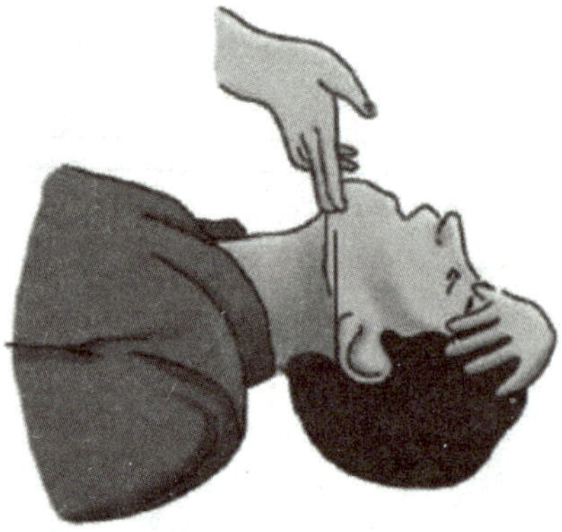

图 1-25 畅通呼吸道

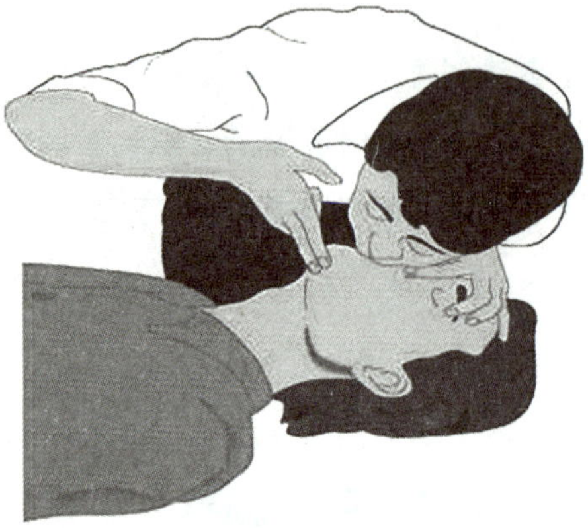

图 1-26 吹气

（7）吹气停止后，松开捏鼻子的手，抬起头，再次深吸气，重复上述吹气动作。每分钟吹气次数和平时呼吸频率相似，进行 5 ～ 10 次吹气后，应停下来，检查一下伤患者是否有脉搏（或比原脉搏加快的迹象）。

（8）继续进行人工呼吸，直到伤患者能够进行自主呼吸为止。

2. 救护眼睛溅入有害物的伤患者

（1）将伤患者引到眼睛冲洗机处或水槽边，使其伏在水槽上。

（2）将眼睛冲洗机喷嘴对准伤患者进入有害物的眼睛，轻轻地持续按压喷射按钮，使清洗液连续冲洗眼睛。注意应从鼻子向太阳穴冲洗，以避免有害物质进入另一只眼睛。期间要求伤患者保持眼睛微睁，必要时救护者可用两根手指小心地将伤患者的眼睑分开。

（3）连续冲洗直到伤患者感觉眼睛内没有异物感为止。

（4）根据事故情况咨询医生。

3. 救护皮肤接触有害物的伤患者

（1）立即清除有害物并以大量清水及肥皂水清洗皮肤。

（2）根据事故情况等待就医。

4. 救护误服有害物的伤患者

（1）立即呼叫中毒控制中心或就医。注意不要催吐或诱使伤患者呕吐，维持体温。

（2）保持安静并尽快送医救治。

本章小结

在涂料中，有各种溶剂含有苯及苯的化合物，如甲苯、二甲苯等，稀释剂中乙醇、丁醇等常用的工业溶剂也都有毒，甚至有的还有剧毒。在涂装过程中，经常产生大量的挥发性气体，扩散在空气中。这些大量的有毒的热气体，如果人体吸入，会发生神经系统的疾病，一般出现头晕、心悸和恶心呕吐等反应。手指和其他部位若经常接触各种溶剂和有毒气体，也会引起皮肤腐蚀、脱脂、发痒、粗糙、开裂等。在喷涂的环境中，时间愈长，日积月累，难免使身体不受到影响，所以，在涂装作业场所，一定要采取必要的防护措施。本章主要介绍涂装安全生产的相关知识，在了解涂装安全警告标识、职业急救与医护知识的前提下，操作人员才能更好地开展工作，保护自我安全。

课程思政

涂装车间开展消防应急疏散演练——筑牢消防安全“防火墙”

为进一步强化车间职工的安全意识，熟悉消防应急疏散知识，熟练掌握“二氧化碳自动灭火系统”及灭火器材的使用方法、提高紧急避险、应急疏散和自救自护能力，确保火灾发生时各项应急工作能够高效有序、科学合理地进行，最大限度地减少人员伤亡和财产损失，有效保障车间全体职工人身安全，促进各项生产工作顺利进行，根据公司防火处安排，按要求贯彻落实公司“安全生产月活动”，2020 年 6 月 30 日下午，客车制造中心涂装车间开展了消防应急疏散演练活动。

演练前，活动负责人首先进行了消防基础知识培训，向职工介绍了车间易燃易爆物品的种类，发生火灾应该使用何种方法灭火，还讲解了火灾逃生与自救、初起火灾处置的基本方法，消防面具、灭火器、消防栓等消防器材的使用方法。

消防培训后，消防演练活动正式开始。本次应急消防疏散演练，主要模拟巡查人员发现喷漆室火情，立即向车间领导和防火处通报火情地点、火情大小、人员受伤情况。车间领导接到报警后，立即启动消防应急预案。应急疏散组指挥现场人员从最近的疏散通道迅速撤离。发现人员被困和受伤后，人员救护组携带呼吸面罩和氧气设备，迅速撤离伤者。灭火行动组在微型消防站迅速穿戴好作战衣，检查随身设备，携带灭火器和消防水带进入现场灭火，如发现火势较大，确认人员疏散完毕，关闭喷漆室大门，启动二氧化碳灭火系统。

为了使车间及中心各部室人员充分熟悉并掌握“二氧化碳自动灭火系统”的使用方法，车间在 A 区 4 线喷漆室进行了实际喷淋。震撼的喷淋场景让大家深深地感受到正确使用“二氧化碳自动灭火系统”的重要性。

（资料来源：https://www.meipian.cn/311an7tp　内容有删改）

思考练习

1. 在使用防毒面罩前，应进行哪些检查？
2. 如何进行防毒面罩的正压测试？
3. 如何进行防毒面罩的负压测试？
4. 如何救护眼睛溅入有害物的患者？

第二章

汽车涂装技术

本章导读

涂料的选择对汽车车身涂装品质的影响起着举足轻重的作用。车身表面涂装质量的优劣要通过维修人员的努力来实现。车身涂装所使用的工具、设备、作业环境以及涂装前的准备等，都是影响车身涂装品质的关键性因素。

学习目标

1. 熟悉汽车涂装的分类。
2. 了解涂料的基本知识。
3. 正确描述涂层的划分与选择。
4. 掌握涂装工具设备的应用。

第一节 汽车涂装概述

一、涂装的定义

涂装是指将涂料涂覆于经过处理的物体表面（基底表面），经干燥成膜的工艺。有时也将涂料在被涂物表面扩散开的操作称为涂装，俗称涂漆或油漆。已经固化了的涂料膜称为漆膜（也称涂膜）。由两层以上的漆膜组成的复合层称为涂层。汽车表面涂装就是典型的多涂层涂装。

目前，国内涂装行业在涂装材料、涂装工艺技术和装备方面，已基本能满足家电、机床、机械、家具、建筑等行业的需求，为国民经济发展做出了突出贡献，但国内涂装技术与国外先进技术相比仍有很大差距，主要表现在对涂装技术要求较高的行业，如轿车涂装，还不能完全满足要求。目前，国内轿车涂装技术与装备，仍以采用国外技术与装备为主。

二、汽车涂装的作用

汽车经过涂装后，除使汽车具有优良的外观外，还会增强汽车车身的耐腐蚀性，从而提高汽车的商品价值和使用价值。汽车涂装的主要作用有以下几点。

1. 保护作用

汽车的用途非常广泛，活动范围广，但运行环境复杂，经常会受到水分、微生物、紫外线、酸碱气体和液体等的侵蚀，有时会被磨、刮而造成损伤。如果在它的表面涂上涂料，就能保护汽车板件免受损坏，延长其使用寿命。涂料可以从两方面保护汽车。一方面，车身表面经涂装后，可使部件的基本材料与大气环境隔绝，从而起到一种屏蔽作用以防止锈蚀；另一方面，有些涂料对金属本身还能起到缓蚀作用，比如磷化底漆可以借助涂料内部的化学成分与金属反应，使金属表面钝化。这种钝化膜加强了漆膜的防腐蚀效果，如图 2–1 所示。

图 2–1 汽车表面保护

2. 装饰作用

现代汽车不但是实用的交通运输工具，还具有艺术欣赏价值。涂装可以使车身表面具有一定的色泽，给人以美的视觉感受。车身颜色与车内颜色相匹配，与环境颜色相协调，与人们的爱好以及时代感相适应，绚丽的色彩与优美的线形融为一体构成了汽车的造型艺术，协调的色彩烘托了汽车的造型，使汽车具有更佳的艺术美。人们评价汽车质量的第一标准往往是汽车的外表，即整体造型及色泽，如图 2–2 所示。所以，颜色的选配和涂装质量的高低将影响汽车产品的市场竞争力，尤其在当今追求个性的时代，汽车涂装的装饰作用更为突出。

3. 标识作用

涂装的标识作用是由涂料的颜色体现的。在汽车外表涂装不同的颜色和图案以区分不同用途的汽车。例如，消防车涂成大红色，如图 2–3 所示；邮政车涂成橄榄绿色，字及车号为白色；救护车为白色并做红十字标记；工程车涂成黄色与黑色相间的条纹，字及车号用黑色等。

图 2–2　汽车外观装饰

图 2–3　汽车外观标识

4. 特定作用

涂装的特定作用是指应用涂料的特殊性能，使汽车具有特殊功能来完成特种作业或适应特定的使用条件。例如，化学品运输车辆要在车体表面或货箱、罐舱内部涂布耐酸碱、耐油、耐热、绝缘的涂料等，以防止化学品的腐蚀、渗漏等；军用汽车采用保护色以达到隐蔽的作用，涂在船底上的防污漆，漆中的毒剂缓慢渗出，可杀死寄生在船底上的海洋生物，从而延长船舶的使用寿命，减小航行时的阻力；为使导弹、航天器等在飞行过程中不至于因与大气摩擦产生高温而烧毁，可在其表面涂覆一种既耐高温又耐摩擦的涂料。

汽车车身最外层的漆膜可起到保护车身不被腐蚀与美化外观的作用，是整车质量重要的指标之一。因为喷涂油漆占轿车生产总费用的 20% 左右，而且买主首先注意到的是面漆的颜色和喷涂的质量，所以其对买卖成交的影响很大。因此，汽车生产厂家十分重视汽车面漆技术，往往投入巨大的资金和人力去研发和改进汽车的面漆，强调抓住人们视觉的第一印象。汽车的面漆要求映像率高，光亮如镜。除了油漆质量外，还要有相当高要求的工厂环境和工艺技术。从车身喷涂至烘干的过程中，工厂内空气要清洁，不能有过量的尘埃。

在现代化工厂内，油漆的调色和喷涂方式均已实现计算机化管理。由于科技的进步，今天的喷涂工艺与十几年前的喷涂工艺相比已有很大的改观，油漆的颜色和黏结性、添加剂、稳定剂、溶解系统及油漆车身的属性（如水性漆）和工艺技术均发生了变化，而且这种变化目前仍在进行中，使得汽车面漆质量得到很大的提高。

汽车能起到美化城市的作用，原因在于其别致的造型和漂亮的外表面。汽车的外表面 90% 以上是涂漆面。显然涂层质量会直接影响汽车外观，影响人们对汽车质量的评价。但无论汽车漆膜质量如何优良，在使用过程中，气候的变化以及各种原因引起的接触、擦刮甚至碰撞等诸多原因都会导致漆膜的劣化和损伤。如何保持、恢复汽车良好的外表，满足客户的要求，尤其是车主的特殊要求，越来越引起汽车修理业的重视。

三、汽车涂装的分类与特点

1. 汽车涂装的分类

汽车涂装大体可以分为新车制造涂装和汽车修补涂装。

（1）新车制造涂装。新车制造涂装包括车身外表涂装、车厢内部涂装、车身骨架涂装、底盘部件涂装、发动机部件涂装、电气设备部件涂装等内容。车身外表涂装是汽车制造涂装的重点，要求达到高装饰性和耐腐蚀的目的，并且与汽车用途相适应，具有优良的耐久性。

（2）汽车修补涂装。汽车修补涂装就是为了要恢复汽车原有的涂层技术标准和达到无痕迹修补的目的。根据需要修补部位和修补面积的大小可以分为重新喷涂（简称重涂或全车喷漆）、局部修补（根据修补面积又可分点修补和板修补）和零部件修补涂装。

知识拓展

涂装的分类

1. 按被涂物的材质分类

按被涂物的材质不同，涂装可分为金属涂装（黑色金属涂装、有色金属涂装）和非金属涂装（木工涂装、混凝土表面涂装、塑料涂装等）。

2. 按被涂物的范围分类

由于被涂物的性能要求、使用环境和生产方式等不同，所采用的涂料和涂装工艺也各不相同，尤其是工业制品千差万别，所以工业涂装一般均按产品名称来分类，例如，汽车涂装、船舶涂装、飞机涂装、铁道车辆涂装、轻工产品涂装（自行车、缝纫机等）、家用电器涂装（洗衣机、电冰箱、电视机、电风扇等）、仪器涂装、家具涂装、桥梁涂装、建筑涂装、机床和机电产品涂装等。

3. 按涂层的性能和用途分类

按涂层的性能和用途不同，涂装可分为装饰性涂装（分高级涂装、中级涂装和一般装饰性涂装）、装饰防腐涂装、防腐蚀涂装（分为一般防腐蚀涂装和重防腐蚀涂装）、电气绝缘涂装、防声涂装等。

4. 按涂装生产方式分类

按涂装生产方式不同，涂装可分为家庭涂装（以手工作业、自然干燥为主）、结构物涂装、建筑物涂装（在现场施工，作业环境差，自然干燥）、工业涂装（涂装工艺已形成工业生产的流程，流水作业生产，涂装的机械化、自动化程度较高，漆膜干燥一般采用烘干方式）。

5. 按涂装方法分类

按涂装方法不同，涂装可分为手工涂装、静电涂装、电泳涂装、粉末涂装等。各种涂装均有各自的特点，所采用的涂料和涂装方式也有较大的差异，涉及面很广。

6. 汽车涂装的特点

（1）新车制造涂装的特点

①新车制造涂装属于高级保护性涂装

汽车涂层必须具备极优良的耐腐蚀性、耐候性，主要指抗紫外线的能力，并且能耐沥青、油污、酸碱、鸟粪等物质的侵蚀作用，对汽车车体起到保护效果。汽车属于户外用品，因而要求汽车涂层能够适应寒冷地区、沙漠戈壁、湿热带和沿海等各种地理和气候条件。在国际上具有竞争能力的汽车以及汽车涂料都能很好地适应世界各地的气候条件。

②新车制造涂装属于中、高级装饰性涂装

车身尤其是轿车的车身必须进行精心的涂装设计，在良好的涂装设备条件和环境下，才能使涂层具有优良的装饰性。汽车的装饰性除车型设计外，主要靠涂装。汽车涂层的装饰性直接影响汽车的商品价值，而汽车涂层的装饰性主要取决于其色彩、光泽、鲜映性、丰满度和涂层外观等。汽车的色彩一般根据汽车类型、汽车外形设计和时代流行色来选择。除特殊用途的汽车外，一般都希望汽车涂层具有极好的色彩、光泽和鲜映性。例如，运动型跑车的色彩多采用明快的大红色、明黄色等，给人以强烈的动感，如图 2-4 所示；高级轿车多采用较深的色调，给人以庄重、稳健的感觉。

图 2-4　运动型跑车

涂层的外观优劣直接影响涂层的装饰性，漆膜的起皱、颗粒等缺陷是影响涂层外观的主要因素。一般要求汽车外表涂层平整光滑，镜物清晰，不应有颗粒。

③新车制造涂装是最典型的工业涂装

汽车制造涂装流水线的生产节奏一般为几十秒至几分钟，为此必须选用高效快速的涂装前的表面预处理方法、涂装方法、干燥方法、传送方法和工艺设备。汽车修补涂装也是如此，为恢复汽车涂层的要求，达到无痕修补的目的，汽车修补涂装也采用了与新车制造涂装相类似的先进的涂装设备、涂料和施工工艺，通常采用该类工艺的企业需具有一定的规模，因此可以达到与新车制造涂装相同的良好效果。

④新车制造涂装为多涂层涂装

汽车车身涂层如果是单涂层则会失去它的装饰性效果，漆面会显得不够饱满，色彩干涩且达不到优良的保护性。所以，汽车涂层一般都是由三层以上的涂层组成的，如轿车车身的涂层就是由底涂层（也称底漆，主要是防锈底漆层）、中间涂层（也称中间漆或中漆层，提高上下涂层的结合能力，提供韧性和抗冲击能力）和面涂层（也称面漆，提供多彩的颜色）组成的，涂层的总厚度一般控制在125 μm左右。

（2）汽车修补涂装的特点

①汽车修补涂装属于恢复性涂装

汽车修补涂装是指对局部损坏的涂层或老化褪色的涂层进行恢复性的涂装，目的是恢复涂层的保护和装饰作用，并力求达到与原车涂层一致。汽车修补涂装与新车制造涂装存在较大的差别，如新车的车身一般采用模压而成，涂装过程中不需要刮涂和打磨原子灰；喷涂面漆时不需要单独调配颜色。而修补涂装中难免要刮涂原子灰来填补车身缺陷，并打磨平整；涂装前处理以手工为主，且有对旧漆、油脂及其污物的清除工序，但还是很难达到新车的前处理效果；调配面漆颜色是汽车修补涂装较为困难的工序，尽管使用先进的调色设备，也很难达到与原车漆色一致，只能做到接近。所以，汽车修补涂装在保证质量方面比新车制造涂装更难。

②汽车修补涂装品种多而数量少

需修补涂装的车辆在类型、颜色、损坏的部位和损坏的程度等方面都不尽相同，使得修补涂装必须针对具体的车辆进行施工，不可能使用同一种修补工艺或方法。需修补的车辆数量少且无规律，这使得修补涂装的生产难以组织，不可能有计划地安排维修工作量。

③汽车修补涂装质量要求高

汽车修补涂装最大的缺陷就是不可能达到与原车涂层绝对一致，但用户的要求常常较高，所以，从事汽车修补涂装的个人和企业，必须不断改进工艺，采用新技术，精心施工、严格管理，从而提高修补质量，最大限度地满足用户的要求。

④汽车修补涂装以手工操作为主

因需修补涂装的车辆少、品种多、损坏部位和损坏程度等千差万别，只能采用适应性强的手工操作方法进行施工，所以，汽车修补涂装劳动强度大、工作环境差。涂层质量的高低与涂料的选择、涂装操作及涂装环境等有很大关系。为了减轻操作者的劳动强度，改善工作环境，提高涂层质量，汽车修补涂装业多已采用机械打磨、专业的喷涂室、烘干室及个人防护器具等。

知识拓展

汽车涂装的三要素

为使涂层满足底材及被涂物要求的技术条件和使用环境所需要的功能，保证涂装质量，获得最佳的涂层和最好的经济效益，必须精心设计涂装工艺，掌握涂装各要素。无论是新车制造涂装还是汽车修补涂装，其关键是涂装材料、涂装工艺和涂装管理这三个要素。

1. 涂装材料

涂装材料质量和作业配套性是获得优质涂层的基本保障。汽车修补涂料和新车制造涂料是不同的，因此在选择涂料时应根据实际情况，从漆膜性能、作业性能和经济效益等方面综合衡量，吸取他人的经验或通过实验进行确定。如果忽视漆膜的性能，单纯考虑涂料的价格，有时会影响漆膜的质量，缩短涂层的使用寿命，从而造成更大的经济损失。如果涂料选用不当，即使精心施工，所得涂层也不可能获得优良的效果。如果将内用涂料用作面漆，就会早期失光、变色和粉化；在硝基旧漆层上施涂双组分面漆会出现咬底、开裂等现象。又如含铁颜料涂在钢铁材料表面是好的防锈涂料，而涂在铝制品上反而会促进铝的腐蚀。此外，鉴于环保因素，采用水性漆也是未来的趋势。

2. 涂装工艺

涂装工艺是充分发挥涂装材料的性能获得优质涂层，以降低生产成本的必要条件。涂装工艺包括：涂装技术的合理性和先进性；涂装设备的先进性和可靠性；涂装环境和工作人员的技能、素质等。如果涂装工艺和设备选择配合不当，则即使使用优质的涂料，也难以获得优质的漆膜。若设备生产率低，则势必会造成涂装工程的成本增高，使经济效益下降。涂装环境的好坏直接影响漆膜的质量，高级装饰性的汽车车身涂装必须在除尘、通风的环境下进行。涂装操作人员的技能熟练度和责任心是影响涂装质量的人为因素，加强操作人员的培训、提高人员的素质是非常有必要的。

3. 涂装管理

涂装管理是确保按所制定的工艺实施、确保涂装质量的稳定、达到涂装目的和最佳经济效益的重要条件。涂装管理包括工艺管理、设备管理、工艺纪律管理、质量管理、现场环境管理和人员管理等。

第二节　涂料的基本知识

根据乘联会数据显示，2021 年全年国内乘用车市场累计批发销量 2 109.9 万辆，同比增长 6.7%。其中，轿车市场全年销量 1 001.5 万辆，同比增长 8.0%；MPV 市场全年销量 108.6 万辆，同比增长 1.4%；SUV 市场全年销量 999.8 万辆，同比增长 6.0%。高速增长的汽车销量有效拉动了汽车涂料涂装业务的持续发展，给汽车涂料行业带来了巨大的商机。

一、涂料的构成与命名

涂料是一种含颜料或不含颜料的有机高分子胶体的混合物溶液或粉末。涂料涂装在物体表面，结成较牢固的涂层，起防水、防腐、保护和装饰等作用，通常被人们称为“油漆”的涂料，有其独到的作用及性能。汽车涂料一般指新车的涂装用涂料及辅料，多用在轿车涂装和各类车辆车身及零部件上。

1. 涂料的主要作用

（1）保护作用。涂料涂装在物体表面，干燥后结成薄薄的涂层。这种覆盖在物体表面的涂膜，有很强的附着力，起着隔离水分、烟雾以及外来腐蚀物质侵蚀的作用，通过增强封闭性（复合涂层由于致密度高，封闭性更强）使物体表面受到保护。涂料防腐在经济建设和人们生活中发挥着重要的作用。当今社会有 70% 以上的钢铁暴露在易于腐蚀的环境中，如桥梁、交通工具、各种机械设备等，长期受到风吹雨淋，酸、盐和一些微生物的腐蚀，使设备的机械性能下降，使用价值降低，甚至造成提前报废。用涂料作为金属的防腐保护是目前最广泛的应用方法，是国民经济、科学技术、人民生活中不可缺少的材料。随着化学工业的发展，各种高保护、低污染的新产品也不断出现。为适应特殊环境的需求，一些专用涂料品种不断问世，具有耐酸、耐碱、阻燃、绝缘等作用的涂料的诞生，为金属防腐保护的发展提供了广阔的前景。

汽车涂装的作用

（2）美化、装饰作用。涂料与美化、装饰紧密相连，当你走在城市的大街上，那些高楼大厦、奇特的建筑、家具、商品、机械设备及生活环境都离不开色彩的美化。生活需要色彩的装饰，产品也要用涂料来装饰，以提高它的商品价值。汽车作为一种交通工具，也需要利用涂料的色彩。根据汽车的种类、作用、用途、档次，选用不同性能和不同色彩的涂料，使它有光亮美丽的外观、协调或对比强烈的色调，并起到了耐腐和延长使用寿命的作用。

（3）标志作用。涂料可以改变物体表面的颜色，人们的视觉、精神、心理将对不同的颜色产生种种不同的反应。可利用涂料不同的颜色作为标记加以区别和刺激，例如在公路、铁路、机场等交通行业中，涂料的这种标志作用应用得很广泛。常用涂料的不同颜色表示危险、警告、前进、停止等信号。

此外，化学工厂、仓库等场所用涂料的颜色表示易燃、有毒等标志；各种管道、容器、电器等涂上各种颜色作标志，使操作人员容易识别；一些工程车、救护车、消防车等用涂料的不同颜色作标记，以引起人们注意等。

（4）涂料的特殊作用。涂料经涂装后，在特定的环境下，发挥着特殊作用。有特殊作用的涂料又称为专用涂料。特殊用途的涂料使用较为广泛，如机电产品涂上绝缘涂料起到绝缘的作用。汽车上一些特殊部位涂装防振、消声、隔热等涂料使性能更好。船舶长年累月在江河湖海中航行，海水浸泡、巨浪的冲刷，以及海底微生物的侵蚀等都要用性能良好的特殊涂料。特别是在国防建设中，涂料的作用更为突出，用于军事装备上的涂料，如飞机、卫星用的抗辐射高温涂料，用于伪装的战车、军舰、隐形飞机、潜艇涂料等。

综上所述，涂料在国民经济、科学技术、人民生活等各领域起着重要的作用。

2. 涂料的组成

涂料产品种类繁多，用途也各有不同。就其成分而言，是由油料、树脂、颜料（填充料）、溶剂、催干剂和其他辅助材料组成。涂料按物质类型大致可分为主要成膜物质、次要成膜物质和辅助成膜物质三部分，具体如图 2-5 所示。

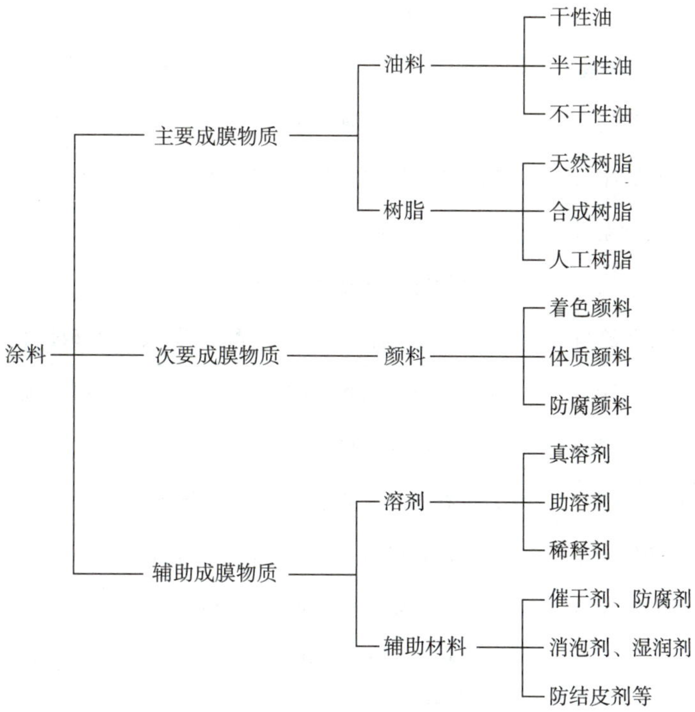

图 2-5　涂料的组成

（1）主要成膜物质。主要成膜物质用油料或树脂在涂料中做黏合剂，可以单独成膜，也可以黏结颜料等共同成膜。以油料为主要成膜物质制成的涂料称为油基漆；以树脂为主要成膜物质制成的涂料称为树脂漆。

（2）次要成膜物质。颜料是构成漆膜的主要成分之一，离开主要成膜物质，不能单独成膜。涂膜中有了颜料可提高漆膜的致密度、耐水性、耐候性和机械强度，并且能延长漆膜的使用寿命。颜料可分为无机颜料和有机颜料两大类。按用途可分为着色颜料、体质颜料和防腐颜料。

（3）辅助成膜物质。辅助成膜物质分为溶剂和辅助材料两类，不能单独成膜。但在涂料生产、储存和涂装过程中，是不可缺少的材料。溶剂可分为真溶剂、助溶剂和稀释剂三类，溶剂在涂料形成涂膜的过程中逐渐挥发掉。溶剂对涂料的性能和品质有很大影响。辅助材料有催干剂、防霉剂、消泡剂、湿润剂、防结皮剂等，这些材料在涂料中的比例虽小，但在其组分中起着非常重要的作用。

3. 涂料的分类、命名及型号

涂料的分类方法很多，按用途可分为木器涂料、建筑涂料、工业涂料等；按使用工序可分为底漆、腻子、二道漆和面漆；按涂料专用效果则分为绝缘漆和防腐漆。

（1）涂料的分类。原化工部颁布标准对我国涂料的分类方法做了统一规定，标明涂料产品的分类是以涂料基料中主要成膜物质为基础。若成膜物质中有两种以上的混合树脂，则按在漆膜中起主要作用的一种树脂为基础进行分类。如此，涂料共分 18 大类，具体分类情况如表 2-1 所示。

表 2-1 涂料产品分类表

序号	代号	涂料产品类型	主要成膜物质
1	Y	油脂涂料	天然动、植物油，清油（熟油），合成干性油
2	T	天然树脂涂料	松香及衍生物、虫胶、乳酪胶、动物胶、大漆及衍生物
3	F	酚醛树脂涂料	改性酚醛树脂、纯酚醛树脂
4	L	沥青树脂涂料	天然沥青、石油沥青、煤焦沥青
5	C	醇酸树脂涂料	甘油醇酸树脂、季戊四醇醇酸树脂、各种改性醇酸树脂
6	A	氨基树脂涂料	脲（或三聚氰氨）甲醛树脂、各种改性氨基树脂
7	Q	硝基涂料	硝基纤维素、改性硝基纤维素
8	M	纤维素涂料	乙基纤维、苄基纤维、羟甲基纤维、醋酸丁酸纤维、其他纤维及醚类
9	G	过氯乙烯树脂涂料	过氯乙烯树脂、改性过氯乙烯树脂
10	X	乙烯树脂涂料	氯乙烯树脂、改性过氯乙烯树脂
11	B	丙烯酸树脂涂料	氯乙烯共聚树脂、聚二乙烯基树脂、聚乙烯醇缩醛树脂、聚苯乙烯树脂、氯化聚丙烯酸树脂等
12	Z	聚酯树脂涂料	饱和聚酯树脂、不饱和聚酯树脂
13	H	环氧树脂涂料	环氧树脂、改性环氧树脂
14	S	聚氨酯树脂涂料	聚氨甲酸酯
15	W	元素有机聚合物涂料	有机硅、有机钛、有机铝等元素有机聚合物
16	J	橡胶涂料	天然橡胶及其衍生物、合成橡胶及其衍生物
17	E	其他涂料	以上 16 类没包括的其他成膜物质
18		辅助材料	溶剂、稀释剂、催干剂、固化剂等

各种辅助材料按用途不同，可分为如表 2-2 所示的几种类型。

表 2-2 辅助材料分类表

代号	名称	代号	名称
X	稀释剂	T	脱漆剂
F	防潮剂	H	固化剂
G	催干剂		

（2）涂料的命名。涂料命名规则用下列公式表示：

涂料的名称 = 颜色或颜料名称 + 成膜物名称 + 基本名称

例如：铁红醇酸底漆、白丙烯酸磁漆等。

涂料中不含颜色和颜料的，称为清漆。某些专业用途和特殊性能的涂料，应在成膜物质和基本名称之间表明，例如：白醇酸画线磁漆、灰过氯乙烯机床磁漆。

基料中含两个或两个以上成膜物质，选一种或两种成膜物质，主要成膜物质在前，次要成膜物质在后，例如：氨基醇酸烘干磁漆。成膜物质名称可做适当简化，如：聚氨基甲酯简称为聚氨酯。

（3）涂料的型号。涂料的型号由三个部分组成：

型号 = 主要成膜物质代号 + 基本名称代号 + 序号

例如：

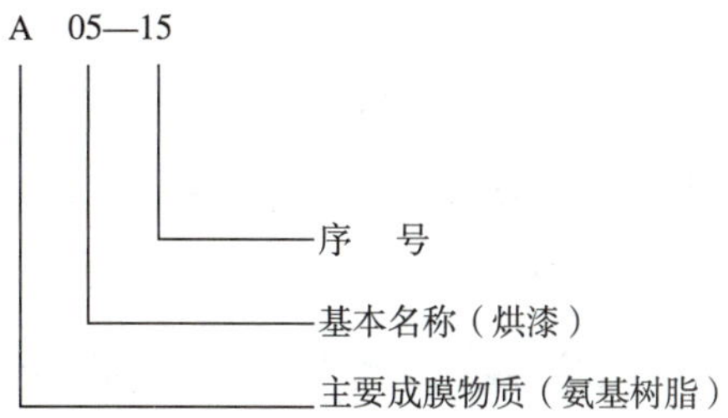

从上面的例子中可以看出，A 是主要成膜物质，即氨基树脂；05 为基本名称的代号（烘漆）；15 是序号，表示这类涂料中的一个品种。

辅助材料的型号由两部分组成，即辅助材料种类代号 + 序号。

例如：

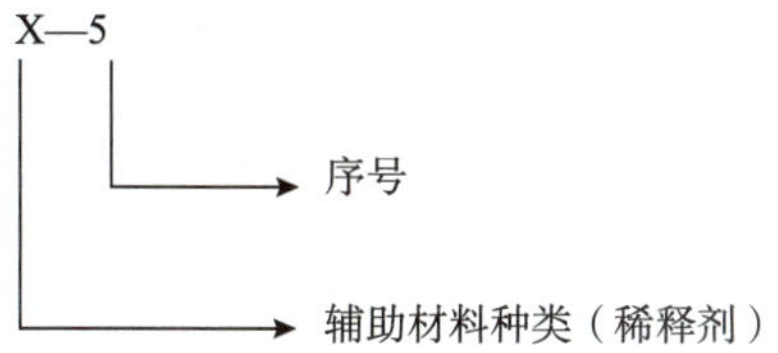

涂料的基本名称是根据用途、性能等方面的不同，用分类代号的方法加以区别的，如表 2–3 所示。并规定用 00 ～ 99 两位数字来表示基本名称。其中，00 ～ 13 表示涂料的基础品种；14 ～ 19 为美术漆；20 ～ 29 为轻工用漆；30 ～ 39 为绝缘漆；40 ～ 49 为船舶漆；50 ～ 59 为防腐漆；60 ～ 69 为特种漆；80 ～ 89 为其他备用漆。

表 2–3　涂料产品基本名称代号

代号	基本名称	代号	基本名称	代号	基本名称	代号	基本名称
00	清油	17	皱纹漆	38	半导体漆	62	汞湿漆
02	清漆	18	裂纹漆	40	防污漆、防蛆漆	63	涂布漆
03	调和漆	19	晶纹漆	41	水线漆、甲板漆	64	可剥漆
04	磁漆	20	铅笔漆	42	甲板防滑漆	66	感光漆
05	粉末涂料	22	木器漆	43	船壳漆	67	隔热漆
06	底漆	23	罐头漆	44	船底漆	80	地板漆
07	腻子	30	绝缘漆（浸漆）	50	耐酸漆	81	鱼网淋漆
09	大漆	31	绝缘漆（覆盖）	51	耐碱漆	82	锅炉漆
11	电泳漆	32	磁漆（覆盖）	52	防腐漆	83	烟囱漆
12	乳胶漆	33	绝缘黏合剂	53	防锈漆	84	黑板漆
13	其他不溶性漆	34	漆包线漆	54	耐油漆	85	调色漆
14	透明漆	35	硅钢片漆	55	耐水漆	86	标志漆
15	斑纹漆	36	电容器漆	60	耐火漆	98	胶漆
16	锤纹漆	37	电阻漆、电位器漆	61	耐火漆	99	其他

（4）涂料的原理。涂料涂布于物体表面后，由液体或不连续的粉末状态转变为致密的固体连续薄膜的过程，称为涂膜的干燥或固化。涂膜干燥是涂料施工的主要内容之一。由于这一过程不仅占用很多时间，而且有时能耗很高，因而对涂料施工的效率和经济性产生重大的影响。涂膜的固化机理有三种类型，一种是物理机理，其余两种是化学机理。

①物理机理固化。只靠涂料中液体（溶剂或分散相）蒸发而得到干硬涂膜的干燥过程称为物理机理固化。高聚物在制成涂料时已经具有较大的相对分子质量，失去溶剂后就变硬而不黏，在干燥过程中，高聚物不发生化学反应。

②涂料与空气发生反应的交联固化。氧气能与干性植物油和其他不饱和化合物反应而产生游离基并引起聚合反应，水分也能和异氰酸酯发生反应，这两种反应都能得到交联的涂膜，所以在储存期间，涂料罐必须密封良好，与空气隔绝。

③涂料之间发生反应的交联固化。涂料在储存间必须保持稳定，可以用双罐装涂料法或是选用在常温下互不发生反应，只是在高温下或是受到辐射时才发生反应的组分。

二、常用涂料的性能

随着石油化学工业的发展和科学技术的进步，涂料的新品种不断出现，性能好、用途广、施工方便、低消耗、低污染的产品相继问世，这里我们介绍几种常用的涂料和颜料。

1. 油脂涂料

油脂涂料以干性植物油或部分半干性植物油，加入颜料、溶剂、催干剂等炼制而成。其优点是漆膜柔韧、附着力好、不易粉化龟裂、耐候性良好、对木材渗透性好、施工方便、价格低廉。缺点是干燥慢、遮盖力差、漆膜软、耐化学性差、涂膜干后光泽低、不易打磨抛光、漆膜稍厚易起皱等。油脂涂料主要用于室内外金属、木制品、要求不高的工程，还有建筑维修、调制腻子作基料时使用。它的主要品种有清油、各色油性调和漆、厚漆、防锈漆等。

2. 天然树脂涂料

天然树脂涂料主要以干性植物油与天然树脂为主要成膜物质，加入颜料、催干剂、溶剂制成。根据树脂和油的比例分为长油度（1∶3 以上）、中油度（1∶3 ～ 1∶2）、短油度（1∶2 以下）。

油和树脂的比例不同，产品的性能也不同。如短油度的涂料，干燥快，硬度高，光泽、耐磨性等都比长油度涂料优良，显示出树脂的优点，常用于木器家具、建筑门面、楼梯、栏杆、金属制品以及工程机械、车辆的不重要部位。其主要品种有脂胶磁漆、脂胶调和漆、脂胶腻子、钙脂漆、虫胶清漆、大漆等。

3. 酚醛树脂涂料

酚醛树脂涂料是以酚醛树脂、改性酚醛树脂与干性植物油做主要基料，根据使用原料不同加入不同种类的催干剂、颜料和辅助材料调制而成的涂料。该涂料可分为醇溶性酚醛树脂涂料、油深性纯酚醛树脂涂料、改性酚醛树脂涂料和水溶性酚醛树脂涂料。

涂料的类别不同，性能用途各异。如醇溶性酚醛树脂涂料又分为热塑型和热固型两种。热塑型醇溶性酚醛树脂涂料自然干燥快、漆膜较硬、耐酸性和耐化学腐蚀性较强，但是存在漆膜较脆、附着力不强、在阳光下颜色容易变深等缺点，适用于做防腐涂料。热固型醇溶性酚醛树脂涂料经烘干后，有较好的耐水、耐油、耐酸、耐热、绝缘等性能，但漆膜柔韧性差，不耐碱，多用于防潮、绝缘、胶泥等。

酚醛树脂涂料具有良好的耐水、防潮、绝缘等优点，多用于交通工具、机械、仪表、电表、电器、建筑、木制品等做底漆及罩光和室内用漆。

4. 沥青涂料

沥青涂料以天然沥青或人造沥青、加油料或不加油料为主要成膜物质涂料。沥青是一种热塑型材料，是历史悠久的涂料品种，具有材料来源丰富、价格低廉、施工方便的特点，应用广泛。主要品种有纯沥青漆、加油沥青涂料、加树脂沥青涂料。其主要特点是优异的耐水性、良好的耐化学性和绝缘耐热性，是一种很好的保护、防腐装饰的涂料。常用于化工、机械、船舶、地下管道、轻工制品、小五金等。

5. 醇酸树脂涂料

醇酸树脂涂料是以醇酸树脂为主要成膜物质的一类涂料。醇酸树脂原料来源有三种：多元醇类、多元酸类和植物油类。采用多元醇、多元酸和植物油脂肪酸通过酯化、缩合制成的树脂是合成树脂中最重要的一类树脂，在涂料工业中用途极为广泛，占据着主导地位。

选择不同的原料，调整配方，可以制成各种各样的品种，如干性油、半干性油、不干性油醇酸树脂；长油度、中油度、短油度醇酸树脂。用这些树脂制成的涂料，各有特性。如长油度（含油量在60%以上）醇酸树脂涂料耐候性优良，漆膜柔韧性强，附着力强，宜用作户外涂装；中油度（含油量50%～60%）醇酸树脂涂料干燥较快，耐候性能好，漆膜较光亮，适用于设备、大型车辆等涂装；短油度（含油量在50%以下）醇酸树脂涂料干燥快，漆膜硬，附着力好，适用于底漆、腻子等。

醇酸涂料用途范围广，适应性强，是我国大力发展的一类涂料品种。主要性能有漆膜干燥后耐候性好、不易老化、保光性能持久、耐摩擦、柔韧性强，可采用喷、刷、浸等多种施工方法，经烘干后耐油、耐水、绝缘性都大大提高。缺点是漆膜表面干燥较快，彻底干燥时间较长，耐水性差，不耐碱，涂膜时每次不能涂装过厚，温度过高易起皱。

6. 氨基树脂涂料

氨基树脂涂料是以氨基树脂与醇酸树脂为主要成膜物质的一类涂料，热固型合成树脂主要的品种之一。制备涂料的氨基树脂有三种：一种是三聚氰氨甲醛树脂，另外两种是脲醛树脂和苯代三聚氰氨甲醛树脂。单纯用氨基树脂制备涂料，经过加热固化后的漆膜硬而脆，附着力也差，必须与其他树脂配合使用。

目前氨基树脂和醇酸树脂配合使用最普遍，在氨基树脂中加入不同比例的醇酸树脂制成的涂料，既改善了氨基树脂硬度和附着力，又使醇酸树脂的硬度、光泽、耐水、耐碱等性能大大提高。氨基树脂涂料可分为四大类，即氨基树脂涂料、酸固化氨基树脂涂料、氨基树脂改性有硝化纤维素涂料、水溶性氨基树脂涂料，这四大类氨基树脂涂料中用途最广的是氨基醇酸树脂涂料。

氨基树脂与醇酸树脂用量比例不同，制成的涂料性能也有差异，一般将氨基醇涂料分为三个档次。

高氨基 =1∶1～2.5（氨基树脂∶醇酸树脂）

中氨基 =1∶2.5～5（氨基树脂∶醇酸树脂）

低氨基 =1∶5～7.5（氨基树脂∶醇酸树脂）

一般来说氨基树脂含量越高，涂膜的光泽、硬度、耐水、耐油、绝缘性能方面越好，但漆膜的脆性增大，附着力变差。

氨基醇酸涂料的优点是漆膜外观光亮平滑，色彩鲜艳，漆膜坚硬，附着力强，机构强度高，保光保色性能好，清漆色浅不易泛黄，耐候性强不易粉化、龟裂，具有良好的耐水、耐油、耐溶剂、耐化学品性能，施工性能好，湿喷涂不易起皱，有良好的电气绝缘性。缺点是由于该涂膜需要烘烤，固化湿度较高，不适用于木器家具、橡胶制品、有机玻璃和某些不能烘烤的物件使用。

由于该涂料有许多优良的性能，已被广泛地用于各种交通车辆、仪器仪表、家用电器、钢铁家具以及其他轻工产品等适应烘烤条件的制品。

7. 硝基涂料

硝基涂料是以硝化棉为主要成膜物质的一类涂料。硝基涂料虽然品种很多，但从性能和用途上讲，可分为外用硝基涂料和内用硝基涂料两大类。涂料中硝化棉的比例不同、改性树脂不同以及增塑剂的品种不同，其性能、用途也不同。硝基涂料的优点是涂膜干燥快、坚硬、耐磨，有良好的耐化学药品性能，耐水、耐弱酸、耐汽油和酒精的侵蚀，且柔韧性好。调配合适的增塑剂，可制成柔韧性很好的软性硝基涂料，如硝基皮革漆。施工性能优越，可以在较差的环境下施工（如室外涂装），可湿喷涂，涂层干后可抛光上蜡。

硝基涂料的缺点是固体含量低，一次喷涂成膜较薄，施工时需多次喷涂，消耗溶剂较多。在潮湿的环境下施工，漆膜容易泛白，由于硝基涂料干燥快，不适合刷涂。涂料刺激味大，施工环境需有良好的通风条件，否则操作人员容易发生中毒现象。

硝基涂料品种繁多，用途很广。外用硝基涂料可用于各种金属表面，如交通车辆、机械设备、木器家具、机电产品。内用硝基涂料多用于户内小型机械、各种仪表、家具以及装甲车、坦克内壁、光学仪器内部等。

8. 过氯乙烯树脂涂料

以过氯乙烯树脂为基础的涂料，还包括其他树脂、增塑剂、稳定剂、颜料（不含颜料的是清漆）及有机溶剂。过氯乙烯树脂涂料是一种挥发性涂料，大致可分为三种类型：一般用涂料、耐化学涂料和航空涂料。每种类型涂料都分有底漆、磁漆、清漆，自成体系。

该涂料的优点是自然干燥较快，仅次于硝基涂料，适合多种施工方法；有优良的耐化学稳定性，能在常温下耐 25% 的硫酸、硝酸及 40% 烧碱达几个月之久；有良好的耐候性、耐水、耐湿热以及很好的防火性能。其缺点有固体含量低，附着力较差，表面干燥较快，但完全干燥较慢，涂层表面硬度较硝基涂料差。

过氯乙烯树脂涂料广泛用于化工设备、混凝土建筑、地下管道、车辆、机械、机床、飞机、木器等的表面涂装。

9. 丙烯酸树脂涂料

丙烯酸树脂涂料是由甲基丙烯酸酯与丙烯酸酯共聚树脂配成的涂料。为降低成本和改进性能，常用其他不饱和的烯类单体共聚，配制成各种不向性能的丙烯酸涂料。该涂料一般分为热固型和热塑型两类，它具有清漆色浅、漆膜干燥后坚硬光亮持久、耐水、耐酸碱、耐腐蚀、耐热性强的特点，可以和其他多种合成树脂并用，配制成多品种、多性能、多用途的系列化的丙烯酸树脂涂料，是近年来发展较快的一种涂料。

丙烯酸涂料品种多，用途广泛，是室内外十分优良的保护和装饰涂料，主要用于飞机、交通车辆、机床设备、桥梁、建筑、高级木器、仪器仪表、家用电器和其他轻工产品等高级装饰的涂装。

10. 环氧树脂涂料

环氧树脂涂料是以环氧树脂为主要成膜物质制成的。环氧树脂涂料的品种很多，可分为烘烤型和常温固化型两类。环氧树脂涂料综合了酚醛树脂涂料、醇酸树脂涂料、过氯乙烯树脂涂料的优点，补充了酚醛树脂涂料抗化学性差、醇酸树脂涂料不耐碱、过氯乙烯树脂涂料附着力差的缺点，被广泛用于钢铁表面防腐或铝镁合金及轻金属表面作底漆和机电产品绝缘漆涂装。缺点是户外耐候性差，漆膜易粉化，不适合做户外高质量涂装。

11. 聚氨酯涂料

聚氨酯涂料是以聚氨基甲酸树脂为基料的涂料简称，可分为聚氨酯改性油、湿固化聚氨酯、封闭型聚氨酯、催固化型聚氨酯、多羟基组分固化型聚氨酯五类；从使用上可分为单组分和双组分两类。

聚氨酯涂料使用性能、品种、数量都发展很快，是一种很有发展前景的新型涂料，具有漆膜坚硬耐磨，良好的耐油、耐溶剂性能，以及优异的耐化学腐蚀性等，广泛用于木器、地板、飞机、汽车、机械机床、电器仪表、皮革、塑料、纸张、石油化工、地下设施的涂装等。缺点是涂料价格较贵，施工条件苛刻。

三、常用颜料的性能

颜料是一种微细末状的物质，是构成涂料的次要成膜物质，它在涂料中能改善涂料的物理和化学性能，提高涂膜的耐水性、耐碱性、防腐性。颜料按化学成分可分为有机颜料和无机颜料两类；按来源可分为天然颜料和合成两类；按作用又可分为着色颜料、缓蚀颜料和体质颜料三大类。

1. 颜料的通性

（1）遮盖力。颜料的遮盖力是指色漆涂膜中的颜料，具有遮盖承受涂膜的表面，能透过涂膜而显露出来的能力。颜料本身的遮盖能力受到很多因素的影响，如颜料的颗粒大小、颗粒形状、折光率以及对光的吸收能力等。

（2）着色力。着色力指某一种颜料与另一种颜料混合后形成颜色强弱的能力。着色力影响着混合颜料的配制，决定颜料的经济价值。决定着色力的主要因素是颜料的分散度，颜料的分散度越大，着色力越强。

（3）渗色性。一种颜色涂覆在另一种底色上后，底颜色被溶解，将其带入面层上来，使面层改变颜色称为渗色。这种渗色一般出现在红颜色上，如底色是红颜色，上部覆盖一层白颜色，白颜色变成粉红颜色。

（4）粉化。某些颜料形成涂膜以后，经过一段时间的暴晒，黏结剂被破坏，颜料变成松散的粉末，逐渐脱落下来，称之为粉化。

（5）吸油量。将 100 g 颜料调成浆状所需要的规定精制亚麻油的质量。颜料吸油量的大小，跟颜料的颗粒大小、分散度和颗粒表面性能等因素有关。一般来说，颜料的颗粒愈小、分散度愈大、孔隙愈多相应的吸油量越大，反之则越小。

另外，影响吸油量的还有颜料的颜色、折光率、分散性能、耐热性、耐溶剂性、耐酸碱性等。

2. 着色颜料

着色颜料是涂料中用途最多的颜料，它能使涂料具有丰富的色彩与良好的遮盖力，能提高涂料的耐久性、耐碱性、耐磨性等。

（1）颜料的分类。颜料的分类及构成如图 2–6 所示。

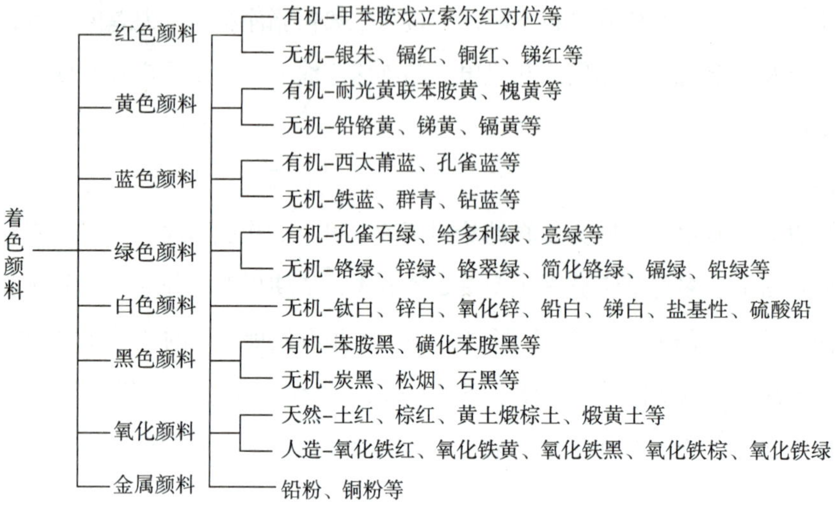

图 2–6 颜料的分类及构成

（2）常用着色颜料的名称、性能及用途。常用着色颜料的名称、性能及用途如表 2–4 所示。

表 2–4 常用着色颜料的名称、性能及用途

颜色名称	别名	主要成分和性能	用途
镉红	硒硫化镉 大红色素	由镉和硒与碳酸或草酸镉煅烧分解而成。颜色鲜艳而饱和，着色力强，耐光、耐热、耐碱等，性能良好，但价格较贵	涂料、搪瓷、玻璃等
甲苯胺红	猩红	是一种有机颜料，色泽鲜艳，着色力强、遮盖力好，耐光、耐热、耐水、耐酸碱性优秀，是一种优良的红色颜料	涂料、油彩、油墨等
大红粉	—	是一种有机颜料，质软，粉末鲜红，着色力好，遮盖力强，耐热、耐酸、耐碱等	深涂料、油墨等
铅铬黄	铬黄 巴黎黄	是铬酸铅或铬酸与硫酸铅的混合物。它有良好的遮盖力，在大气中不易粉化，但耐光性差，色相易变成绿色，甚至棕黑色，不耐酸碱，有毒	涂料、油墨、着色油彩、塑料等
铁黄	氧化铁黄	褐棕黄色粉末，具有很强的遮盖力和着色力，耐光性、耐候性、耐碱性能良好	涂料工业、建筑、工业、油彩、颜料等
锶黄	铬酸锶	呈柠檬色，色彩艳丽，有较高的耐光性和耐热性，质地松软，遮盖力、着色力较低，价格较贵	高级缓蚀颜料及绘画色料
镉黄	—	色泽鲜艳，着色力、遮盖力强，耐湿性优良，能耐酸，但不耐碱，价格贵	绘画、陶瓷、搪瓷、特殊性耐湿涂料用等
铁蓝	普鲁士蓝	呈深蓝色粉末，着色力强，耐酸、耐光、耐候性良好，不耐碱且遇碱分解，遮盖力差	涂料、油墨等工业中
群青	深蓝 洋蓝 云菁	由高岭土、纯碱硫黄、硅藻土或石英粉经熔烧而成，耐光、耐热性好，能耐碱，但不耐酸，着色力、遮盖力差，在涂料中分散度不好，易沉淀	涂料、橡胶、造纸、印染、塑料工业等

表 2–4（续）

颜色名称	别名	主要成分和性能	用途
酞菁绿	—	铜酞菁蓝的氯代衍生物，是一种优良的绿色颜料，色泽鲜明，着色力、遮盖力、耐光性、耐热性良好，对酸碱作用稳定，价格较贵	涂料、油墨工业等
铅铬绿	—	用铁蓝铅铬黄生成的颜料，有良好的遮盖力、着色力、耐光性、耐候性，遇酸碱而分解易燃	涂料、油墨绘画等
铁黑	氧化铁黑	由氧化亚铁与三氧化二铁配制成的粉有很强的遮盖力、着色力，耐光、耐候性好，但不耐酸	建筑工业，防锈、涂料底漆等
钛白	二氧化钛 大红色素	是白色颜料中最好的一种，分金红石型和锐钛型两种，白度纯，着色力很强，对大气中氧、三氧化硫、硫化氢和氨等都很稳定，具有耐光、耐热、耐稀酸、耐碱、不变色、无毒的性能	涂料、油墨、造纸、橡胶、塑料、化妆品等
锌白	氧化锌 铁丹 铁氧红 锈红	以锌矿或含锌的废渣为原料，经过高温熔烧等处理制成的。颜色纯白，遮盖力不如钛白和锌钡白，耐光、耐热、耐候、不易粉化，不变色，性能良好	橡胶工业、涂料工业
锌钡白	立德粉	由硫化钡和硫酸锌溶液作用而成的产物，颜色洁白，遮盖力强，着色力优，耐热性好，耐碱不耐酸，耐光性差，遇光易变暗，耐候性差	室内涂料、橡胶造纸、油墨等
铝粉	—	由铝熔化后喷成细雾再经球磨机研细或将铝片用机械制成铝箔，再经球磨机冲击成细小的鳞片状。有极强的遮盖力、耐热性和耐光性，良好的缓蚀性和对紫外线的反射能力	涂料工业等
铜粉	金粉	铜、锌合金的细粉，呈美丽的金黄色，遮盖力强，漂浮性能好，易氧化变色	涂料工业中、塑料、彩色贴花、丝网印花、胶印等

（3）防锈颜料。在涂料中有特殊的防锈能力，它虽然没有鲜艳夺目的颜色，但用在防锈涂料中作底漆用，是不可缺少的组成部分。防锈颜料由于性质、作用不同，可分为两类：一类是化学性防护型，另一类是物理性防护型，其具体分类如图 2–7 所示。

（4）体质颜料。体质颜料（也称填充料）多为白色或无色，它不具备遮盖力和着色力，折射率也很低，大多来自天然产品，价廉易得，它的主要作用是增加漆的体积，降低成本，调整漆膜的光泽，改善施工性能和增强漆膜各种性能，如硬度、耐磨性、悬浮性等。其分类如图 2–8 所示。

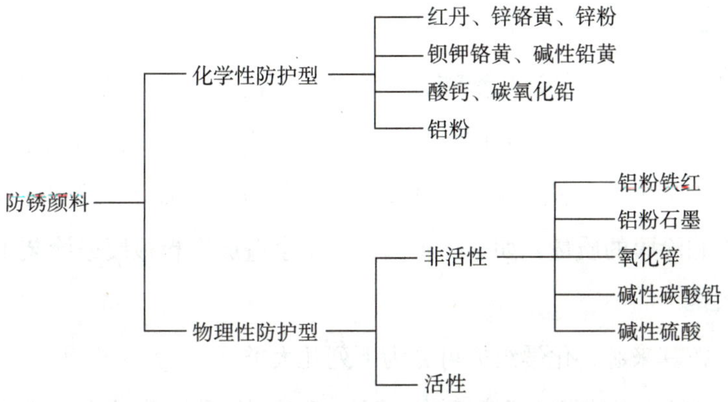

图 2–7　防锈颜料分类

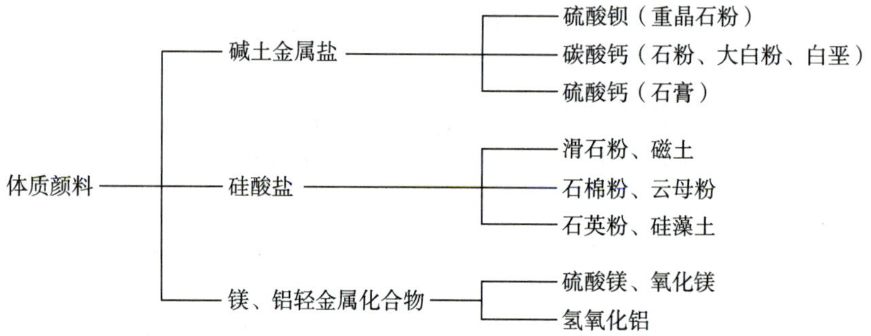

图 2-8 体质颜料分类

常用体质颜料的名称、性能和用途如表 2-5 所示。

表 2-5 常用体质颜料的名称、性能和用途

名称	性能和用途
重晶石粉（硫酸钡）	耐酸碱、耐红外线、密度大、吸油量低，能使漆膜坚硬耐磨，但易沉底，常用于调和漆、底漆、防锈漆、腻子等
重体碳酸钙（石粉、白垩）	质地粗糙，不溶于水，易吸潮呈微碱性，多用于调和漆、底漆、腻子中
轻体碳酸钙	性能与重体碳酸钙相似，颗粒细，遮盖力比石粉高，用于底漆、腻子、平光漆、调和漆中
沉淀碳酸钙	性能与重体碳酸钙相似，质地较软，粒度很细，吸油量较大，广泛用于调和漆、底漆、腻子中
石膏（硫酸钙）	质地较粗、吸水量大，主要用于调配腻子
云母粉	耐酸碱、耐热、耐化学药品，用在漆中能提高漆膜弹性和韧性，防龟裂，延迟粉化，常用于防火漆中
石棉粉	质轻而松，吸油量大，耐酸、耐碱、耐热稳定性极高，常作为耐酸漆、耐热漆、耐火漆的加强特殊性能颜料使用
石英粉	质地坚硬、耐磨、吸油量小，不溶于酸，作腻子必备底漆、地板漆等
滑石粉（硅酸镁）	在涂料中具有消光性，防止漆膜流挂，防止颜料沉淀、漆膜开裂，有涂膜耐水、耐磨性能，用于底漆、腻子和耐磨漆中
高岭土	质地细腻洁白，耐光、耐稀酸和稀碱，用于底漆、水粉漆等，提高漆膜硬度，防止颜料沉淀

四、涂料溶剂的性能

溶剂是一种能溶解树脂油类等物质的溶液，是涂料（不包括粉末涂料）生产制备和涂装中不可缺少的成分之一。溶剂可以降低涂料中的主要成膜物质的黏度（或稠度）以便达到施工的要求。溶剂多数为易挥发的液体，涂料经涂装干结成膜后应完全挥发掉，又称为挥发部分。涂料涂装时选择溶剂很重要，它可以影响涂料的性能和涂膜的质量，如选择不当，甚至会造成涂料报废或涂装工程返工。

1. 溶剂的种类及性能

溶剂的种类很多，按其来源、化学组成可分为下列几大类。

（1）水。水作为溶剂价廉易得，无毒无味，不燃不爆，是乳胶漆的主要成分。它可以单独与醇类或与醚醇类溶剂一起作为溶解水性树脂和水性颜料的溶剂。能与水混溶的有机溶剂是有限的，因此不能

广泛使用。

（2）烯类溶剂。常用的烯类溶剂有松节油（松树的分馏产物）、双戊烯。它们的溶解力大于松香水，低于苯类溶剂，是油性漆和油基磁漆的较好溶剂。双戊烯的挥发速度比松节油慢，可做油性漆的防结皮剂。

（3）烃类溶剂。烃类溶剂是涂料工业中用量最多的一类溶剂，分为两大系统。

①脂肪烃，如200号汽油溶剂（松香水）、煤油、汽油等，是脂胶漆类、酚醛漆类、中长油度醇酸树脂漆类很好的溶剂。

②芳香烃，如苯、甲苯、二甲苯等和其他有机溶剂混溶后，可作硝基醇酸树脂漆、氨基烘漆等的稀释剂。

（4）醇类溶剂。醇类溶剂包括甲醇、乙醇、丁醇、丙醇。乙醇又称酒精，工业酒精能溶解虫胶和许多合成树脂，如环己酮树脂、缩丁醛树脂，对一般涂料溶解力很差。甲醇能溶解硝化棉，它与脂类、酮类溶剂配合使用可增加溶解力。

（5）酯类溶剂。酯类溶剂有醋酸乙酯、醋酸丁酯、醋酸戊酯等。它是由醇类和有机酸反应而形成的产物，也可由石油气直接合成。它们的溶解力强，性质相似，搭配其他溶剂使用，作硝基漆、丙烯酸漆、过氯乙烯漆、乙烯漆等的稀释剂。

（6）酮类溶剂。酮类溶剂溶解性强，是合成树脂的优良溶剂。常用的有丙酮、甲乙酮、环乙酮、甲基异丁酮等。丙酮是脱漆剂的主要成分之一；甲乙酮挥发速度较慢，是合成树脂的优良溶剂；环乙酮溶解力强，挥发速度慢，在硝基漆中起防泛白作用，并使漆膜表面流平效果好；甲基异丁酮挥发速度快，溶解力强，常用于烘漆中。

（7）醚类和醇类溶剂。醚类和醇类溶剂如乙二醇乙醚、乙二醇单丁醚、乙二醇单乙醚乙酯，多用于硝基漆、乙烯漆、环氧漆、聚酯漆和乳胶漆的溶剂。它们的价格较贵，在普通漆中很少使用。

（8）氯化烷烃类溶剂。氯化烷烃类溶剂溶剂的特性是溶解力强，不易燃烧，毒性较大，多用于特种漆和脱漆剂中，如二氯甲烷、二氯乙烷。

（9）硝基化烷烃溶剂。硝基化烷烃溶剂能溶解硝化棉、醋酸纤维素等，挥发速度快，如硝基甲烷、硝基乙烷等。

2. 常用溶剂的性能和指标

常用溶剂的性能和指标（溶解度、挥发率、沸点、闪点和自燃点）如表2–6所示。

表2–6 常用溶剂的性能和指标

名称	溶解度参数	25 ℃时挥发率/($mL\cdot min^{-1}$)	沸点/℃	闪点/℃	自燃点/℃
松节油	8.1	450	140～200	35	253
松香水	6.9	440～450	150～240	27～38	260
汽油	—	15	80～150	–10	253
苯	9.2	12～15	80.1	–11	580～650
二甲苯	8.8	81	135～154	17.1	490～550
丙酮	10	5	56.2	–17	600～650

表 2-6（续）

名称	溶解度参数	25 ℃时挥发率 /（mL·min^{-1}）	沸点 / ℃	闪点 / ℃	自燃点 / ℃
环己酮	9.9	—	156.7	47	520 ~ 580
乙酸乙酯	9.1	10.5	77.1	-5	480 ~ 550
乙酸戊酯	—	90	142.1	24.4	560 ~ 600
乙醇	12.7	32	78.32	14	390 ~ 430
甲醇	14.5	—	65	12 ~ 14	—
正丙醇	11.9	—	97	15	—
异丙醇	11.5	—	82	12	460
正丁醇	11.4	—	118	35	—
异丁醇	—	—	108	25	—
仲丁醇	10.8	—	100	24	—
醋酸乙酯	—	—	77.15	-5	480 ~ 550
醋酸丁酯	—	—	126.5	23	420 ~ 450
醋酸戊酯	—	—	142.1	—	560 ~ 600

3. 稀释剂的种类和用途

稀释剂是由溶剂、助溶剂、冲淡剂三个部分组成，是涂料的重要组成部分，是挥发性液体。在涂料配制和施工中，常用稀释剂选择的正确与否，对涂膜的性能和品质有很大的影响，如果稀释剂用得不合理或用错，即使品质好的涂料与工艺也会造成低劣的涂装品质，常用稀释剂的种类与用途如表 2-7 所示。

表 2-7 常用稀释剂的种类与用途

型号名称	曾用名称	用途
X—1 硝基漆稀释剂	涂装稀料、甲级香蕉水、甲级信那水、甲级天那水	稀释能力高于 X—2，用于硝基清漆、硝基底漆，也可用于稀释各种热塑型丙烯酸漆
X—2 硝基漆稀释剂	乙级香蕉水 乙级天那水 乙级信那水	一般用途的硝基漆料，也可用于洗涤涂装工具
X—3 过氯乙烯漆	甲级过氯乙烯稀释剂	稀释各种过氯乙烯底漆、磁漆、清漆腻子等
X—4 氨基乙烯漆	氨基稀料	用于氨基漆、氨基锤纹漆、短油度醇酸漆、环氧酯类漆等
X—5 丙烯酸漆稀释剂	648 丙烯酸稀释剂	用来稀释各种丙烯涂料，也要用来做硝基漆稀料
X—6 醇酸漆稀释剂	醇酸漆稀料磁漆稀料	用于稀释中、长油度的醇酸磁漆、底漆、清漆，也可用于酯胶漆和酚醛漆

表 2-7（续）

型号名称	曾用名称	用途
X—7 环氧漆稀释剂	环氧稀料	稀释用环氧树脂制成的清漆、磁漆、底漆、防腐漆、腻子等
X—8 沥青漆酯稀释剂	—	供稀释沥青漆用，不能用于常温干燥的沥青漆
X-10 聚氨酯稀释剂	聚氨甲酸酯稀释剂	用于稀释聚氨酯涂料
X—15 硝基漆稀释剂	铅笔漆稀料	专供 Q20—30、Q20—80 硝基漆用，也可用作其他铅笔漆
X—20 硝基漆稀释剂	特级香蕉水 基丙烯酸稀料	用于要求高的硝基漆、热塑型丙烯酸漆、环氧酚醛以及罐头包装漆

4. 常用催干剂

催干剂又称干料，是一种加速涂料干燥的液体或固体材料，作用是促进涂料干燥成膜，主要用于油性涂料和醇酸树脂涂料，常用催干剂主要有以下几类。

（1）钴催干剂。钴催干剂是一种催干效果很强的金属皂，它的氧化作用是从漆膜表面开始的，可使漆膜表面干燥加速；单独使用或使用不当，会使漆膜表面干燥过快，产生橘皮，造成底层不干、漆膜长期发软等问题。常与钙、锌等助溶剂配合使用，效果较好。

（2）铅催干剂。铅催干剂可使漆膜从里到外聚合，干燥比较均匀，漆膜干后坚韧而硬，可提高漆膜的附着力和耐候性，但其氧化催干性能低。单独使用易造成漆膜表面发黏，必须与钴、锰催干剂配合使用。铅皂有毒性，在食品和儿童用品的涂料中严禁使用。

（3）锰催干剂。锰催干剂的催干特性在铅与钴之间，是氧化和聚合同时进行的一种催干剂，氧化作用稍强于聚合作用。其在热固型涂料中使用可提高漆膜的坚韧性和硬度，效果比钴好，但色深并易泛黄，不宜用于浅色漆中。锰催干剂虽有效地促进底干，但仍需与其他催干剂混合使用。

（4）锌与钙催干剂。环烷锌和烷钙都是辅助性的催干剂，与主催干剂配合使用，可改善漆膜的性能，消除起皱发霜等毛病。在不能使用铅催干剂的产品中，如玩具、食品用的涂料中，可用钙催干剂代替铅催干剂。

（5）铁催干剂。环烷酸铁是一种表面催干剂，在高温下具有较强的催干作用，主要用于热固型涂料中。铁催干剂颜色深，适用于沥青烘漆、黑氨基烘漆等，能增加漆膜的硬度和柔韧性。

（6）锆催干剂。锆催干剂是一种新型的催干剂，有独特的催干性，对其他催干剂有强烈的促催干作用，有效地提高钴、锰皂的催干作用。它的催干性对铅、钙皂也有辅助作用，本身又具有类似铅皂的催底干性。由于锆催干剂有多功能性，常在烘干型涂料中应用，可提高漆膜的硬度和光泽。与钴、钙催干剂配合使用，效果尤为明显。涂料催干剂的用量，按照涂料中所含干性油或半干性油的质量计算。醇酸树脂漆按树脂的含量或以干性油、半干性油的含量为基础，计算催干剂的需要量。

5. 固化剂

固化剂是一种具有催化作用的化合物，在双组分涂料中，能与合成树脂发生交联反应形成膜。固化剂主要应用于不能自然干燥和烘烤成膜的涂料中，如环氧涂料、聚氨酯涂料、聚酯涂料等。

常用的固化剂品种有：环氧涂料固化剂、聚氨酯涂料固化剂、聚酯涂料固化剂。

6. 增韧剂

增韧剂也叫增塑剂，它与成膜物质的高聚物混合以增加漆膜的弹性和附着力。增韧剂可分为两大类：一类是溶剂型，采用挥发速度很低的高聚物溶剂，用来增加高聚物的弹性，并可以任何比例互溶，也叫化学增韧剂；另一类是非溶剂型，是高聚物的一种不挥发的冲淡剂，用来增加高聚物的弹性，互溶性有一定限制，也叫软化剂。

常用的增韧剂有苯二甲酸二乙酯、苯二甲酸二丁酯、苯二甲酸二戊酯、磷酸三乙酯、樟脑、蓖麻油等。

7. 防潮剂

防潮剂又名防白剂，是由高沸点和挥发速度较慢的酯类、醇类、酮类等有机溶剂混合而成的液体。在潮湿的条件下（相对湿度 70% 以上），空气中的水蒸气就会凝聚在漆膜表面。水与溶剂不相溶，使漆膜变成白色雾状，明显无光，这种现象叫泛白。加入适量的防潮剂，提高溶剂沸点，减慢挥发速度，可防止泛白现象。

8. 脱漆剂

脱漆剂又叫去漆剂，主要是利用有机溶剂对漆层的表面溶解、溶胀作用，将旧涂层清除掉。脱漆剂一般分为两类：一类是由酮类、醇类、苯类、酯类物质加石蜡混合制成，有很好的溶胀漆膜性能，主要用于清除油脂、酚醛、硝基等旧漆层；另一类是由二氯甲烷、纤维素醚、石蜡等配合而成，毒性较小，脱溶速度快，主要用于环氧漆、聚氨酯漆等。

第三节 涂装材料的使用

一、涂层的划分及选择

汽车涂装的目的主要是为了提高其保护性和装饰性，既达到使用耐久性和提高商品价值，又避免了材料的浪费。

1. 涂料层的分组和等级

根据 QC/T 484—1999（2005）《汽车油漆涂层》的规定，汽车涂料涂层适用于载货汽车、自卸汽车、牵引汽车、公共汽车及轿车等车型，不适用于汽车电器和仪表产品的涂料涂层。根据汽车各零件的使用条件和涂漆质量要求，汽车涂料涂层共分为 10 个组和若干等级（表 2–8）。

表 2-8 涂料涂层的分组和等级

涂层代号	分组名称	等级	油漆涂层名称	备注
TQ1	车身组	甲 乙	优质装饰保护性涂层 一般装饰保护性涂层	
TQ2	轿车车身组	甲 乙	高级装饰性涂层 优质装饰保护性涂层	适用于高级轿车； 适用于中级轿车涂层
TQ3	车厢组	甲 乙	防蚀、装饰性涂层 防腐、装饰性涂层	适用于铁制车厢； 适用于木车厢及铁木车厢
TQ4	车架、车轮挡泥板组		优质防腐蚀涂层	
TQ5	发动机组		保护性涂层（快干）	
TQ6	底盘组			
TQ7	毛坯、冲压件半成品、弹簧组	甲 乙	一般防蚀性涂层 防腐涂层	
TQ8	特种涂层组	甲 乙 丙 丁	耐酸涂层 耐汽油涂层 耐热涂层 防声、绝热、耐磨涂层	蓄电池箱及其托架； 汽油箱内表面； 消声器排气管
TQ9	散热器、钢板、弹簧组		耐水、防锈涂层	
TQ10	车内装饰件组			适用于轿车及大小客车的内饰件

涂装的不同等级又有不同的标准和技术要求，一般可将装饰性涂层和保护性涂层分成下列五种类型。

（1）高级装饰性涂层。高级装饰性涂层又称一级涂层，外观质量要求极其美丽，涂膜坚硬平整，颜色鲜艳一致，没有用肉眼能见的杂质、裂纹、橘皮、小泡、麻点、划伤等缺陷。在户外使用时应具有足够的耐候性、耐潮湿性和足够的机械强度。这一涂层一般是由底漆、中间涂层和 2 ～ 6 层面漆配套组成的复合涂层，具有一定的厚度。该涂层还可采用抛光、打蜡等工序来提高装饰性。

（2）装饰性涂层。装饰性涂层又称二级涂层，有中等的光泽、平滑的表面、一定的机械强度，颜色鲜艳一致，允许有细小的缺陷、轻度的擦伤和滴痕。户外使用时，也应具有优良的耐候性、耐潮湿性。这一涂层由头道底漆、局部涂刮腻子及 2 ～ 3 层面漆组成。

（3）保护装饰性涂层。保护装饰性涂层又称三级涂层，这一涂层主要以保护性为主，装饰性为辅，也具有一定的装饰性。要求表面颜色一致，不应有起泡、严重流淌和露底现象，应具有较好的耐腐蚀性、耐潮湿性，在户外使用应具有良好的耐候性。这一涂层一般由一道底漆和 1 ～ 2 道面漆配套使用。根据涂料品种和使用条件，涂层的道数还可增加。

（4）一般保护性涂层。一般保护性涂层主要用以保护物体在各种环境下不受腐蚀性介质的腐蚀，延长使用寿命，对外观无要求，涂层一般 1 ～ 2 道，无漏涂现象。

（5）特种保护性涂层。该涂层对物体起着特种保护作用，主要功能是保护底材耐某种介质或隔绝等，如耐盐、耐碱、耐化学药品、耐汽油、耐热、防污、防霉、绝缘等。一般底漆、面漆、清漆多层涂装，厚度可达数百微米。为了达到涂层的强度、厚度和防腐效果，有时还进行外表包装，如地下输油管道等。

2. 涂料的选择

为满足汽车涂料涂层的装饰性和保护性的要求，应从汽车的特点出发来合理选择底漆、中间涂层和面漆的配套品种。汽车在制造和维修过程中所用的材料种类很多，部位不同，其本身的防腐性能也有较大的差别，所需用的涂料品种、性能也各有不同。选择车身涂料时应着重考虑以下几点。

（1）极好的耐候性和耐腐蚀性。要求适用各种环境气候条件，可经风吹、日晒、雨淋，保光保色性好，不开裂、不脱落、不粉化、不起泡、无锈蚀现象。

（2）极好的机械强度。适应汽车行驶中振动和应变，漆膜坚硬耐磨，各部位涂层达到设计要求。

（3）耐汽油、机油、公路用沥青等。在上述介质中浸泡一定时间不产生变色、失光、软化或留下痕迹。在和肥皂、清洗剂、鸟和昆虫排泄物接触时，不留下斑印。

（4）极好的施工性和配套性。能够适合生产型流水作业，可以用作维修涂装。涂膜干燥时间短，适合烘干或自然干燥。在配套方面，底漆对底材要有较高的附着力，对中间层和面层要有良好的结合力。

注意：底漆对底材不能产生副作用，各层次之间应配套，不发生咬起、渗色、开裂等涂膜弊病。

（5）颜色外观应达到标准。汽车涂料色彩应多种多样，色泽鲜艳。

（6）货源广泛，价格低廉，低污染，毒性小。选用涂料时要全面考虑，既要了解涂料品种来源是否充足、购买是否方便，又要考虑质优价廉，以及低毒或无毒低公害的产品。

合理选择汽车涂装涂料，使涂装质量达到工艺要求和用户满意，实际选择车身涂料时请参阅下列各表所推荐的技术参数和性能。

各种涂料与被涂材质适应情况如表 2–9 所示。

表 2–9 各种涂料与被涂材质适应情况

涂料品种	被涂材质						
	钢铁	轻金属	塑料	木材	皮革	玻璃	织物纤维
油脂漆	5	4	3	3	3	2	3
醇酸树脂漆	5	4	4	4	5	4	5
氨基树脂漆	5	4	4	4	2	4	4
硝基漆	5	4	4	4	5	4	5
酚醛漆	5	5	4	4	2	4	4
环氧树脂漆	5	5	4	4	3	5	—
氯化橡胶漆	5	3	3	5	4	1	4
丙烯酸漆	4	5	4	4	4	1	4
氯醋共聚漆	5	4	4	4	5	4	5
过氯乙烯漆	4	4	5	4	5	—	5
有机硅漆	5	5	4	3	3	5	5

表 2-9（续）

涂料品种	被涂材质						
	钢铁	轻金属	塑料	木材	皮革	玻璃	织物纤维
聚氨酯漆	5	5	5	5	5	5	5
呋喃树脂漆	5	3	5	5	3	3	3
聚醋酸乙烯漆	4	3	5	5	4	4	5
醋丁纤维漆	4	4	4	4	1	2	3
乙基纤维漆	4	4	5	3	5	3	5

注：表中数字 5 表示最好，1 表示最差。

溶剂型有机涂层的主要性能如表 2-10 所示。

表 2-10　溶剂型有机涂层的主要性能

性能		涂层															
		酚醛	沥青	醇酸	氨基醇酸	硝基纤维	乙基纤维	乙烯基	丙烯基	聚酯	胺固化环氧	环氧酯	环氧呋喃	环氧酚醛	聚氨酯	有机硅	氯化橡胶
抗化学品性能	盐水喷雾	5	5	5	4	5	5	5	5	5	4	5	5	5	5	5	5
	汽油	5	1	3	5	3	1	3	3	5	5	5	5	5	5	2	3
	盐类	5	3	4	5	3	3	5	4	3	5	5	5	5	5	3	5
	氯气	1	—	1	1	1	3	5	1	1	3	1	5	2	2	1	3
	碱类（20%；浓）	1；1	5；5	4；1	4；3	1；1	3；3	5；5	3；2	1；1	3；5	5；5	5；5	5；5	5；3	5；2	5；5
	酸类（矿物质 10%；浓）	3；1	3；0	3；1	3；1	5；2	3；1	5；3	3；1	5；5	5；3	3；1	3；3	5；5	5；2	3；1	5；5
	油酸、硬脂酸	5	1	2	3	2	—	5	2	2	3	5	5	5	5	3	2
	磷酸	2	5	1	1	5	—	5	1	3	3	1	5	5	5	2	3
	水（盐水、淡水）	5	5	2	3	3	5	5	3	3	4	5	5	5	5	5	5
物理性能	柔韧性	3	5	5	4	5	5	5	5	3	2	4	5	5	5	5	5
	抗磨失性	4	—	3	4	2	—	4	2	3	4	4	—	4	5	2	4
	抗冲击性	3	5	4	5	5	5	5	5	2	3	5	3	4	5	2	3
	铁基金属上的附着力	5	5	5	5	4	1	3	4	2	5	5	5	5	2	2	2
	非铁基金属上的附着力	5	5	2	5	3	1	4	4	1	5	5	5	5	5	5	4
	旧涂层上	3	—	4	3	1	1	—	1	1	3	4	5	1	—	5	—

注：表中数字 5 表示最好，1 表示最差。

各种环境条件下面漆的选用，如表 2-11 所示。

表 2-11 各种环境条件下面漆的选用

环境条件	涂料品种												
	油性漆	脂胶漆	沥青漆	酚醛漆	醇酸漆	氨基漆	环氧漆	有机硅漆	过氯乙烯漆	丙烯酸漆	聚氨酯漆	硝基漆	乙烯漆
在一般大气条件下使用，对防腐和装饰性要求不高	▽	▽		▽									
在一般大气条件下使用，但要求耐候性好、装饰性好	▽				▽							▽	
在湿热条件下使用（要求有三防性能）				▽		▽	▽		▽	▽	▽		
在一般大气条件下使用，但要求防潮、耐水性好			▽	▽			▽				▽		
在化工大气条件下使用，要求耐化学腐蚀性较好			▽	▽			▽		▽		▽		▽
在高温条件下使用								▽					

注：“▽”符号表示可选用。

维修时原有面漆与重涂面漆的配套性，如表 2-12 所示。

表 2-12 原有面漆与重涂面漆的配套性

原有面漆	重涂面漆													
	醇酸	硅改性醇酸	醇酸酯醛	乙烯	丙烯酸酯	催化的环氧	环氧酯	环氧沥青	氯化橡胶	油 / 酚醛	乙烯 / 醇酸	乙烯 / 丙烯酸酯	聚氨酯	聚酯 / 玻璃片
醇酸	√	√	√	×	×	×	×	×	×	√	×	×	×	×
醇酸 / 酯醛	√	√	√	×	×	×		×	×	√	√	×	×	×
乙烯 / 醇酸	√	√	√	√	√	×	√	×	√	√	√	√	×	×
乙烯	√	×	√	√	√	×	√	×	√	×	√	√	×	×
乙烯 / 丙烯酸酯		×		√	√	×		×	√	×	√	√	×	×
丙烯酸酯	×	×		√	√	×		×		×	√	√	×	×
催化的环氧	×	×	×	△	△	△	△	△	×	×	△	△	△	△
环氧酯	√	√	√	√		×	√	×	√	√	√		×	×
环氧沥青	×	×	×	×	×	△	△	△	×	×	×	×	×	×
氯化橡胶	√	√	√	×	×	×	√	×	√	△	√	×	×	×
油 / 酚醛	√	√	√	×	×	×	√	×	×	√	×	×	×	×

表 2-12（续）

原有面漆	重涂面漆													
	醇酸	硅改性醇酸	醇酸酯醛	乙烯	丙烯酸酯	催化的环氧	环氧酯	环氧沥青	氯化橡胶	油/酚醛	乙烯/醇酸	乙烯/丙烯酸酯	聚氨酯	聚酯/玻璃片
聚氨酯	×	×	×	×	×	△	×	×	×	×	×	×	△	△
聚酯/玻璃片	×	×	×	×	×	△	×	×	×	×	×	×	△	△
硅改性醇酸	√	√	√	×	×	×	×	×	×	√	×	×	×	×

注：√—正常可配套的；△—需经认真表面处理方可配合；×——一般情况下推荐；空格为不配套。

各种金属与常用底漆、面漆的配套性如表 2-13 所示。

表 2-13　各种金属与常用底漆、面漆的配套性

面漆类型	黑色金属	铝及其合金	铜及其合金	锌及其合金	镁及其合金	镉铜合金
油性漆	油性底漆 酚醛底漆 醇酸底漆	锌黄酚醛底漆 锌黄醇酸底漆	酚醛底漆	酚醛底漆	锌黄酚醛底漆	酚醛底漆
醇酸漆	油性底漆 酚醛底漆 醇酸底漆 环氧底漆	锌黄酚醛底漆 锌黄醇酸底漆	磷化底漆 酚醛底漆	醇酸底漆	锌黄酚醛底漆	环氧底漆
酚醛漆	油性底漆 酚醛底漆 醇酸底漆	油性底漆 磷化底漆 锌黄粉 锌黄酚醛底漆	酚醛底漆	锌黄环氧底漆	锌黄环氧底漆	磷化底漆
氨基漆	醇酸底漆 环氧底漆 氨基底漆	锌黄环氧底漆	环氧底漆	酚醛底漆 磷化底漆	酚醛底漆 醇酸底漆	酚醛底漆 醇酸底漆
沥青漆	沥青底漆	沥青底漆	沥青底漆	沥青底漆	沥青底漆	沥青底漆
过氯乙烯漆	酚醛底漆 醇酸底漆 丙烯酸底漆 过氯乙烯底漆 磷化底漆	锌黄酚醛底漆 锌黄醇酸底漆 丙烯酸底漆 环氧底漆 磷化底漆	酚醛底漆 磷化底漆 丙烯酸底漆 过氯乙烯底漆	酚醛底漆 磷化底漆 醇酸底漆 环氧底漆	锌黄环氧底漆 锌黄酚醛底漆 锌黄醇酸底漆 丙烯酸底漆	环氧底漆 醇酸底漆 磷化底漆 丙烯酸底漆
丙烯酸漆	环氧底漆 醇酸底漆 磷化底漆 酚醛底漆 丙烯酸底漆	锌黄酚醛底漆 丙烯酸底漆 环氧底漆	酚醛底漆 环氧底漆	酚醛底漆 环氧底漆	锌黄环氧底漆 锌黄酚醛底漆	锌黄环氧底漆 锌黄酚醛底漆
乙烯漆	磷化底漆	丙烯酸底漆 磷化底漆	—	—	—	—
硝基漆	酚醛底漆 硝基底漆 醇酸底漆 环氧底漆	锌黄酚醛底漆 锌黄醇酸底漆 环氧底漆	酚醛底漆 环氧底漆	酚醛底漆 醇酸底漆 环氧底漆	锌黄环氧底漆 锌黄酚醛底漆 锌黄醇酸底漆	酚醛底漆 醇酸底漆 环氧底漆

表 2-13（续）

面漆类型	黑色金属	铝及其合金	铜及其合金	锌及其合金	镁及其合金	镉铜合金
环氧漆	环氧底漆	环氧底漆	环氧底漆	环氧底漆	环氧底漆	环氧底漆
有机硅漆	酚醛底漆 醇酸底漆 或不用底漆	锌黄环氧底漆 锌黄酚醛底漆 锌黄醇酸底漆	环氧底漆	—	—	—

二、车身涂装底漆的选用

底漆的作用是牢固附着于金属基材的表面，为二道漆（面漆）提供牢固的基础，使得二道漆也就是面漆更好地贴合，同时增强了一道漆涂漆的附着力和耐腐蚀性。底漆可直接使用在裸露的金属基材表面，也可使用在旧漆表面。可根据金属基材的种类、涂层类型及与其配套的面漆品种来决定底漆所使用的种类和技术，如对于不同的基材有用于低碳钢、不锈钢、铝材等表面的专用底漆，还有用于塑料件表面的专用底漆。如果选择不当可能会引起漆膜的剥离等造成漆膜性能大幅下降。

1. 底漆的选择依据

底漆的正确选择对涂层的品质有重要的影响，选用时应着重考虑以下几点。

（1）汽车涂层一般采取复合型涂装，使涂料发挥应有的作用。底漆涂装在表面处理好的零件上（也称基础层处理），对底层有很好的附着力和极好的机械强度。

（2）要与中间涂层有良好的配套性，起着承上启下的作用，不能发生被中间层或面层咬起、渗色等弊病。

（3）底漆应具备耐水（耐潮湿）、耐化学药品等与外界腐蚀介质隔绝的作用，对底材没有腐蚀性。

（4）底漆应具有良好的施工性能，既可以在流水线生产中使用，又可以在维修涂装中使用，能喷、能刷、能浸，还可电泳涂装。

2. 带锈底漆的选用

带锈底漆与一般的防锈底漆不同，它可以直接涂在有锈的表面上，起到除锈防锈的作用。因为这种涂料中的某些成分与铁锈发生化学反应，将铁锈转化成蓝色颜料，或者变成稳定的化合物，再调配一些树脂组分，可以形成连续的涂层，起到防锈、防腐的作用。

（1）带锈底漆的分类。带锈底漆按阻锈原理可分为转化型、稳定型、渗透型三大类。

①转化型涂料是利用盐酸和黄血盐（亚铁氰化钾）作为转化液与铁锈发生反应，将铁锈转化成蓝色颜料——普蓝。由于反应在一定的酸值下才能进行，因而要有一定数量的磷酸。在铁锈较薄的地方，磷酸与铁锈起反应，生成磷酸铁，对金属有阻蚀作用。这种涂料干燥较慢，与碱性涂料配套易发生咬起等现象，施工困难。

②稳定型涂料主要是以铬酸盐、磷酸盐等多种防锈颜料为主，加上一定的树脂成分组成的。这些化合物与铁锈发生反应，变成稳定的铁氧化物（四氧化三铁）。

③渗透型以二聚脂肪酸为主要基料，采用渗透能力极强的溶液，通过物理的渗透作用进入铁锈层，把多孔的铁锈围住，使铁锈与外界隔绝，达到阻止锈蚀的目的。

目前常用的带锈底漆以前两类最为广泛。

（2）带锈底漆的使用方法。在钢铁表面使用70型带锈涂料时，先用铲刀、钢丝刷、砂纸等将工件表面的沙尘、翘起的氧化皮、油污除掉。物面上如有酸、碱、盐、化工粉尘，应用水洗净。对于厚锈还应先用漆液涂刷一次，让漆液先渗透到铁锈的空隙中去。待涂层半干时，可连续再涂刷一遍，使漆液和铁锈充分发生反应转化成膜。

在薄锈和氧化皮上涂刷施工时，应将漆液在物面上连续多涂几次。在无锈区和旧漆层上施工时，可用极少量漆液均匀地刷涂几次。

带锈底漆是表面处理的一种方法，它不能完全代替底漆的作用。在涂装时应按涂层的配套方法操作，底漆、中间层、面漆施工必须待这种涂料完全干燥后方能进行，否则会造成咬起、起泡等弊病。注意酚醛、环氧漆类的配套使用。

知识拓展

带锈底漆的品种

汽车车身涂装中使用的带锈底漆主要有以下几个品种。

（1）70型带锈涂料

70型带锈涂料（转化型带锈底漆）由磷酸亚铁、氰化钾等加环氧树脂用丁醇、乙醇、二甲苯作溶剂混合而成，用于薄锈和厚锈，可反复涂刷。

（2）H06—17环氧缩醛底漆

H06—17环氧缩醛底漆（即带锈涂料）由丹宁酸、磷酸和醇溶液加环氧树脂、缩丁醛树脂溶液和苯二甲酸二丁酯、蓖麻油、稳定颜料等制成，涂刷在锈蚀的表面，起阻锈作用。

（3）C06—18铁红醇酸带锈底漆

C06—18铁红醇酸带锈底漆（7108型稳定型带锈底漆）主要是由醇酸树脂加化锈原料、稳锈原料和有机溶剂研制而成。特点是干燥快，附着力强，有较好的耐热、耐低温、耐硝基性，可阻止锈蚀发展，能逐渐将锈蚀转化成有益的保护性物质，可与硝基、酚醛、醇酸等底漆、面漆配套。

三、中间层涂料的选用

汽车车身涂装工艺中的中间涂层是必不可少的工序，是为面漆涂层打基础的重要涂层。中间涂层介于底层涂料与面漆之间，使用的涂料主要是腻子和二道底漆。

1. 腻子选用原则

腻子是在成膜物之中，加入适量的颜料、催干剂和溶剂调制而成的一种厚浆状物质，具有容易干燥、涂施简便、干后坚硬、耐砂磨等特点。腻子的品种较多、功能各异，选用腻子需满足涂层材料所具有的配套性要求。腻子的主要作用是改善车身构件表面的平整度，使涂层表面光滑和增加装饰效果。合理选用腻子成了车身涂装作业中一项重要的工序。

（1）配套性要求。腻子与底漆及面漆的配套性问题，实质上也就是极性的匹配问题。极性大的材料其分子的结合力也大；极性小的材料其分子的结合力则小。可据此，简单地将所用涂料分为合成树脂涂料和油基涂料两大类。合成树脂类涂料的极性大，如氨基和环氧系列底漆、腻子、面漆等；而油基类涂料的极性小，如脂胶、酚醛系列底漆、腻子、面漆等。还有一种类型的涂料的极性介于前两种之间，如醇酸系列底漆、腻子、面漆等。

以下是腻子选用的原则。

①要从涂料极性大小来考虑其配套性，一般底漆、腻子、面漆三者之间的极性，应以相近或基本相近为宜，以获得更可靠的附着力和层间结合力。

②腻子选用的原则二是根据填充层的厚度和用途等来考虑所选腻子的类型，可将腻子分为填充型、中间型和刮（喷）涂型三类。

（2）工艺性要求。工艺性要求是指车身涂装过程中，根据施工要求对腻子性能提出的质量要求。

①填充型腻子。填充型腻子适用于填补构件表面上较大的不平（平面度误差大于 3 mm）或车身构件的接缝等。这种类型的腻子强度高、堆积性好，一次可刮较厚的涂层。

②刮（喷）涂型腻子。刮（喷）涂型腻子适用于覆盖道痕、砂眼及构件表面上较小的不平等。这种类型的腻子有颗粒细腻、柔韧性好、易打磨和烘干后不变形等特点，与填充型腻子相比，堆积性差。

③中间型腻子。中间型腻子则介于前两者之间，既可有条件地替代填补型腻子，亦可经仔细打磨后直接涂施面漆。

（3）腻子及中间层涂料应具备的特点。腻子和中间涂层是介于底层涂料和面漆之间的一层重要涂料，对其加工性、配套性、耐候性等都有要求。主要要求如下。

①应有与底漆、面漆很好的结合力和配套性，不易发生起泡、龟裂、脱落和被面漆溶剂咬起等弊病。

②干燥时间短，能烘干、自然干或固化干燥，用水浸泡一定时间不应有起泡或脱落现象。

③良好的干打磨或湿打磨性能。打磨时不粘砂纸，经过若干次填平后应有光滑、细腻、平整的表面。

腻子的选择还要与施工方法相配套。不同的施工方法适应于不同的场合，可以获得涂料过渡为涂层的不同效果。这些不同主要是指烘干还是自然干燥，是连续刮涂还是有充足的时间间隔，采用手工打磨还是使用专门的机械等。腻子选择得当，将会使构件表面达到平滑、匀顺、细致的目的，涂装面漆后才能使漆面丰满、光泽突出等特性充分显示出来。

（4）商品腻子。根据车身涂装的使用要求，可以直接选择品种繁多的商品腻子。商品腻子的型号名称、性能用途及使用方法如表 2-14 所示。可供选择时参考。

表 2-14 食品腻子的型号名称、性能用途及使用方法

型号名称	性能用途	使用方法
原子灰系列腻子	由树脂颜料填装乙烯类单体及硬化剂等组成，干燥迅速，体积收缩率小，涂层机械强度高，与底材附着力强，利于施工，多用于汽车维修时使用	分组包装，腻子与固化剂比例为 100 : 1 或 100 : 3 ～ 4，混合均匀后即可使用。一次不能调配过多，防止固化

表 2-14（续）

型号名称	性能用途	使用方法
Q07—5 各色硝基腻子	干燥快，易打磨，用于填补细小缺陷，或补找腻子上的小针孔	一次不能刮涂较厚，需要稀释时用 X—1 或 X—2 硝基稀料调整
C07—5 各色醇酸腻子	坚硬，附着力好，易刮涂，用于车辆、机械、机床、木器等填平使用	一次刮涂厚度不超过 0.5 mm，可自干、烘干，与醇酸氯基、硝基等面漆配套
F07—1 各色酚醛腻子	干燥快，刮涂性好，易打磨，用于金属和木制品表面填平	可自然干燥和烘干，可连续涂刮 2 ～ 3 道，每道厚度为 0.3 ～ 0.5 mm，用 200 号溶剂汽油稀释
C07—6 灰醇酸腻子	自然干燥较快，耐水耐潮，水磨性能好，不被硝基漆咬起，用于温热带交通车辆、机械设备及木制品表面填平	用 X—6 醇酸稀料或用 200 号溶剂汽油与二甲苯混合溶剂调整稠度，每道干后可连续刮涂 2 ～ 3 道，每道厚度不超过 0.5 mm
C07—3 各色过氯乙烯腻子	干燥快，耐候性、耐油、防潮、防霉性能好，用于汽车、机床表面填平	先用稠腻子填平较大缺陷处，干后全面填刮，刮涂时往返 1 ～ 2 次，以防腻子卷起。可用 X—3 过氯乙烯稀料调节稠度
A07—1 各色氨基烘干腻子	附着力好，易打磨，刮涂不起卷，用于车辆和金属表面填平	每道刮涂厚度为 0.3 ～ 0.5 mm，用二甲苯调节稠度，烘烤 80 ～ 100 ℃，半小时干燥
H07—4 各色环氧酯烘干腻子	腻子烘干后坚硬，附着力强，耐水、耐潮性好，用于各种车辆金属表面填平	每道刮涂厚度不超过 0.5 mm，用二甲苯调稀后涂刮在物件表面
H07—6 环氧腻子（分装）	附着力好，耐水、耐化学腐蚀性能良好，涂层坚硬，不易打磨，用于金属表面填平	按比例将两罐混合均匀，用多少配多少，一次用完，一次可以涂刮较厚，用二甲苯稀释

2. 涂敷填充剂

（1）涂敷前对金属表面的处理。在涂敷填充剂的过程中，对金属表面的处理是很重要的步骤。先清洗掉待修理部位的泥土和灰尘；再打磨修理部位，清除旧的涂层，待填充部位周围 7 ～ 10 cm 范围内的涂层都应清除掉。如果在原来的涂料表面加上填充剂，原有的涂层将从新涂的底漆和涂料中吸收溶剂，破坏填充剂的黏合力，填充剂将会隆起，使涂层开裂并让水分渗透到填充剂的下面，金属便开始生锈。

在金属上修补过的地方涂敷填充剂时，不能将过高的焊缝向下敲。应将焊缝打磨到与表面同样的高度。如图 2-9 所示。敲击焊缝将使金属变形，在金属内部产生应力，并增加需要涂敷的面积。用砂轮磨掉修理部位的涂层以后，用压缩空气吹除打磨时产生的灰尘，并用一块黏性的布擦拭表面，清除所有剩余的灰尘。

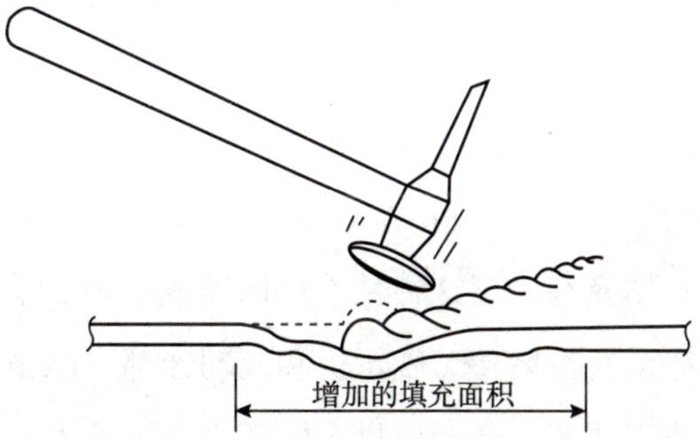

图 2-9　向下敲焊缝扩大涂敷面积

（2）填充剂的混合。将罐内的填充剂搅拌均匀，使它光滑紧密、无结块。对于重型填充剂，最好使用搅拌器搅拌几分钟。使用前没有将容器内的车身填充剂充分搅拌到光滑均匀的状态，会使容器上部的填充剂太稀薄，造成涂敷时填充剂的流动和下沉，硬化迟缓，质量差；用砂轮打磨时出现发黏、薄边状态差、表面非常发黏等。在这种表面上涂底漆或重新喷涂时，会出现气孔和隆起。容器下部的填充剂太稠、粗糙、颗粒多，在这样涂敷过的表面上涂底漆或重新喷涂时，出现黏结强度低、针孔多、薄边不整齐以及颜色不耐久等问题。

（3）硬化剂的捏合。松开膏状硬化剂软管的盖子，避免硬化剂受到空气的约束。充分捏合软管，确保在硬化剂挤出时，呈现出均匀一致的膏状。如不对膏状硬化剂进行充分捏合，不使它在挤出时成为均匀一致的膏状，将会造成硬化迟缓而且效果差、表面发黏、黏合力小、薄边不整齐等问题。在它的上面涂敷其他涂料时，将会出现气孔和剥落。膏状的硬化剂经过充分捏合以后，很稀薄，或者像水一样，说明它已经失效，不能再使用。

（4）填充剂和硬化剂的混合。缓慢打开罐子的盖，按照需要的数量取出填充剂。用一把干净的油灰刀或刮板，将填充剂放在光滑、清洁、没有气孔的表面上，例如金属板或玻璃板。按照罐上说明规定的比例加入硬化剂。加入的硬化剂太少，将使填充剂柔软发黏，不能很好地与金属黏合，不能磨光而且薄边不整齐，如图 2–10 所示。加入的硬化剂太多，将会出现过量的气体，产生大量的气泡，如图 2–11 所示。

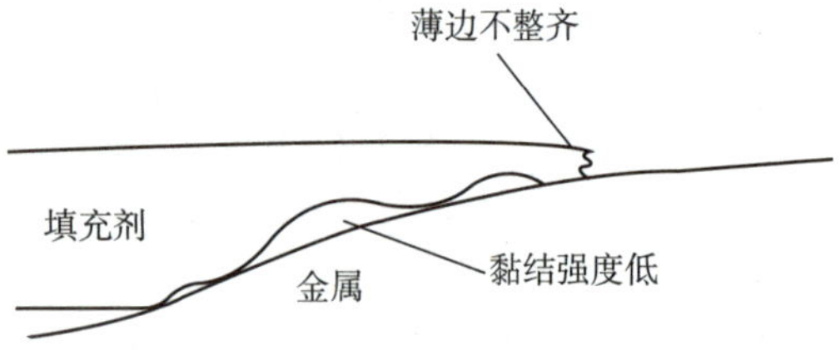

图 2–10 硬化剂过少

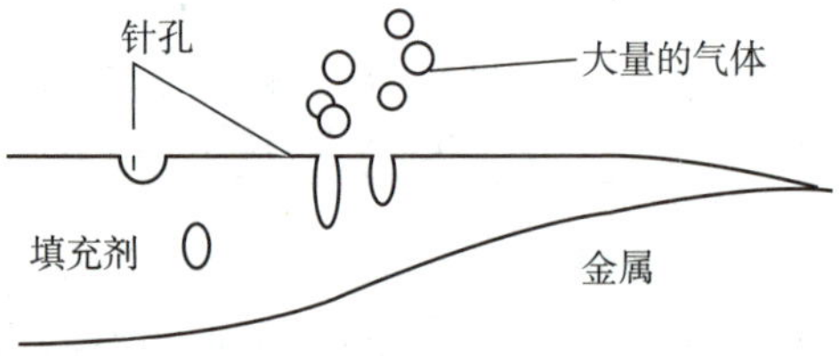

图 2–11 硬化剂过多

使用干净的油灰刀或刮板在混合板上来回刮，将填充剂和硬化剂完全混合在一起，得到均匀的颜色。如果没有将填充剂和硬化剂充分混合到均匀的颜色，硬化后的填充剂中将出现局部的松软，结果造成硬化不均匀、黏结强度低、隆起、气孔等。

（5）涂敷填充剂。将经过混合的填充剂迅速涂敷在经过彻底清洁和磨光的表面上，第一层应涂敷得紧密，厚度较薄。压紧填充剂，使它进入砂轮打磨时产生的划痕中，使结合力达到最大值。第一层填充剂硬化后，根据需要进行较厚的涂敷，使修理的部位得到合适的形状。一层填充剂硬化以后，才可以涂敷下一层。对于传统的车身填充剂，应涂敷得稍微高一点，使硬化过程中填充剂表面形成的一层蜡膜可被打磨机清除掉。

（6）修平填充剂表面。填充剂硬化到半硬状态，然后用手指甲在涂层上面刮一下，如果出现坚硬的白色痕迹，便可以开始锉平。锉平是得到高质量表面并控制原材料消耗和劳动强度的重要环节。使用粗齿油脂锉可以迅速锉平多余的填充剂。用这种长锉可以锉成均匀、平滑的表面。这种锉的齿很粗，完全避免堵塞。砂轮机和气动锉都不能很好地修平，因为它们将会很快地被堵塞，会产生过多的灰尘，浪费大量的砂纸。使用这种锉时，应使锉与前进方向成 30° 角，并将它轻轻拉过填充剂表面，如图 2–12 所示。沿着几个方向锉平填充剂。当填充剂稍微

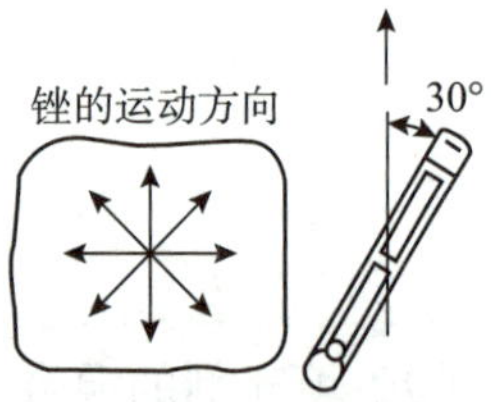

图 2–12 以 30° 角锉平填充剂

高出需要的表面时，停止锉平，为打磨锉纹和形成薄边留下足够的余量。如果填充剂已经低于所需的表面，必须再涂敷一层填充剂。

锉平以后，采用垫块或气动锉磨掉所有的锉纹。气动锉也可以用于较大的平坦部位，然后，再用 80 号砂纸打磨，直到清除掉所有的锉纹。

最后，用 180 号砂纸清除所有 80 号砂纸留下的划痕。可以再次使用气动锉或慢速锉，注意不可过量锉平，以免造成填充部位低于需要的高度，需要再次涂敷的麻烦。打磨结束以后，用高压喷枪吹除表面的灰尘，然后再用黏性的布擦拭，可以清除所有隐藏在表面针孔和恰好位于表面以下的明孔中的细砂粒。用原子灰填满这些孔和砂磨划痕。

（7）涂敷抛光油灰。底漆干燥以后，再用抛光原子灰填充微小的针孔和划痕，应使用聚酯型油灰。可以按照制造厂的规定，将油灰和硬化剂混合在一起。将少量的油灰放在干净的橡皮刮板上，在填充剂上面刮上很薄一层。刮的动作应迅速，而且应是单行程。使用硝基油灰时，行程数量应该最少。硝基油灰干燥很快，刮板如在表面上反复刮过，会造成油灰从填充剂上面剥离。在使用 240 号粒度的砂纸磨光以前，应当让油灰完全干燥。油灰内的溶剂完全挥发以前，如果对油灰进行磨光将造成表面上的磨光划痕。

（8）将填充剂涂敷到车身棱边上。目前许多轿车在门、后侧板、发动机舱盖等部位都有许多明显的棱边线。如图 2–13 所示为两种常见的带角度的车身棱边线。涂敷填充剂时，很难将这些棱边线清晰地保留下来，特别是在凹进部分的棱边线更难保留。获得整齐、规则的棱边的最好办法是对各个平面、角或角落分别填充。沿着一个边缘贴上防护带，然后将填充剂涂在邻近的表面上。在填充剂硬化以前，拉掉防护带，并清除掉折缝（或棱边）上多余的填充剂。待第一层填充剂干燥并经过打磨以后，再将另一个边缘贴上防护。应该在填充剂上面沿着棱边粘贴防护带，然后将邻近的表面涂上填充剂。取下防护带以后，再经过打磨，便可得到整齐、规则的线条或棱角。

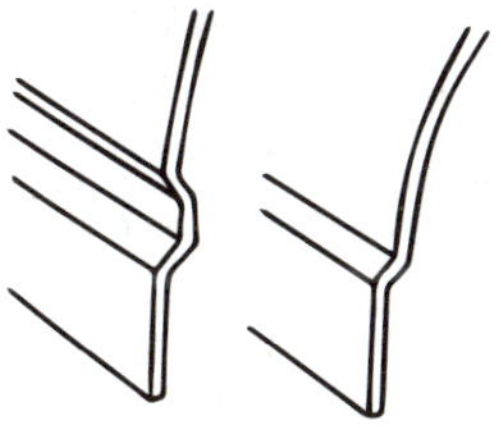

图 2–13　两种常见的带角度的车身棱边线

（9）在金属板的接缝处涂敷填充剂。整体式车身的许多金属板都有接缝。这些接缝在汽车制造厂都经过能变形的涂料修饰，使相应的金属板能够进行弯曲和伸缩。接缝的两边受到损坏后需要涂敷填充剂。在接缝的任意一边粘贴防护条可以保持接缝原有的弹性。在一块金属板上粘贴防护条，然后在另一块金属板上涂敷填充剂并取下防护条，清除多余的填充剂。对于另一块金属板，也采用同样的方法填充。等到两边金属板上的填充剂都硬化并成形以后，再将密封剂填入接缝。

3. 涂装二道底漆和封闭漆的选用

二道底漆和封闭底漆也称为中间层涂料，主要用于腻子与面漆之间的涂层，用于填补腻子上的细小缺陷、道痕。封闭漆用于中间涂层的最后一道工序，避免喷涂面漆后发生与中间涂层咬起、渗色等缺陷。在我国这种封闭漆品种较少，应用并不十分广泛，通常是使用头道底漆来代替的。

4. 车身涂装面漆的选用

随着石油化学工业的发展，汽车面漆的结构、品种、品质随之不断改善。我国汽车面漆已摆脱了过去仅以油树脂为主要原料的格局，进入了合成树脂涂料时期。汽车面漆是汽车涂装中最后一道工序，它的各项性能指标直接影响到汽车涂层的使用寿命和汽车车身的价值。科学合理地选择汽车车身涂装面漆是非常重要的。汽车常用面漆的特性及使用范围如表 2–15 所示。

表 2–15 汽车常用面漆的特性及使用范围

序号	型号及名称	特性	使用范围	用量 /（mL · m^{-2}）
1	Q01—1 硝基清漆	干燥快，有良好的光泽和硬度	与汽车外用硝基漆配套使用，调入色漆内罩光，也可用于木制品罩光	50 ～ 70
2	Q01—18 硝基皮革清漆	干燥快，光泽较好，柔韧性强	皮革、人造皮革表面罩光	120 ～ 150
3	Q01—23 硝基清烘漆	漆膜烘干后硬度高，光泽好，耐汽油和耐机油性能强，可抛光	空气滤清器、汽油滤清器等	50 ～ 100
4	Q04—2 各色硝基外用磁漆	干燥快，漆膜较硬，光亮，可抛光上蜡	汽车车身和汽车总成大修时用漆	240 ～ 360
5	Q04—17 各色硝基醇酸磁漆	光泽好，耐大气性良好，三个月内不宜打蜡	车身用漆或其他机械设备用漆	120 ～ 240
6	Q04—31，Q04—34 各色硝基磁漆	涂膜光亮平滑，涂膜经 100 ～ 110 ℃烘烤 2 h 机械强度更好，耐候性比 Q04—2 漆好，能抛光打蜡	中、高级轿车车身	160 ～ 200
7	Q04—32 各色硝基平光磁漆	涂膜反光性小，不刺眼，户外易粉化	用于军用车辆	180 ～ 270
8	Q04—35 硝基静电磁漆	涂膜干燥快，光泽好，硬度较高，适于抛光	汽车金属表面静电喷涂	120 ～ 200
9	G04—9 各色过氯乙烯磁漆	干燥快，涂膜光亮，色泽鲜艳，能打磨抛光，耐候性和抗老化性优于硝基涂料，耐汽油性差	适用于大客车、电车、机床、医疗设备，用于湿热带地区	—
10	G04—10 各色过氯乙烯半光磁漆	漆膜光亮平和，户外耐久性好，机械强度高，耐海洋气候和湿热带气候比硝基外用磁漆强，耐水、耐汽油性比过氯乙烯外用磁漆好，干燥时间较长	适用于工程车和军用车辆	—
11	G04—13 过氯乙烯静电磁漆	干燥快，涂膜硬度好，光亮，有良好的耐水性和耐油性，可用静电或手工喷涂	适用于大型货车、工程车、农业机械	—
12	G01—7 过氯乙烯清漆	涂膜干燥快，光亮，丰满	用于过氯乙烯磁漆表面罩光，或与最后一道磁漆混合使用	—
13	C04—2 各色醇酸磁漆	有较好的光亮度和机械强度，附着力良好，耐水性好，可自然干燥	常用于汽车驾驶室、车厢和大客车车身外表涂装	60 ～ 80
14	C04—18 各色醇酸磁漆	漆膜坚硬光亮，干燥快，有良好的机械强度，不易起皱，耐水性好于 C04—2	用于货车驾驶室覆盖件和车厢，也可用于大客车内外涂装	50 ～ 80
15	C04—42 各色醇酸磁漆	比 C04—2 附着力、耐候性、耐久性强，实际干燥时间较长	同 C04—2	60 ～ 80

表 2–15（续）

序号	型号及名称	特性	使用范围	用量 /（mL·m^{-2}）
16	C04—43 各色醇酸无光磁漆	漆膜无光，耐水性较好，耐晒性差	适用于国防设备，适用于汽车车厢内金属等	70 ~ 90
17	C04—44 各色醇酸半光磁漆	漆膜光度和谐，附着力好，坚硬，有良好的耐久性	适用于军工机械、车辆内外涂装	60 ~ 90
18	C04—48 各色醇酸磁漆	漆膜坚韧光亮，颜色鲜艳，附着力好，耐汽油和机油性良好，耐候性强	常用于汽车、机床、设备、船舶或木制品表面	50 ~ 80
19	C04—49 各色醇酸磁漆	有较好的附着力，耐候性、耐油性、耐潮湿性稍差	汽车驾驶室翼子板等和其他零部件	50 ~ 80
20	C04—50 各色醇酸磁漆	有较好的耐水性、耐油性，附着力好	用于货车驾驶室、车厢等	50 ~ 80
21	C04—51 各色醇酸磁漆	同 C04—50	适用汽车车身等	50 ~ 80
22	C01—1 醇酸清漆	漆膜光亮，有较好的耐久性、柔韧性和硬度，附着力良好	汽车外部罩光，可与各色醇酸磁漆混合使用，也可用于车内外木器表面罩光	40 ~ 60
23	C01—5 醇酸清漆	漆膜干燥迅速光亮、不易起皱，耐水性较好，柔韧性稍差	汽车表面罩光	40 ~ 60
24	A01—1 氨基清烘漆	漆膜坚硬光亮，附着力、耐水性、耐油性、耐磨性优良	可与氨基烘漆、沥青烘漆、环氧烘漆配套使用	—
25	A01—10 氨基清烘漆	漆膜坚硬、平滑、光亮，耐候性、耐潮湿、附着力良好	用于轿车和客车外部罩光	—
26	A05—9 各色氨基烘漆	漆膜光亮丰满、色泽鲜艳，有良好的附着力，耐水、耐油、耐磨等性能良好，与磷化底漆、环氧底漆配套使用可达到三防性能	中级轿车车身	—
27	A05—15 各色氨基烤漆	漆膜坚硬、丰满、光亮；与一般氨基漆比较，耐候性和附着力优良	轿车及其他车辆	—
28	A05—22 各色氨基静电烘漆	漆膜光泽好，其他同 A05—9 各色氨基磁漆	同 A05—9	—
29	B01—10 丙烯酸清烘漆	漆膜烘干后硬度好、光亮，保光保色性强，耐潮湿、耐直雾、防毒等性能良好	用于小轿车、面包车、电冰箱等表面罩光	—
30	B05—4 各色丙烯酸烘漆	属于热固性漆，漆膜光亮丰满，硬度较高，有优良的保色、保光、三防性能	适用光泽要求较高的汽车表面	—
31	B04—11 各色丙烯酸磁漆	常温干燥，漆膜光亮，耐候性、保光、保色和三防性能较好	适用小轿车车身	—
32	B22—1 丙烯酸木器清漆（分装）	常温固化，漆膜光亮丰满，机械性能好，保光性强，耐寒、耐热、耐温变性能好，可抛光	适用小轿车内饰、木器、钢琴、家具等	—
33	C04—50 丙烯酸木器清漆	常温固化，色浅，硬度大，耐水、耐温，不变色	大客车内木制品罩光，普通木器表面罩光	—

四、进口涂料的选择

随着国产高级轿车和进口轿车保有量的增多，进口涂料在汽车车身涂装中的应用也越来越广泛。由于进口涂料的品种繁多并且性能、价格等也有很大区别，合理选择涂料对品质和经济性都有重要影响。

1. 进口涂料的选择依据

为使涂层能够充分发挥其保护与装饰作用，获得更加令人满意的涂装效果，必须从多方面考虑选择更合适的进口涂料。

（1）从使用条件和工艺性出发。根据涂层使用环境与条件选择涂料是非常必要的。涂料的耐候性好，喷涂后形成的漆膜就不易粉化、起泡、脱落、褪色；涂料的机械性能好，可使表面涂层牢固、坚韧和耐磨、耐冲击能力提高；优良的三防性能，使涂层耐湿热、耐霉菌、耐盐雾等。每一种涂料都有各自的特性、优缺点和应用的局限性，在熟悉掌握的基础上加以分析并有针对性地选用。

（2）从涂料的配套性出发。车身表层涂料的选择应兼顾配套性，在选择时不仅应考虑到涂料与被涂层材料的配套，还要考虑到各涂层之间的材料配套性问题。例如底漆、面漆、罩光漆三者之间，既要具备相互间的适当结合能力，又要能彼此相互适应。烘干型的底漆要与烘干型的面漆相配套，自干型的底漆应与自干型的面漆相配套；硬度高的面漆不应与较软的底漆相配套，否则就十分容易发生龟裂。在不违背涂料配套原则的基础上，灵活选用涂料可获得比较理想的涂层。

车身涂装过程中，把选用几种涂料共同制成复合涂层的方法，称之为“多层异类原则”。根据使用环境与条件，选择各有长处的涂料以发挥其各自的优点，使不同的涂料能相互取长补短。例如使用硝基轿车面漆，其装饰性虽好但保护性较差；如果采用防锈性能很好的环氧底漆，又存在与硝基面漆结合不良的缺点，可在底漆与面漆之间加一层硝基二道底漆来弥补。再如以醇酸底漆、过氯乙烯面漆和清漆构成的复合涂层，既具有良好的附着能力，又具有可靠的化学稳定性。

（3）从车身涂装的经济性出发。选择进口涂料还要从车身涂装的经济性出发，应根据车身涂层的分组、等级和技术要求等，选择既能保证涂层品质指标又能降低涂装成本或减少投入的涂料。从货源充足、品质稳定、供应方便、价格便宜几方面，依据全面品质管理的概念，来综合评价涂料选择的经济性。

依据涂料的使用条件来考虑其对大气环境的影响。尽量选择对大气环境污染较小的涂料，当净化措施和劳动保护条件均不够完备的情况下，更要优先考虑这方面的要求。由于进口涂料价格昂贵，在低档次汽车上应用的场合不多，喷涂时需要有一个良好的清洁环境，以充分显示其品质的优越性。

2. 荷兰“新劲”系列涂料

荷兰“新劲”系列涂料在国内汽车车身维修行业有很大的市场，系列涂料中主要包括以下几种。

（1）原子粗灰系列产品。常用的“新劲”原子灰系列产品主要有以下几种：

①双组分原子粗灰。双组分原子粗灰（POLKIT）主要适用于填补凹坑较大的金属表面。它具有附着力强、填补力极高等优点，可作第一道腻子使用。

②原子粗灰。原子粗灰与催干剂按 4∶1 的质量比进行混合，必须在 20 ℃环境下 3 ～ 4 min 内用完，20 ℃环境温度下 15 min 干燥，即可用砂纸等打磨。

③双组分幼滑原子灰。双组分幼滑原子灰（POLYSTOPLP）用于刮涂凹痕不平滑的金属表面，也可填补在腻子面层。根据使用环境温度，100 份幼滑原子灰可调配成不同的固化剂比例（以 1～3 份为宜），分别混合均匀后分阶段使用。其中一份应在 20 ℃环境温度下 20 min 内用完；第二份原子灰应在 11 min 内用完；第三份原子灰则应在 7 min 用完。在 20 ℃环境温度下，第一份约 50 min、第二份约 40 min、第三份约 30 min 即可干燥，经过一定干燥后即可用砂纸等进行打磨。

④单组分填砂眼绿漆灰。单组分填砂眼绿漆灰（KOMBIFILLER）比较适用于填补车身底漆、原子灰腻子以及旧漆膜表面的细小缺陷、砂眼、道痕等。它不仅干燥快，而且不使用混合固化剂。使用时可涂刮两薄层，每层间隔 15 min 即可。涂层在 20 ℃环境温度下经过 20 min 或 60 ℃烘烤温度下经过 8 min 后即可打磨。

（2）底漆系列产品。

①常用的"新劲"底漆。防护性绿底漆具有保护车身免受腐蚀介质侵蚀的作用。它对高密度金属有极好的黏结力，可增加金属与腻子之间的结合力；具有干燥快、附着力强等优点。配合比例是：底漆∶固化剂∶稀释剂 =100∶50∶30。按比例混合并调和均匀后于 20 ℃环境下存放的底漆应在 8 h 内用完；20 ℃环境温度经过 5 h 后可打磨；60 ℃烘烤温度则 1 h 后可打磨。

②双组分 3+1 喷灰。双组分 3+1 喷灰有极高的填补力，使用范围也比较广，可遮盖大面积的砂纸痕迹或轻微凹痕、细眼，也可作底漆直接进行喷涂。配合比例是：3+1 喷涂∶3+1 固化剂 =3∶1。该底漆按比例混合并调和均匀后，应在 20 ℃环境温度下于 45 min 内用完，可喷涂 1～3 层；20 ℃环境温度 4 h、60 ℃烘烤温度 30 min 干燥，并可进行打磨施工。

③ 680 底漆。680 底漆为多层用途、单组分快干底漆，可用于填补微小砂眼、轻微缺陷，并起到隔离底层作用。按着色区分有灰色和米色两种。配合比例是：680 底漆∶稀释剂 =1∶1。该底漆混合并调和均匀后可喷涂 2～3 层，于 20 ℃环境温度下 30 min、60 ℃烘烤温度下 15 min 可干燥，进行下道工序施工。

（3）面漆及罩光漆系列产品。常用的"新劲"机漆系列产品主要有以下几种。

① 6 号系列面漆。6 号系列面漆（AUTOCRYL）双组分面漆，漆膜丰满、光亮、坚硬、附着力强、颜色鲜艳持久，适合在任何环境中使用。双组分的混合比例是：（1 号油尺）6 号系列面漆∶123 催干剂∶123 稀释剂 =100∶50∶30。

混合并调匀后应在 20 ℃下 4 h 内用完。不沾尘时间：20 ℃环境温度下为 30 min；完全固化时间：20 ℃环境温度下为 20 h、60 ℃烘烤温度下仅为 50 min。完全固化后可抛光、修饰。

② 7 号系列银色、珍珠色底色漆。7 号系列银色、珍珠色底色漆为高品质面漆，具有遮盖力强、便于施工等优点。面层罩上配套清漆后，闪光夺目，色泽持久不变，是高级轿车面层涂料的佳品。混合方法为 100 份底漆添加 100 份 123 稀释剂即可喷涂，干燥 15 min 后不需打磨，最后一遍面漆后可喷涂配套清漆。

③ AUTOCLEAR 烤漆。AUTOCLEAR 烤漆是专为"新劲"底色漆（7 号系列）而设计的双组分清漆，光泽特强、持久，流平性极佳，能耐各种环境气候，不易褪光。混合比例是：（1 号油尺）烤漆清

漆：123 催干剂：123 稀释剂 =100：50：30。混合并调匀后须在 20 ℃环境温度下 4 h 内用完。不沾尘时间：20 ℃环境温度下为 45 min；60 ℃环境温度下为 5 min。完全干燥时间：20 ℃环境温度下为 16 h；60 ℃烘烤温度下为 45 min。漆膜厚度为 55 ～ 75 μm。

④加光剂。加光剂是专为“新劲”套装烤漆而设计的加速剂，可以增加漆膜干固速度，保持光亮度及平滑表面，还能提高漆膜坚硬度。配合比例是：套装烤漆：加光剂：MS 催于剂 =100：20：60（6R 油尺）。

（4）催干剂系列产品。常用的“新劲”催干剂系列产品主要有以下几种。

① MS 催干剂系列。MS 催干剂为双组分烤漆清漆专用中浓度催干剂，有快干、标准干、慢干、特慢干等不同型号，用于不同施工温度和面积的涂装作业。快干型可适用于 –15 ～ 15 ℃环境温度下使用，主要用于修补小面积喷涂表面用；标准型适用于 15 ～ 25 ℃环境温度下，用于局部修补或全车喷涂；慢干型则适用于 25 ～ 35 ℃环境温度下，用于局部修补或全车喷涂；特慢干型用于较高环境温度时做大面积的喷涂。

② 123 催干剂系列。123 催干剂系列适用于套装烤漆、清漆、MS 清漆。123 催干剂系列是专为“新劲”底漆、底金属色清漆设计的高品质稀释剂溶剂，有快干、慢干、特慢干三种型号，用以配合不同施工温度、面积等场合使用。123 快干稀释剂适用于局部修补或室温 20 ℃环境温度以下施工；123 慢干稀释剂适用于全车大面积喷涂，或者室温在 20 ～ 35 ℃环境温度下施工；123 特慢干稀释剂，适用于全车喷涂及大面积喷涂或室温于 35 ℃环境温度以上的施工。

3. 德国“施必快”系列涂料

德国“施必快”系列涂料也是国内汽车车身维修行业应用较广泛的品种，该系列涂料中主要包括以下几种。

（1）原子粗灰系列产品。原子粗灰系列产品主要有以下几个品种。

①立得柔 0920 原子灰。立得柔 0920 原子灰是含有特殊树脂的聚酯底灰腻子，具有质地细腻、化学性能稳定、刮涂后干燥快、易打磨等优点。由于其耐热温度可达 80 ℃，适用于底层处理后裸露钢铁、合金、铸铁、塑料纤维及已喷涂保丽光底漆或中间漆的旧油漆层表面。立得柔 0920 原子灰与立得柔硬化剂 0909 以 2% ～ 3% 比例混合调匀后，于 20 ℃环境温度下应在 3 ～ 5 min 内用完，20 ℃环境温度下经 20 ～ 30 min 干燥后进行打磨施工。

②保美耐硝基合成填眼灰 7700。保美耐硝基合成填眼灰 7700 是一种由硝基合成树脂组成的单组分腻子，其特点是填充性优良、干燥快、易打磨，与裸铁表面有良好的附着力，适用于已打磨处理的裸铁、旧涂层、底漆、中间漆或立得柔原子灰表面。需要连续刮涂薄层两道时，每道需间隔 10 min，20 ℃环境温度下经过 30 ～ 60 min 干燥后可进行打磨施工。

③立得柔喷涂原子灰 3508。立得柔喷涂原子灰 3508 是一种有特殊填充能力的聚酯填料，适用于钢铁、合金、塑料纤维、立得柔原子灰及保丽光底漆、中间漆等较粗糙的表面，具有干燥快、容易打磨的优点。混合比例是：原子灰 3508 ：立得柔硬化剂 9508=100：2。混合并调节均匀后 20 ℃环境温度下经过 30 min 用完即可，干燥时间：20 ℃环境温度下为 2 h，60 ℃环境温度下经 30 min 后可进行下道工序。

（2）保丽光红底漆 8583。保丽光红底漆 8583 是一种适合修补车身或翻新涂装的双组分特殊红底漆，用于钢铁、镀锌铁、铝板或干燥的旧涂层，具有保护防锈或隔绝旧漆层的作用。与保丽光快干型硬化剂 MS3060 比例为 4∶1，调匀后应在 4 h 内用完。20 ℃环境温度下经 15 min 后可刮涂原子灰腻子。

（3）保丽光多功能中间漆 8590。保丽光多功能中间漆 8590 是一种高品质的丙烯树脂双组分中间漆，适用于经打磨的钢铁、原子灰腻子、旧涂层等表面修补、全车喷涂，具有流平性好、隔绝性优良、干后容易打磨等许多优点。混合比例是：保丽光多功能中间漆 8590∶保丽光特殊硬化剂 =2∶1。混合并调匀后 20 ℃环境温度下应 1 h 用完。干燥时间：60 ℃烘烤温度下经 20 ～ 30 min，常温干燥时间为 12 h。

（4）保丽光面漆及罩光漆系列。

①保丽光面漆 257 系列。保丽光面漆 257 系列是一种双组分丙烯氨基异氰酸酯系列面漆，适用于高级轿车局部修补、全车喷涂，具有光泽丰满持久、流平性佳、抗御性强等优点；能在各种环境气候下不褪光、不变色，涂膜干后坚硬、机械性能强、遮盖能力高。混合比例是：保丽光面漆 257∶保丽光特殊硬化剂 MS 3368=2∶1。混合并调匀后 20 ℃环境温度下应 6 h 内用完。干燥时间：60 ℃环境温度下经 30 min，70 ℃环境温度下经 20 min；自然干燥后不沾尘时间为 20 ℃环境温度下 30 ～ 40 min，完全干燥可进行操作所需时间为 24 h。

②保丽光银粉漆 293 系列。保丽光银粉漆 293 系列由高品质的丙烯树脂组成，具有使用简便、遮盖力强的特点，喷涂清漆后便可得到高光泽、能抗各种环境和气候、光泽持久不变的漆面适用于轿车修补及全车喷涂，与保丽光特殊剂 3054 约 2∶1 混合后即可喷涂。15 min 自然干燥后，喷涂后无须打磨便可喷涂 T308080 或 MS8010 清漆。

③保丽光珍珠漆 295 系列。保丽光珍珠漆 295 系列是一种高质量的面漆，有极佳的耐候性和美丽的外观，喷涂清漆后更加具有高光泽，适合于高级轿车的喷涂。使用时与保丽光特殊稀释剂 3054 加 40% ～ 50% 调稀后可喷涂在打好底色的底层上无须打磨，相隔 15 ～ 20 min 后，直接喷涂清漆即可。

④保丽光丙烯氨基清漆 8010。保丽光丙烯氨基清漆 8010 是一种高光泽的双组分丙烯异氰酸酯系列清漆，适用于多工序面漆系统。漆膜光亮、平滑、丰满，覆盖性强，干后坚硬，机械性能高，能够抗各种气候环境，光亮持久，是极佳的高光泽清漆。喷涂时和 MS 系列硬化剂 2∶1 混合，调配均匀后在 20 ℃环境温度下 4 ～ 5 h 内用完，60 ℃环境温度下经 30 min 干燥；自然干燥不沾尘时间 20 ℃环境温度下为 50 ～ 60 min；5 ～ 6 h 可进行组装，再经过 5 ～ 6 h 可全干燥。

4. 美国“杜邦”系列涂料

美国“杜邦”系列涂料在国内汽车车身维修行业是比较受欢迎的。该系列涂料中主要包括以下几种。

（1）底漆系列产品。美国杜邦底漆系列产品主要有以下几个常用的品种。

① 105 S 多功能表面平整底漆。105 S 多功能表面平整底漆具有涂膜平滑、干燥快、附着力强、防腐性能好等特点，可以作为二道底漆使用。干后易打磨，不能与硝基漆混合。

② 1020 R 底漆。1020 R 底漆属于双组分底漆，适用于钢铁、铝金属表面，也可用于旧涂层表面上的喷涂。该底漆附着力强，防腐缓蚀性极佳，还可作为封闭和隔离底层的底漆。混合比例是，1020R 底漆∶125R 硬化剂∶稀释剂 =4∶1∶2。混合并调节均匀后应在 1.5 h 用完。20 ℃温度环境下经 1 ～ 2 h 后可干燥。

（2）磁漆系列产品。美国杜邦磁漆系列产品主要有以下几个常用的品种。

① IMLAR 汽车磁漆。IMLAR 汽车磁漆是醇酸型磁漆，遮盖能力强并且涂膜光亮，不受相对湿度影响，是一种物美价廉的涂料。混合比例是：IMLAR 磁漆∶145 R 或 110 R 稀释剂 =3∶1。混合并调匀后应在 8 h 内用完，喷涂后 20 ℃温度环境下经 25 min（不粘尘），10 h 后可以完全干燥，60 ℃环境温度下经烘干后 3 h 完全干燥。

②杜邦丙烯酸型磁漆系列。杜邦丙烯酸型磁漆系列是双组分涂料，涂膜干后表面坚硬光亮，不易倒光，遮盖力强并且成膜可以较厚，不受相对湿度影响。

③硝基磁漆。硝基磁漆包括色漆和金属漆，做底色用，干后可喷涂 120 S 清漆。

（3）杜邦 120 S 清漆。杜邦 120 S 清漆是双组分涂料，使用时与硬化剂按规定比例混合，调配均匀后不用稀料即可喷涂。混合比例是：120 S 清漆∶120 S 硬化剂 =2∶1。

（4）硬化剂及稀释剂。丙烯酸磁漆：793 S 硬化剂、8093 S 稀释剂适于 21 ℃环境温度以上使用；8022 稀释剂适于 21 ～ 27 ℃环境温度下使用；8096 稀释剂适于 27 ℃环境温度以上使用。

500 号欧洲烤漆：AK 210 硬化剂 S、AK 321 稀释剂、AK 330 稀释剂、AK 360 稀释剂。

700 号欧洲烤漆：AU 270 硬化剂、AU 370 稀释剂。

五、色漆的调配

大多数车身涂料都要经过适当的调配后才能使用。涂料的调配作业需要解决两个方面的问题：漆的颜色和黏稠度。若要掌握漆色的调配技巧，需要对色彩的基本常识有一个大致的了解。

1. 色彩的基本常识

人们所看到的各种颜色是由于光的作用，色是离不开光的。没有光，什么颜色都看不见。人们通常所称的光是电磁波谱中人们的眼睛能看到的那一小段，称为可见光。英国的科学家牛顿于 1666 年在暗室中将一线太阳光通过三棱镜投射到屏幕上，看到了并列着的从红到紫的色带。他又将各种颜色的光线通过三棱镜合在一起，结果又复原成接近太阳的白色光线，从而找到了有彩色光和无彩色光，得出了有光才有色，无光便无色的结论。

光是由眼睛去感受的，眼睛能看到直接光源或看到照射在物体上的反射光，它是靠物体来实现的。如果是什么也没有的空间，光是不可能被看见的。色彩离不开光，也离不开物体，没有具体的物件，就没有具体的色彩。由于光的作用，在人们的视觉上便会出现颜色，因为任何物体对色光都有吸收和反射本能。光线射到物体上，一部分色光被吸收，另一部分色光被反射。全部吸收色光的物质呈现黑色；全部反射光的物质呈现白色；对所有的色光等量地吸收或部分吸收、部分反射的物质呈现灰色；其他各种彩色物体，则是对不同色光进行选择吸收与反射的结果。例如，红色的布是由于它吸收了光线中的橙、黄、绿、青、蓝、紫色而反射出红光，因此我们看到的是红色。绿叶是将其他颜色的光吸入而将绿色的光反射，所以便呈现出绿色。物体呈现的颜色并不是物体本身所具有的颜色，而是根据各种比例入射光反射的结果。

（1）色的三属性。形成千变万化的色彩主要有三要素，即色相、明度、纯度，人们常称其为色的三属性。

①色相。色相指各种色彩的相貌，它是区别各种色彩的基本手段。如日光中存在红、橙、黄、绿、青、紫六种色相，再用这六种色相调和，便可以产生很多种色相。即使是同一种颜色也有不同的色相，如：红有大红、朱红等不同色相。色相应是光谱色的本色。色相是一定的，只是照射的光源与物体反射光的波长在一定范围内变化，才会有不同色相。将外表相似的颜色按顺序排列下去，即红、橙、黄、黄绿、绿、青绿、青、紫青、紫、紫红，列到最后又回到红色，这说明有关色相的感觉变化是循环的，如图 2–14 所示。不具有色相的无彩色也跟彩色一样，仍是色彩的同类，它与光的情况不同，是以白、灰、黑来区别的。

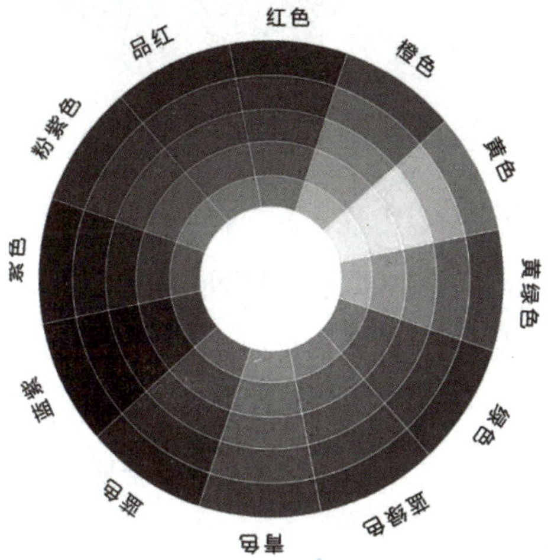

图 2–14　色相环

②明度。色的明亮程度、颜色的明暗度决定光源的照射与物面的反射光强度。在一个表面，即使涂同样一种颜色，由于光照射角度不同，颜色的明暗也有很大区别。明度与光的反射也有很大关系。同一种色相的颜色由于反射率不同而呈现出很明显的明亮度差别，大红明度最高，紫红次之，深红最暗。明度是以白为顶点，沿浅灰、灰、深灰、黑的垂直方向延伸来表示，黑的最暗，理想的黑反射率为零。

③纯度。纯度指色的饱和度，也称之为色彩的鲜艳程度。明度与纯度并不完全一致。明度强的颜色，纯度不一定高；而明度弱的，纯度就一定差。如蓝色中加白，蓝的明度提高了，相反纯度减弱了。

（2）颜色的感觉。由于人们年龄、性别、地位、环境和地区之间的差别，对颜色的要求也不一样。有的喜欢鲜明的，有的喜欢和谐的，有的喜欢沉着的，也有的喜欢高雅的。颜色的变化，可以使人们的生理和心理产生各种各样的反应，有的颜色使人感到厌烦、沉闷，有的颜色使人感到愉快、兴奋。

（3）三原色、间色、复色、补色等。

①三原色。在千变万化的色彩中，许许多多的色彩都是由红、黄、蓝三色相互混合变化而来的。而红、黄、蓝三色中任何一色都不能由另外两种原色混合产生，它是最基本的颜色，故称原色，也叫第一次色，如图 2–15 所示。

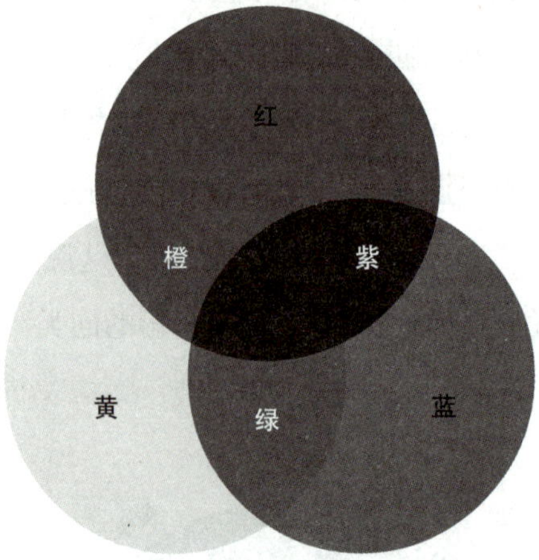

图 2-15 三原色混合

从三原色的原理来讲，任何颜色都可以由红、黄、蓝三色调出来。但实际上因为颜料成分的不同，有些特殊的颜色群，如青、玫瑰红等色，用三原色是配不出来的。

②间色。间色又称第二次色，是由两种原色混合而成的。间色也只有三个，如：红 + 黄 = 橙、红 + 蓝 = 紫、蓝 + 黄 = 绿。

③复色。复色又称再间色或第三次色，是间色与间色混合所产生的色，如：橙 + 紫 = 橙紫、橙 + 绿 = 橙绿、绿 + 紫 = 绿紫。

每一种复色都包含着三原色，只不过有一种颜色成分较多，如橙紫中红的成分较多，橙绿中黄的成分较多，绿紫中蓝的成分较多。

复色的混合有四种方法：第一种是，间色互相混合；第二种是，相对色适量地混合；第三种是，原色或间色与黑色混合；第四种是，原色或间色与复色混合。

④补色。两个原色混合配成一个间色，而另一个原色则称补色。两个间色相加调成一个复色，而与其对应的另一个间色也称为补色，如图 2-16 所示。

⑤消色。原色或间色、复色调对不等量的白，可以调配出许许多多的深浅不一的颜色。如果加入不同比例的黑，则可以调配出很多灰色、暗色，白和黑起到消减作用，因此称为消色。

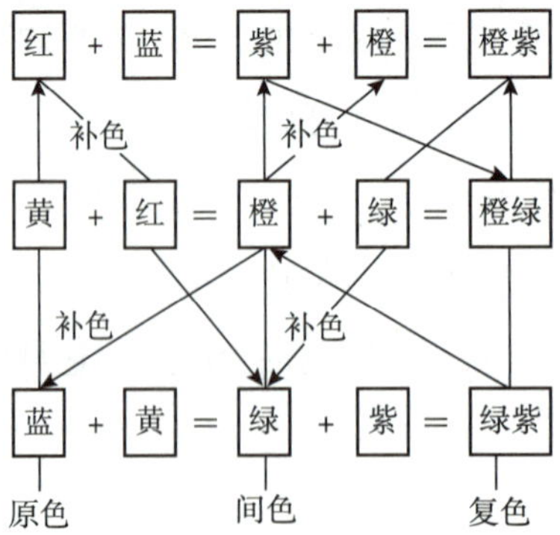

图 2-16 原色、间色、复色、补色

⑥调和色。凡两种色相较接近，性质相差不远，放在一起使人们看起来较和谐称为调和色。如色环

中相邻近的两色为调和色，同类色和类似色都是调和色。如：红与橙红、黄与黄绿；又如：大红、浅红、粉红等。

2. 颜色调配

在车身维修中，涂料调色是经常进行的作业。虽然涂料厂家生产的涂料颜色很多，但仍满足不了车身维修中涂装作业的实际需求，其颜色品种对车身维修行业来说还远远不够。当需要对车身局部补漆时，应依原车身颜色进行调配。涂料调色和绘画调色从理论上是一致的，在实际运用中却有一定的区别。绘画色彩讲的是色调，固有色、环境色、高光、反光等色彩的微妙变化是立体的画卷。涂料调色主要是色相、明度、纯度，以红、紫、黄、蓝、白、黑、绿、银色、金色等涂料颜色为主，还要考虑到清漆和辅料的颜色、底层涂料的颜色和色漆颜色上浮下沉等问题。涂料调色是一项复杂的技术，既需要有理论的知识，又要有多年实践经验的积累。

（1）调色前的准备。车身维修涂装一般分为全车涂漆和补漆两大类。全车涂漆又分为用原来颜色涂装和改变原来颜色涂装。整车涂装调配颜色较容易；补漆则要求颜色的误差性小，越接近越好，在没有先进仪器设备的情况下，调配较为困难。在调色前要对原色漆进行观察、分析、判断。首先观察色相是红色相、蓝色相还是绿色相；然后分析由哪些颜色组成，判断组成的颜色中主色、次色、再次色的大体比例。

掌握旧涂层的性能，了解旧涂层面漆是什么性质，如油基漆、挥发性漆、烘干漆、固化型漆等。在没有条件的情况下，可用打磨的方法做硬度试验，用溶剂润湿的方法做化学试验等，根据试验的结果选用配套色漆。根据客户的要求，涂装不同档次的涂料颜色，是在车身维修涂装中经常遇到的问题。由于车型多和低、中、高档次不同，对涂装面漆档次的颜色要求也不同。甚至有些档次不很高的汽车，要求涂装涂料的档次较高，颜色也较复杂，如：半金属色、金属色、本身带多种颜色等，要求对底层进行一系列的处理及准备工作。

目前我国涂料工业特别是颜料工业还不够发达，存在着南方、北方，边远地区和开放地区等差别，流通领域的原因使涂料颜色品种不全，以及产品颜色的色度不准确、不稳定等，都给调配涂料颜色增加了一定的难度。因此涂料颜色的准备不同于颜料配色，要求同类性能涂料颜色调配，不同性质的涂料颜色不能混合，如醇酸漆颜色不能和硝基漆类颜色混合。目前涂料工业使用的颜料有八大色系，如表 2–16 所示。

表 2–16　八大色系颜料表

八大色系名称	各色系的颜色	八大色系名称	各色系的颜料
红色系	大红、铁红、酞青红	白色系	酞白、锌钡蓝
紫色系	甲苯胺紫、酞青紫	黑色系	色素碳黑、硬质碳黑、软质碳黑松烟
黄色系	深、中、浅铬黄	绿色系	酞青绿、氧化铬绿
蓝色系	铁蓝、酞青蓝	橙色系	铅铬橙

（2）调色程序。手工调配色漆主要凭实际经验，根据调配色漆的样板（目标）来识别其中由哪几种单色组成，以及各单色所占的比例，据此将色漆调配出来。

手工调配色漆时的操作要点为根据颜色形成的机理仔细分析样板的颜色，基本估计出参配色漆的种类、比例、分量后，再着手试配漆色的小样，以实际比例作为调配大样时的参考依据。调配时应先加入主色，再慢慢地间断性地加入副色。分析、调配、检查均应在较好的天气下进行，“灯下不观色”，强烈的阳光直射也会造成色差。参配的色漆其基料必须一致，如：醇酸系列色漆就不能与硝基系列色漆相配；还要考虑到色漆干湿状态下的颜色变化，一般湿时显得浅些，干时会转深些。具体操作方法如下。

①在做好调色准备的情况下，开始进行调色。先调小样，根据掌握的主色和其他副色（次色），先用干净木棒（玻璃板）将涂料搅拌均匀，将主色倒进容器中，再按先浅后深的次序，将其他颜色边加入，边搅拌，边对照。如果涂料较稠，可用该涂料的稀释剂调整。当颜色接近样色时，可涂抹在玻璃片或白铁板上与样色比较，按颜色的三属性分析、查看。观看色相是否正确，然后检查明度、纯度，发现误差后继续调对，一直到符合样板色为止。

②当小样对好后，根据小样主色、复色的比例关系进行较大量配色。当颜色配好后根据作业要求，用喷浸等法涂在玻璃板上再次对比样板，如有差别继续调整。

需要注意的是，在调配涂料颜色时，要在晴天或光线充足的地方观察颜色才准确，不能在灯光下或阴暗的地方调对，以免产生颜色误差。比色时，应将新对涂料颜色滴抹在干样板上，或将调对新涂颜色样板与干样相交查看。查看时，待湿涂料颜色干后与干样板对比，或将干样板用水洒湿查看较为准确，否则会发生涂料颜色过浅或过深。用来配色的工具、容器一定要干净，如使用喷枪特别是喷涂浅色涂料时，一定要洗净，防止其他颜色混入。调对同一种涂料颜色时，要注意颜色的上浮与下沉，稠度应调到施工时的要求，以免发生涂装后颜色有差别。调色时应考虑色漆中有清漆和其他辅料成分，防止涂料干后变色较快。

（3）几种颜料色漆的色相分析。涂料使用的颜料颜色中，由于化学成分、研磨细度、颗粒状态、加工提炼程度等不同，所呈现的色相（色头）也不一样，几种颜料的色相如表 2-17 所示。

表 2-17 颜料的色相

颜料名称	色相	颜料名称	色相
硬质炭黑	黄、红	钴绿	白、黄
软质炭黑	蓝	钛青蓝	蓝、黄
钛白	黄、蓝、灰	铁红	黑、红、灰
铁蓝	红、青		

由于涂料中含各种不同基料，各种色漆都有基料的颜色，使涂料颜色受到一定的影响。深蓝色涂料中都带有黑的色相，如加白可以调对出不同程度的浅蓝，但这种浅蓝都带有灰色，不如原桶浅蓝鲜艳，如果用这两种浅蓝加黄配成浅绿，其色相一个发灰，另一个较翠。

中黄色涂料加白色对成浅黄和原桶的浅黄相比，其色相前者显红，后者发青。

大红中加入少量的黑或加入少量的蓝，配出的紫红不如原桶的紫红夺目，如果将这两种颜色加入中黄，其色相更为明显。

初学配色者可将每个单色漆分别混入不同的色漆，然后通过对比，查清其色相。如：铁蓝 + 白 = 中蓝、浅蓝、天蓝等；酞青蓝 + 白 = 酞青中蓝、酞青浅蓝等；红 + 白 = 浅红、粉红等；黄 + 白 = 浅黄、米白、奶白等。

另外，以红逐渐加黄、加黑、加蓝等可分别出现很多种色相，通过调对增加调色知识，也可以做些色样，供以后配色时做参考。

3. 涂料颜色的调配比例

涂料调色比例，应以颜料比例调色较为准确。由于涂料中含有不同比例的基料，基料带有不同程度的颜色，又由于涂料在包装中搅拌得不十分均匀，而产生颜色和轻重，造成质量的差别，因此涂料按质量配比误差较大。各种颜色涂料配成其他颜色涂料的配比，如表 2–18 所示。

表 2–18　各种颜色涂料配成其他颜色涂料的配比（参考）

需配制的色漆数量	用漆品						
	绿漆	白漆	黄漆	浅黄漆	蓝漆	铁红漆	黑漆
豆绿色漆	38	25	12	25			
草绿色漆		11	50		4	15	20
深绿色漆	80				20		
海蓝色漆		63		9		23	
天蓝色漆		94			6		
钢灰色漆		88			1		11
中灰色漆		92			0.5		7.5
橘黄色漆			18			80	2
军黄色漆			73			20	3
奶油色漆		97			4		
电机色漆		95	2		0.3		2.7

第四节　涂装工具设备的应用

一、涂装工具的正确使用

刷涂是一个较古老的传统操作方法，操作简便，适用性强，适用于没有喷涂条件及其他涂装方法的场合或品质要求不高的物件表面涂装。刷涂的涂料最好是油性漆类或一些表面不容易结膜的磁漆类，对挥发性、干燥性较好的涂料不适合用刷涂的方法施工。

1. 刷涂工具

（1）常用涂刷。主要是漆刷，它有很多种类。从制作材料上可分为硬毛刷和软毛刷两种。硬毛刷主要是用猪鬃、马鬃等为原料制成的。软毛刷用羊毛、狗毛、马毛等制成。毛刷从形状上可分为圆形、扁形、薄板形、歪把形等多种；从制作尺寸上可分为 12 mm、19 mm、25 mm、38 mm、50 mm、65 mm、75 mm 等。圆形毛刷可分为大圆毛刷和椭圆毛刷两种。刷毛一般用猪鬃或马鬃制成，直径也分大小不同的尺寸，圆毛刷适用于涂刷粗糙的物件。扁形刷也分为硬毛、软毛两种。硬毛刷多用猪鬃制成，软毛刷多用羊毛制成。毛直、毛清为质量好。软毛刷常用于刷涂稀度涂料，由于含漆量大、刷痕轻、漆流展性好，适用于刷品质要求较高的物件。排笔多用羊毛制作，常以杆材排列组成，多用于刷涂稠度小的油性涂料和水性涂料。滚刷用尼龙制成，多用于辊涂水性涂料或伸展性好的油性涂料。大平面辊涂能提高工作效率。

（2）常用涂刷的正确使用。新刷在使用前要在 1 号砂布上来回摩擦毛头部，把刷毛磨顺使其柔软，然后再用手除去残毛和粉尘。使用漆刷刷漆时常用拇指在前，其他四指在后，用食指、中指夹紧刷柄，用手的腕力和臂力移动漆刷，在刷涂大面积物件时要通过身躯移动来配合。漆刷蘸漆时一次不要太多，刷毛深入油漆部分最好不超过 1/2。蘸漆后漆刷应在漆桶内壁轻轻地来回各刮一次，以便将多余的漆液留在桶内。

操作时一般从物面的左上侧开始，本着“先里后外、先难后易、先上后下”的程序进行，并按“开油”——“横油”（或“斜油”）——“理油”的顺序操作。

刷子用完后，如果再次使用间隔时间不长，可将漆刷垂直地悬挂在溶剂或清水中，不要让刷毛露出液面，也不要让刷毛压在容器底部，否则刷毛易变弯，影响使用。下次再用时，取出漆刷，将液体甩净、擦干即可。如果漆刷用完后长时间不用，应立即用溶剂洗净、晾干，用塑料薄膜包好放在干燥的地方保存备用。漆刷使用时间过久，刷毛容易变短而厚，可用刀削去两面短毛，使其变薄即可使用。漆刷掉毛可用小钉钉紧铁箍。刷毛较硬时用强溶剂浸泡，刷毛泡软后再用。

2. 刮涂工具

为使汽车表面平整光亮，需要使用刮涂和打磨工具。刮涂工序的主要作业是刮腻子；打磨工序则包括打磨底层、除锈、磨腻子等。

（1）刮涂工具。刮涂腻子使用的工具主要是刮具（俗称刮子），分为硬刮具和软刮具两类，应根据不同的情况灵活选用。

硬刮具泛指那些有一定弹性和硬度的刮具，如牛角刮子、硬聚氯乙烯板刮子、环氧酚醛玻璃（胶木）板刮子以及钢片刮子等。硬刮具中的大中型刮子，刮口较宽，适用于较大平面的刮涂等。硬刮子刃口较薄，易于对刮涂过的表面进行修整。钢片刮子规格分为 25 mm、50 mm 和 75 mm 三种，市场销售的刮涂工具要求弹性好、能弯不折、不易变形。

软刮具则专指端口较软的橡胶刮具，如胶板大刮子和木柄橡胶小刮子等。软刮具中，胶板大刮子的厚度约为 6 ~ 8 mm；木柄橡胶小刮子的厚度约为 3 ~ 4 mm。端口两边均磨成对称的斜面，端口中间的直线度好且十分光滑。这种类型的软刮具，省力又快捷，适合于往垂直平面上刮涂腻子和最后找细用。

腻子手托板和保管橡胶类软刮具的夹具等，也是刮涂腻子作业所必不可少的辅助工具。

（2）打磨工具。打磨已由过去的手工打磨转入到半机械打磨，所使用的主要工具如下。

①风动打磨工具。风动打磨工具主要有风动磨腻子机、风动砂轮、钢丝轮、抛光轮等，主要作用是清除钢铁表面上的铁锈、旧涂层、旧漆，打磨腻子、抛光、上蜡等，可减轻体力劳动、提高工作效率。

②电动打磨工具。电动打磨工具有电动砂轮、布轮、磨腻子机等。它的主要作用和风动工具一样，但比风动工具使用方便。使用电动打磨工具时必须穿戴好劳保用品和采取必要的安全保护措施，不要在潮湿环境中使用。

（3）打磨材料。打磨材料是汽车涂装中不可缺少的材料。打磨材料包括砂轮、纱布、砂纸、抛光膏等。

①砂轮。砂轮主要是用来打磨腻子的，质量较为粗糙。为了节省砂纸，在打磨头道和二道腻子时可先用砂轮片粗磨一下，可提高效率，节约材料。

②抛光膏（又叫砂蜡）。抛光膏是一种乳膏状物质，它是由硅藻土矿物油、蜡、乳化剂、溶剂、水等组成的，分为水性和油性两种，颗粒有粗细之分。使用时应根据涂膜品质要求选用，在漆膜完全干燥后，将抛光膏涂在棉纱表面或涂膜表面，用手掌压住棉纱，用力在漆膜表面往返擦涂，待漆膜表面平滑光亮后，用棉纱把余膏擦净。

机械抛光时，可将抛光膏涂在软布轮表面，打开开关，按次序进行。

注意：机械抛光时动作要灵活，不可用力过大，要注意抛光物件的棱角处，防止抛光过度，磨漏物件。在使用抛光膏的过程中，如抛光膏太黏，可用油性抛光膏调稀后使用。

③砂布、砂纸。砂布、砂纸是处理底层锈蚀、打磨腻子的主要材料。砂布一般用布、胶、砂子制成。砂纸分水砂纸和木砂纸两种，是将磨料黏结在纸上制成的。木砂纸主要用于磨光木制品表面；水砂纸由于涂有耐水涂料，不怕浸水，可以水磨。砂布、水砂纸的磨料主要有氧化铝粉（如刚玉、人造金刚砂等），根据磨料的粒度大小分为多种，如表 2–19 所示。砂纸的粒度（目）是指砂粒通过筛子时的单位长度（1 in）的孔数，表明砂粒的细度。如砂粒大小为 100 目，表示能通过每英寸为 100 个方孔的筛子（1 in=0.025 4 m）。

表 2–19　砂布、水砂纸的规格和用途

砂布			水砂纸		
规格代号	粒度（目）	用途	规格代号	粒度（目）	用途
4/0	200		150	100	
1/0	180		18	12	

表 2-19（续）

砂布			水砂纸		
规格代号	粒度（目）	用途	规格代号	粒度（目）	用途
2/0	160	用于钢铁表面除锈，打磨木器家具表面，打磨底漆腻子、旧涂层等	200	140	用于底漆、腻子面漆或旧涂层进行湿打磨
0	140		220	150	
0.5	120		240	160	
1	100		260	170	
1.5	80		280	180	
2	60		300	200	
2.5	46		320	220	
3	36		360	240	
4	30		400	260	
5	24		500	320	
6	18		600	400	
			700	500	
			800	600	
			900	700	
			1000	800	

注：水砂纸规格代号号数越大，粒度越细。砂布和木砂纸则和水砂纸相反，即规格代号号数越大，砂粒越粗。

3. 喷涂工具

喷涂工具是车身涂装作业中所不可缺少的重要工具，车身涂漆主要采用空气喷涂的方法，喷漆枪起着将漆液喷成细雾的作用。

（1）喷漆枪的类型与结构。喷漆枪（简称喷枪）是涂装施工的主要工具，可分为普通喷枪、高压喷枪、无空气喷枪、静电喷枪四种类型。普通喷枪应用最广泛，下面以普通喷枪为例，进行讲解。

①普通喷枪的类型。普通喷枪通过压缩空气以很高的速度从喷枪喷嘴流过，在喷嘴周围形成局部真空。涂料进入该真空空间时，被高速气流雾化，喷向工件表面形成漆膜。按涂料供给方式分为重力式、下吸式两种。

重力式喷枪的涂料杯安装在喷枪顶部，靠涂料自身的压力流到喷嘴，与空气气流混合喷出。重力式喷枪的口径为 0.5 ～ 2.5 mm；下吸式喷枪的涂料在喷枪下部，又分为对嘴式和扁平嘴式。对嘴式喷枪喷出的圆形漆雾量小，适合涂小型物件和局部补漆、喷涂图案等，口径为 0.5 ～ 2.5 mm，如图 2-18 所示；扁平式喷枪多为较大型喷枪，出漆图样可调成圆柱形、纵向扇面形、横向扇面形，适合大面积喷涂。喷枪口径为 1.3 ～ 2.5 mm。

②喷漆枪的结构。下吸式喷枪的示意性结构如图 2–17 所示。使用时用手扣动扳机，阀杆即被推开使压缩空气通道开放，继而出漆孔的针阀相应打开，压缩空气的高速流动使漆液随之喷出。调整喷漆量控制螺钉，可改变混合比的大小；调整辅助空气调节螺钉，可获得不同程度的雾化形状及漆流。

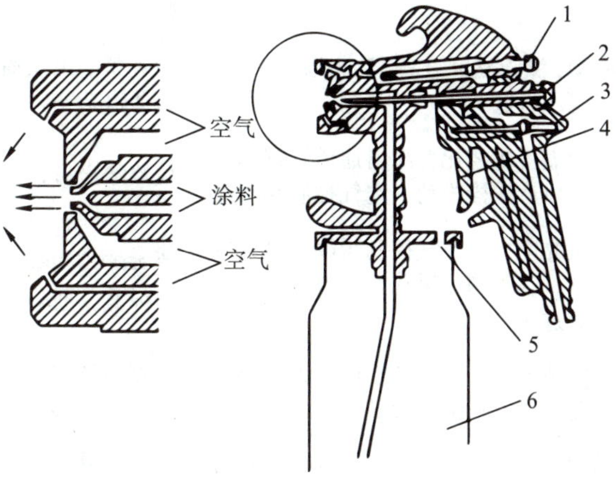

1—辅助空气调节螺钉；2—主喷漆量调节螺钉；3—阀杆；4—扳机；5—空气补充孔；6—漆罐。

图 2–17　下吸式喷漆枪的构造

将喷枪分为涂料流出部分、空气输入与输出部分、控制调节部分和储漆部分。

（2）喷枪选择和正确使用。

①喷枪的选择。选择喷枪时要根据喷涂物件的大小、涂料的品种以及喷涂的品质等级标准来考虑。被涂装的物件大，需选用口径较大的喷枪，这种喷枪出漆量大、速度快。喷涂品质要求高时，要选择出漆嘴雾化好的喷枪。物件大、品质要求不高的，选用雾化好的喷枪反而会影响效率。涂料用量少、喷涂物件面积小而且颜色种类又多时，使用大喷枪会造成浪费，并且不能提高品质；应选用重力式喷枪，该枪装漆容量少，换颜色方便，清洗漆壶时节省稀释剂。

喷枪口径越大，需要的空气压力越大，喷出的漆料越多，需要漆的稠度越高。喷漆枪的口径大小与喷枪嘴的空气帽的风孔是互相配合的，空气帽分为多孔型和少孔型。多孔型的空气帽，空气用量大，雾化性能好，涂膜品质好。少孔型的空气帽，空气用量小，雾化性能差，适用于喷涂品质要求不太高的物件。喷涂涂料的雾化程度与喷枪的口径大小、涂料的黏度、出风孔的排风量多少及排列角度等有关。根据不同品种的涂料选择喷枪嘴的口径和出风孔的多少，调好涂料的黏度。

②喷枪的正确使用。使用前应检查喷枪工作是否正常，发现故障时要及时排除。较为常见的故障有：调整成扁形射流时仍喷出圆形漆雾，多为喷嘴两侧的辅助出气孔堵塞所致；喷射密度不均匀或自侧孔喷出漆雾，一般是因为喷嘴的环状空气通道不畅或出漆孔的针阀不正所致；喷涂过程中漆雾时断时续，主要是由于出漆通道不畅的缘故。

（3）喷枪常见故障及排除方法。喷枪常见故障及排除方法如表 2–20 所示。

表 2-20 喷枪常见故障和排除方法

常见故障	故障原因	排除方法
涂料时断时续	漆壶涂料不足，涂料过稠，空气进入涂料通道，漆壶上盖进气孔不畅，漆壶连接螺栓松动，针阀密封垫不严	补加涂料，调节涂料稠度，检查空气通道是否正常，通顺壶盖进气孔，紧固螺栓，更换密封垫
出漆量不足	出漆嘴风帽松动，漆液黏度过高，涂料通道不畅，进气孔堵塞，气压过低	检查紧固出漆嘴风帽，调节漆液稠度，清除涂料通道杂物，通顺进气孔调整气压
漏漆、漏气	漆壶口变形，漆壶盖垫老化，涂料通道管螺母松动，垫圈破损，风道钩栓松动，空气控制阀不严	检修漆壶口，更换垫圈，紧固螺母
喷雾图样过小，不出扇面	风压过低，漆液黏度大，空气控制阀没有打开或螺栓内弹簧折断，空气帽、风孔堵塞或空气帽中间孔与喷嘴间隙过大	检查喷嘴与空气帽的间隙，检查空气控制阀螺栓弹簧，通顺空气帽风孔，更换喷嘴或空气帽
图样呈扇面或下重上轻	空气帽与喷嘴间隙不均，上大下小或下大上小，空气帽风孔角度不对，喷嘴变形破损	检查喷嘴与空气帽的间隙，检查空气帽风孔角度是否变形，喷嘴是否破损
图样扇面两头浓，中间轻	空气帽与喷嘴中间孔间隙过小，风帽两侧角孔过大	检查喷嘴空气帽中间孔是否有杂物，喷嘴是否变形，风帽角孔是否风压过大
初扳扳机时风和漆雾同时出现	喷针塞调节过长，空气控制阀阀杆行程小	调节针塞杆与扳机间隙，检查空气控制阀阀杆调节行程，检查控制阀内弹簧压力

（4）喷枪的维护。

①喷枪用完后应立即用溶剂洗净，漆液通道不残留漆液，先用溶剂喷洗一次。在喷洗时可用手指堵住喷嘴和风孔，让溶剂回流，然后将溶剂倒出，再换干净溶剂按上述方法重洗，最后切断风源，用棉纱将外部擦洗干净。

②喷嘴、风帽、扳机等不容易擦净的地方，用毛刷仔细刷洗一次。风帽孔如有堵塞，应将风帽拆下浸泡在溶剂中，然后用风吹掉杂物。不要用钢丝或坚硬细针去捅风孔，避免风孔损坏、变形，影响喷涂图样，造成喷枪不好用。

③喷枪暂时停用时，应将风帽拆下浸入溶剂中；各螺栓活动部位涂上黄油，保证下次使用时操作灵活。喷枪停用时，应放在安全的地方保管，注意不要撞坏。

④喷枪不能拆卸，也不能因表面有漆或脏物就全部泡在溶剂中，否则会使胶垫破损变形，造成喷枪漏气或管道堵塞影响正常使用。

4. 喷涂技术

操作者对喷涂技术掌握程度的熟练与否，将直接影响到涂层的质量。喷涂技术熟练不仅可以节省材料、工时和劳动力，而且可以避免很多涂装弊病，减少不必要的返工。

（1）持喷枪姿态。在正常的喷涂过程中，不管喷枪上下或左右移动，均应保持喷枪与被涂物表面呈 90° 直角。喷枪移动时应保持与被涂底材平行，不可用手腕做弧形摆动，否则不能得到均匀的涂层，如图 2-18 所示。

如在喷涂时，喷枪向上或向下歪斜，其结果会造成喷福带偏向一边流淌，而另一侧则过薄，会造成表面条纹状。喷涂角度不正确会造成不良的涂层效果，如图 2-19 所示。

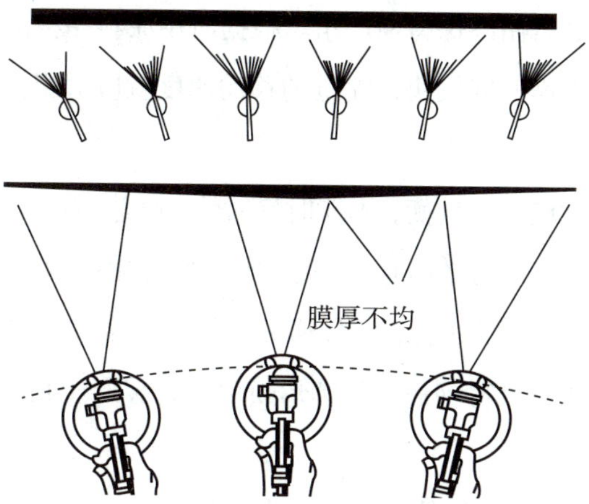

图 2-18 喷枪弧形移动时得到的不均匀涂层

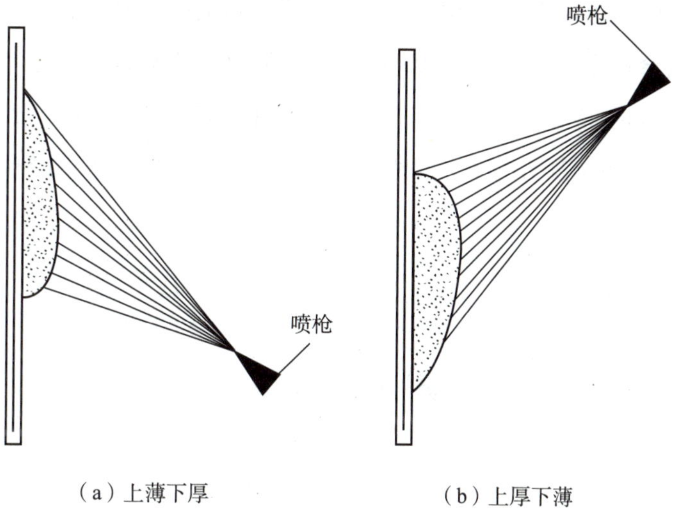

图 2-19 不良喷涂效果

（2）喷涂距离。喷枪出漆孔至被涂物表面的距离，根据喷枪型号大小的不同而不同。大型喷枪的喷涂距离应为 200 ～ 300 mm，小型喷枪的喷涂距离为 150 ～ 250 mm。空气雾化的手提式静电喷枪的喷涂距离为 250 ～ 350 mm。

喷涂过程中，喷枪离被涂物表面的距离太近，上漆率将会增加，但可能会导致流挂、皱纹、金属漆发花等漆膜弊病。喷涂时喷枪离被涂物距离太远，使稀释剂挥发太多，会造成漆尘增多，漆尘不能在物体表面成膜，使上漆率减少，产生漆膜无光、粗糙和淡薄等缺陷。实际施工操作中，通常采用的简易测定方法是：手掌张开，食指、中指和无名指弯曲，大拇指和小指指尖的距离在 150 ～ 220 mm 之间，这也是通常使用的喷涂距离。喷涂间距不同则会产生不同的涂层，如图 2-20 所示。

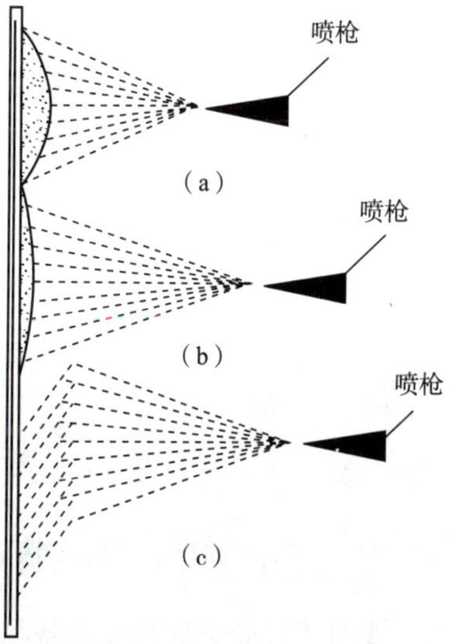

图 2-20 不同喷涂间距的喷涂效果

（3）移动速度。喷涂时的喷枪移动速度，对喷涂后的涂层质量有着很大的影响。实际施工中喷枪合适的移动速度，一般应在 30 ～ 60 cm/s，并在喷涂中保持稳定。同时保证一定的喷涂距离，不能忽近忽远，应使喷枪同被涂底材始终保持 90° 角。根据所用涂料品种的特性。可以合理调整喷枪的移动速度。如喷涂硝基漆时因其干燥速度较快，喷枪的移动速度就应适当慢些；而喷涂金属底色漆时，喷枪移动速度就应适当快些。

喷涂过程中的喷枪移动速度应保持均衡，不能时慢时快。喷涂时在扣动扳机前，喷枪应已开始移动，并在喷涂动作结束前放松扳机，可以有效防止在一系列喷涂过程中产生流挂现象。

（4）雾化面宽度。喷涂时雾化面宽度的选择通常以目测为主，可以通过雾形控制阀来调整雾化面的宽窄。将雾形控制阀全部旋入，可得到最小的圆形喷束。将雾形控制阀全部旋出，则得到的是最大的雾化面。

（5）喷涂搭接。喷涂时每一段之间的搭接，宽度要保持一致，每段喷涂的两边搭接处的移动速度应快于中间段，防止接口处漆膜过厚而产生流挂。上下搭接覆盖率一般为，纯色漆 2/3，金属漆 1/2。

（6）喷涂顺序。喷涂顺序并没有一个固定的模式，但通常遵循的原则是“从高至低、从左至右、从上而下、先里后外”。如是整车喷涂（乘用车），其顺序应是先喷难以喷涂到的部位，如行李舱、发动机舱盖边缘、缝隙及车门的每侧边部位。完毕后，车门应略开，以利于干燥和防止粘住。

知识拓展

喷枪的喷涂方法

根据涂料品种不同和物件几何形状的差异，实际喷涂时常采用以下几种方法。

1. 横向喷涂法

喷涂图样呈直线状，右手掌握喷枪，操作者从左上侧开始，扳动扳机，从左向右进行。当行至一个接面的距离时（距离由个人掌握，一般以 800 ～ 1 000 mm 为宜），迅速向下向左往返进行。接面可根据涂料品种自行掌握，一般为 1/2、1/3、1/4。当喷完一个面后再顺序喷另一个面。也可以从相反方向进行，即从操作者右下侧向上喷涂。

2. 纵向喷涂法

方法与横向喷涂法相似，喷枪嘴图样改为水平方向，喷枪从左上方或右上方往下往返运行，也可以从右下方或左下方往上往返运行。

3. 纵横交叉法

喷涂时第一遍纵向往返喷涂，第二遍时横向往返喷涂，每遍都要改变图样的方向。

4. 横向双重法和纵向双重法

喷涂方向不变，第一遍喷完后，再按原来的方法喷涂。

需要注意的是以上各种操作方法应根据涂料的品种随机选用。

二、喷涂设备的应用

车身维修企业的喷涂设备和设施，主要是指供气系统和喷涂、烘漆设施等。供气系统和喷涂设施是车身喷涂作业的主要设备，它们对车身涂装品质有至关重要的影响。

1. 喷涂供气系统

（1）供气系统的组成。供气系统主要由空气压缩机、调压阀、分水滤气器（也称油水分离器）、储备罐、送风软管等组成。喷涂系统主要有喷枪、过滤网调漆桶、工作台等。

空气压缩机俗称气泵，分固定式和移动式两种。固定式气泵功率较大，适合大规模范围使用。现在的大型汽车维修企业由于风动工具应用较多，多采用此类供气设备。小型汽车维修中多使用移动式气泵，移动灵活，使用方便。移动式气泵分单缸和双缸两种，它是用电动机带动空气压缩机曲轴、连杆，使活塞在气缸内做往返运动，产生气压并输送到储气缸内。

气泵使用时应放在阴凉、通风的地方，房间要有一定的空间。四轮垫好、放稳，查看润滑油量是否加到合适位置，打开放气阀门先进行运转，转一段时间后如无故障即可全负荷运转使用。

气泵在使用期间要检查安全阀是否正常，气压调节器是否准确及自动停车是否正常。气压调节器是否准确和起动可靠，在气泵使用 250 h 左右定期检查清洗一次，并根据气候温度情况及时放水。气泵长期停用，应将气缸上的气阀拆下保存，在气缸的活塞表面及开口处用油纸封好，以防锈蚀。

调压阀的功能：调整空压机输送的空气压力并使其衡定在规定的范围以内。其构造与工作原理如图 2–21 所示。压力正常时压缩空气经输入口、进气阀后输出；由于有旁通孔而使平衡气室的压力与之相等。

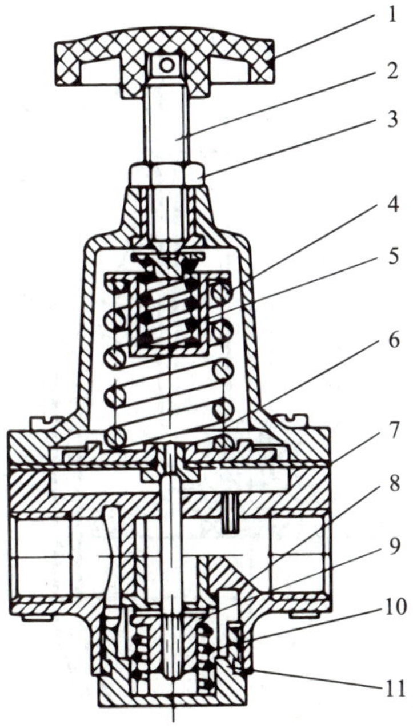

1—调整手柄；2—调整杆；3—锁紧螺母；4—工作弹簧；5—管道弹簧；

6—溢流阀座；7—膜片；8—下壳体；9—阀杆座；10—弹簧；11—O 形圈。

图 2–21　QTY 型调压阀

当输入、输出压力增大时，平衡气室的压力也随之提高；在膜片的作用下平衡弹簧被压缩，进气阀座连同阀杆一起被底簧推至关闭位置，输出端的压力降低。当输入端气压提高时，平衡气室的压力也会相应提高；膜片上移并带动阀杆及进气阀上移、关闭。超过一定压力时溢流阀还会起作用，以避免输出端压力过高并消除输出端气压的脉动幅度。

供气系统的另一个装置是分水滤气器。它主要起水气分离和过滤空气的作用，为喷枪提供纯净而干燥的空气，其构造如图 2–22 所示。叶片旋风式分水器能有效地将微小水滴从压缩空气中分离出去；铜珠烧结的多孔过滤杯，能够滤掉空气中的污垢。

（2）供气系统的检查。使用供气系统前应着重检查调压阀和分水滤气器的工作状况。不同型号的喷枪，对供气压力均有不同的要求，在喷涂前应按说明书的规定预先调好。如无标准可循时，可依经验方法判断。喷射力过大并产生强烈的雾状，一般为空气压力过高且漆液的输出量不足所致；反之，则由于空气压力调节过低所致。

旋转调整调压器手柄，平衡弹簧的作用力迫使进气阀杆下移，进气阀被推开使输出端压力也相应提高，直至平衡气室的压力与平衡弹簧相平衡为止，输出端的压力再次衡定在一个新的调高压力上。反之，当调整阀杆旋出时，平衡弹簧的作用力也相应减弱，平衡气室的压力相对低一些，使其可将进气阀关闭，从而达到了调低输出端气压的目的。

使用分水滤气器之前，要打开排水阀将存水杯中的污物放掉。每使用一段时间后，还应将多孔过滤杯和存水杯拆下，用汽油洗净、晾干。分水滤气器失效，会使喷涂后形成的漆膜产生水泡或麻点。

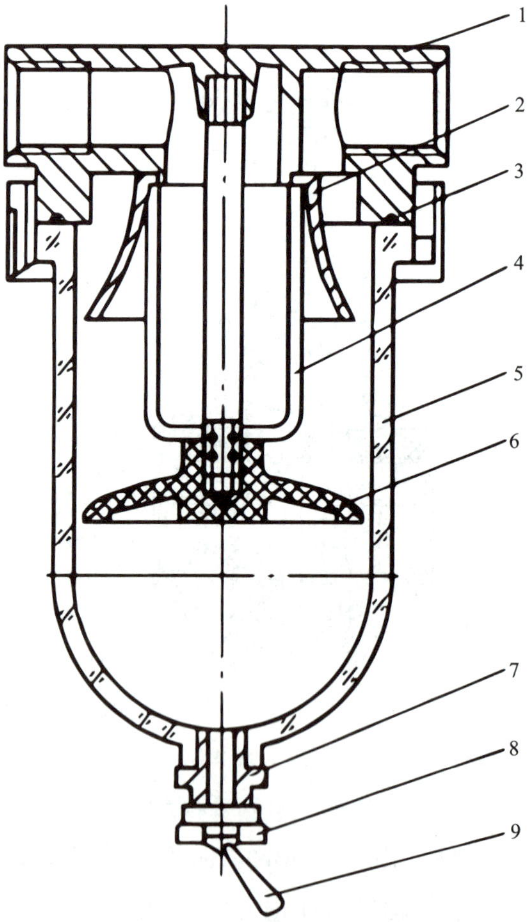

1—壳体；2—铝杯；3—O 形圈；4—多孔过滤杯；5—存水杯；
6—挡水板；7—放水阀座；8—放水接头；9—放水手柄。

图 2–22 QSL 型分水滤气器

2. 喷涂室和烘干室

喷涂室和烘干室是汽车涂装中主要的设备之一，它对净化环境、保证施工者的健康和提高涂装品质都有帮助，对缩短工期更是起到了极重要的作用。喷涂室和烘干室种类很多，这里仅介绍常见的几种。

（1）普通喷涂室。一般为单体死端式，根据使用不同分为大、中、小三种。在喷涂过程中，漆雾在抽风机的作用下经过滤器，使漆雾被粘住留在过滤器中，空气经过风道排出室外。这种喷涂室结构简单，成本较低，涂料消耗量小，涂覆效率高。缺点是漆雾不能很快排出，容易粘在室内壁上，过滤网耗量大，需要经常更换。风机、风速等部件易被污染，易燃性较大，仅适用于小件或小批量喷涂。

（2）汽车喷涂烘房。最可靠的方法是如图 2-23 所示的封闭式喷涂、烘漆房内施工。这种类型的喷涂房不仅密封良好，而且还附加了带有过滤系统的强制换风装置。使用时开动引风机，可以将过滤的新鲜空气不断送至喷涂室，再通过设在地板上的滤网过滤后排入大气。清净的通风效果既有利于操作（能见度好），又改善了工人的作业环境。

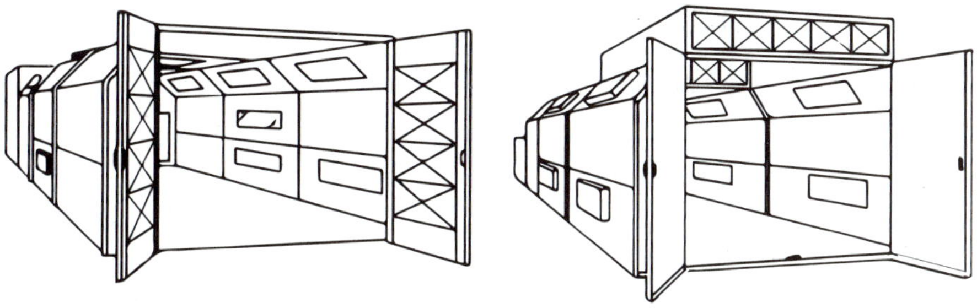

图 2-23　喷涂烘房的基本形式

喷涂烘房设计合理，结构先进，它应用电子技术进行温度自动控制，可根据需要显示出烘烤过程中的温度、时间，在结构上采用过压原理，室内风压高于室外 4 ～ 12 Pa，使灰尘不能进入室内。外部空气进入室内已经多次过滤，空气净化程度较高。

喷涂烘房能启动热交换器并使其工作，不仅可以改善喷涂室内的温度，还可将其调整到所需的烘干温度，对车身涂层进行烘干。升温过程中打开二次循环阀门，可使新吸入的冷空气得到预热，大大提高了喷涂烘房的温升效果，如图 2-24 所示。

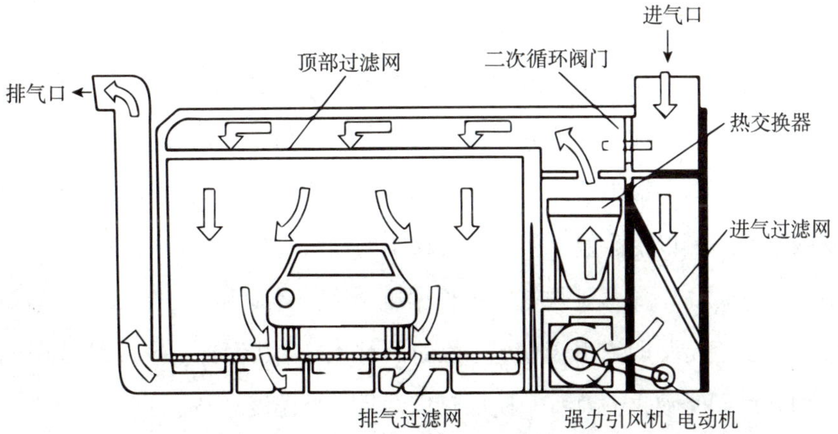

图 2-24　喷涂烘房的通风与循环

在烘烤过程中，空气循环加热每次仅需补充 10% 的新空气，热量利用率高，节约能源；废气经过滤后排出室外，排放符合环保标准要求；操作简单，温控均匀、适度且保温性能好；美观大方并使喷涂工作环境舒适。

喷涂烘房基本结构如图 2-25 的所示。它由镀锌铁板压制的框架构成，全体框架内均有加强肋并用螺栓连接。室体壁板用聚氨泡沫夹心板制成，保温性能好。喷涂烘房的进出由三扇小门组成，供车辆进出并且门上安有门栓和可调节的安全弹簧锁。当房内压力过大时，安全防压门便会自动打开，避免房内压力过大而发生意外。门的夹层装有隔热保温层，过滤层网均采用钢丝网，过滤棉层用 W2—OP—1 型滤布，净化效率高，阻力低，容尘量大。

照明灯管安装在侧壁板上面，两个面上共八组，每组由四支 40 W 日光灯管组成，室内光线明亮，工作环境可达无影效果。室内温度可以实现自动控制，喷涂时温度控制在 20 ~ 25 ℃（环境温度≤ 25 ℃），烘烤温度最高为 80 ℃。升温速度快，室温从 20 ℃升到 60 ℃的时间不超过 20 min（环境温度为 20 ℃时）。

（3）远红外线喷涂烘干室。远红外线喷涂烘干室采用红外线辐射板或辐射管进行烘干。烘干室根据设计要求确定尺寸大小，分小件烘干和整车烘干等多种。

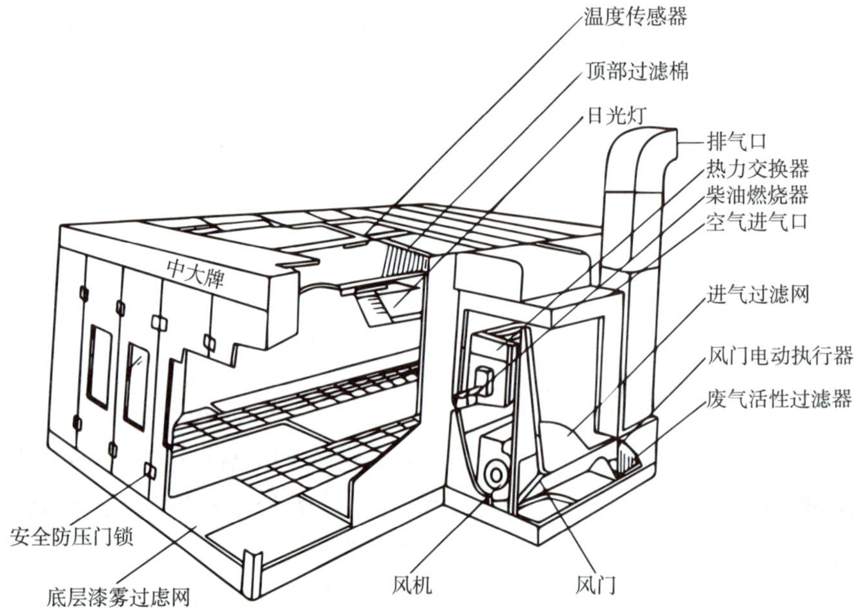

图 2-25 喷涂烘房的基本构造

板式远红外线辐射器，由金属框架、石棉板、电阻丝和涂有硫化物和碳化物等涂层的辐射板组成。红外线与可见光一样都是直线传播，一部分在涂层板面上被反射，一部分被涂层吸收，其余部分可穿透涂层。被吸收的部分能量便转化成为热能，使物体的温度升高。被吸收的能量越多，温度升高也越大。由于红外线具有穿透能力，可以使涂层上、下及底材均匀吸收得到加热，如图 2-26 所示。

辐射板每块分 0.8 ~ 1.5 kW 等多种规格，可根据烘干室的体积和尺寸安装不同数量的辐射板。使用远红外线烘干，如图 2-27 所示。具有升温快、干燥时间缩短、方法简便、投资费用低、节约能源等优点。涂料干燥过程中，内外可同时吸收辐射线，使加热均匀且内外温度一致。

需要指出的是，正式喷涂前一定要将车身清洗干净、烘干并用压缩空气吹净。否则，喷涂作业时会使车身上的粉尘飞起而影响室内空气质量使净化工作前功尽弃。

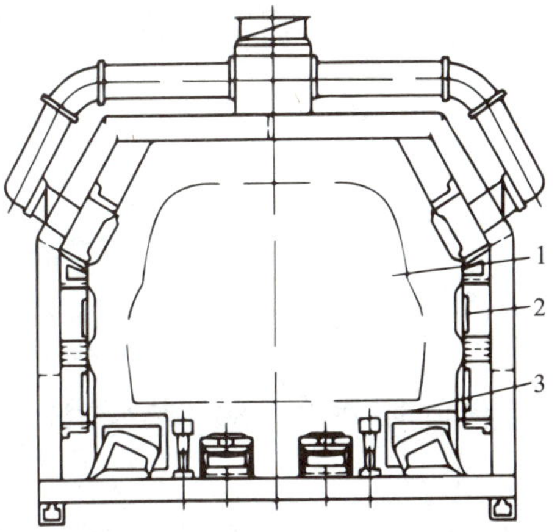

1—工件；2—碳化硅板；3—运输线。

图 2-26　红外线加热干燥原理

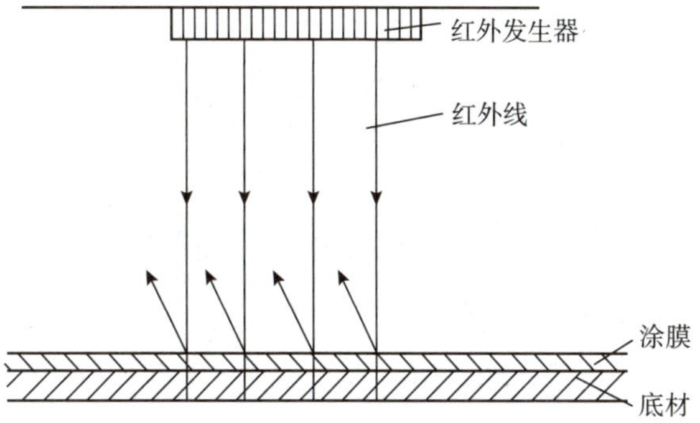

图 2-27　远红外线辐射式烘漆房

三、涂装工件的表面处理

汽车涂装前进行表面处理是为了获得优质的涂层，充分发挥涂料的保护和装饰作用。表面处理是涂装的基础工序，它关系到涂层的附着力、耐久性和表面质量，因此是十分重要的。

涂装前表面处理的主要作业是去掉被涂构件表面的氧化层、铁锈、焊渣、油污、旧涂层、蜡质和其他杂物等，增加涂料与物面的接合力，延长使用寿命。

对于金属表面处理的内容，在第一章中已讲述过了，在这里重点介绍除金属以外的其他工件表面的处理。

1. 非金属表面的处理

汽车工业使用的非金属材料较多，如塑料、玻璃钢、木材、皮革等，在涂装前都要进行合理的处理，才能获得优质的涂层。

（1）塑料件的表面处理。对于塑料制品，由于加工和成形的原因，使脱膜剂残留在表面，在运输、组装及使用过程中，易使表面粘有油污、脏物等。许多塑料表面光滑、湿润性差，造成涂装后产生漆膜缩孔和附着力差等缺陷。在涂装前进行表面处理，以提高涂膜的附着力及耐久性。常用的表面处理方法有以下几种。

①化学氧化处理。常用的氧化处理是使用铬酸处理液，其配方如下。

重铬酸钾	4.5%
水	8.0%
浓硫酸（90% 以上）	87.5%

以聚乙烯为例，其处理工艺是：先用汽油或二甲苯擦去表面油脂、污物等，再将物件放在铬酸处理液中，浸蚀（50 ℃、10 min）后用清水彻底洗净，晾干或在 50 ℃下烘干。其他聚乙烯烃的处理方法，可稍加调整以便使其得到良好的处理效果。如聚丙烯用铬酸溶液处理浸蚀时，温度应达到 100 ℃并持续 5 min 为宜。温度较低，会影响表面处理效果。

用铬酸溶液浸蚀塑料件的优点是：不管塑料件的几何形状多么复杂，表面的处理都十分均匀、彻底。该操作有一定危险性，要穿戴好保护用品。

有些塑料制品，虽然可以在铬酸处理液中浸蚀，但工艺不易控制，当浸蚀时间过长或深度过高时，会使零件产生微细裂纹，此时适宜使用皂化处理液，其配方如下。

对甲苯磺酸	0.3%
硅藻土	0.5%
二氧杂环己烷	3.0%
四氧乙烯	96.2%

将工件浸蚀在皂化液中38～40 ℃（10～30 s），在40～42 ℃活化1 min，用71～80 ℃热水清洗干净，晾干或50 ℃下烘干。

②喷砂处理。用高压空气或将细砂喷打在塑料制品表面，可除去油脂得到粗糙的表面，应将砂粒和高压气体控制好，以免使塑料制品损坏变形。

③溶剂清洗。聚丙烯塑料可用热三氯乙烯甲苯、丙酮溶剂清洗，其除去油污、杂物的效果也很好。

④溶剂或乳液。用溶剂或乳液（煤油、肥皂水）清洗后用砂纸打磨，可使表面粗糙，以增强涂料的附着力。

（2）玻璃钢的表面处理。玻璃钢制品强度高、质量轻、抗腐蚀，在汽车工业中常代替金属使用。由于玻璃钢制品在成形时表面带有脱膜剂（如蜡脂、硅等），表面比较光滑坚硬，如果涂料直接涂装在表面上，则附着力不强而影响涂膜质量，因此需对零件进行表面处理。

最常用的处理方法是：用热水浸煮，去掉表面蜡质油污，然后用砂纸打磨晾干或低温烘干。也可用松香水、二甲苯混合溶液除去表面的油脂，再用热水擦洗，最后用砂纸打毛晾干或低温烘干。

（3）皮革的表面处理。汽车内饰部分用皮革材料较多（如仪表板、内装饰板等），在涂漆前也要进行表面处理，使用的清洁剂配方如下。

醋酸乙酯	200 mL
丙酮	250 mL
氨水	50 mL
乳酸	50 mL
水	1 000 mL

将上述溶液混合后擦拭皮革表面，去掉油脂、污物及其他物质，擦拭后应立即进行下道工序。

皮革的表面处理还可用3%的防霉剂（五氯酚钠等）溶解于97%的松节油中，配制成防霉剂溶液，均匀地涂刷在皮革制品表面，晾干后可涂刷软性硝基清漆或皮革漆。

2. 旧涂层的处理

在汽车维修涂装过程中，处理旧涂层是必不可少的作业。根据涂层的损坏程度和作业条件采取合理的处理方法。车身维修中对旧涂层的处理常采用以下几种方法。

（1）手工除漆法。手工除漆法主要依赖铲刀、刮刀、钢丝刷、砂布等工具，清除车身构件表面上的旧漆层。操作时用刮刀、铲刀、钢丝刷、砂布等，将破损的涂层全部或局部清除掉。该方法简单方便，不用过多的设备，但劳动强度高，工作效率低，质量差，适合于对较小面积旧漆的清除。

使用电动或风动工具（如钢丝轮、钢丝打磨机等）除漆，可使清除旧漆的作业效率提高，并降低劳动强度。目前车身维修作业中，这是应用最为广泛的一种除漆方法。

用喷射的方法清除旧涂层，在一些具有一定规模的汽车维修企业中也有采用。它是利用压缩空气、高压水流、机械离心等作业方式，将磨料、沙子、钢丸等投射到车身构件表面，借冲击和摩擦的作用来清除旧漆。这种清除方法不仅效率高，而且能获得比较理想的干净表面，但不适合构件的局部除漆，并且投资大，运转成本也高，是一般小企业所无法采用的。

（2）化学除漆法。化学除漆法包括碱性脱漆和有机溶剂脱漆两种方法。碱性脱漆成本较低，使用安全，但要有一定设备，如脱漆槽、清洗槽、蒸汽加热装置等。最好的化学除漆法是使用脱漆剂。用这种方法清除旧漆层，具有方便、高效、干净等许多优点。进口脱漆剂的效果更为突出，使用时只要用软毛刷将脱漆剂涂于金属表面，数分钟后旧漆膜即开始起皱、卷曲并与之脱离，再用钢丝刷、铲刀等将漆皮清理干净即可。采用这种方法除漆时要注意安全，防止中毒。国产脱漆剂的使用效果稍差一些，使用前需用水浴加热溶化，趁热用软毛刷涂于旧漆表面。经一段时间后漆皮即开始变软、膨胀，用铲刀、钢丝刷将旧漆除去再用稀释剂擦拭干净。

有机溶剂脱漆施工简单，使用方便，但成本较高，对人体有危害，且溶解蒸发快、易燃。在操作时应戴好防护用品，如口罩、手套、眼镜等，并备好防火设备。碱液也可代替脱漆剂。将一定浓度的碱液有间隔地分多次涂刷于旧漆表面（一般为 3 ～ 4 遍），经过数十分钟的渗透以后，漆皮会发生软化、膨胀现象，用同样的方法将表面清除干净即可。碱性脱漆液、有机溶剂脱漆剂的配方和用途分别如表 2–21、表 2–22 所示。

表 2–21　碱性脱漆液（膏）的配制及使用方法

组别	成分	数量 /g	调配方法	使用方法
第一组	磷酸三钠 硅酸钠 肥皂 重铬酸钾 水	25 12 3 3 1 800	将水煮沸，各成分按顺序加入水中溶解，重铬酸钾分多次加入，配制完后，溶液的 pH 值应不超过 11	将物件放入溶液，煮 2 ～ 3 h 后取出，放在 80 ～ 90 ℃的热水中煮 20 ～ 30 min，取出后用清水清洗、干燥。使用中当 pH 值小于 7 时可加入磷酸钠 15 g、重铬酸钾 1.5 g、硅酸钠 6 g、肥皂 1.5 g 进行调整
第二组	硅酸钠 碱液 氨水	500 100 100	混合均匀	涂刷在旧漆膜上，数分钟后旧漆层软化即可铲除，然后连续涂刷，除净为止
第三组	亚硫酸钠 碳酸钠 硅酸钠 肥皂 水	0.03 0.02 0.02 0.02 10 000	加入水中充分混合	将物件浸泡在溶液中 10 ～ 30 min 后取出，用清水清洗干净
第四组	氢氧化钠 碳酸钠 多烃醇 甲酚醇 表面活性剂	77% 10% 5% 5% 3%	将各成分混合使用时先取 6 ～ 15 份加入 85 ～ 90 份的水中配水溶液，再将水溶液加热到 90 ℃即成脱漆液	涂刷在漆膜表面，待数分钟后，再进行涂刷，直至漆膜软化、溶解进行清除
第五组	马铃薯淀粉 氢氧化钠 水	500 2 000 5 000	先把淀粉溶于 1∶1 的水中调均匀，将氢氧化钠溶于 1∶1 的热水中，将两种溶液混合后加入热水混合	将膏、液涂在漆膜表面，待漆膜软化后除掉，如漆膜较厚可多次涂盖，直至涂层全部脱掉

表 2-21（续）

组别	成分	数量 /g	调配方法	使用方法
第六组	氢氧化钠 水 氧化钙 碳酸钙 机油	16 000 34 000 18 000 22 000 10 000	先将氢氧化钠溶于水中，再加氧化钙搅拌均匀后加油，最后加入碳酸钙混合	将脱漆膏多次涂于漆膜上保持一定温度，也可先将涂层表面破坏，再涂脱漆膏，这样效果更好
第七组	碳酸钙 碳酸钠 水 氧化钙	60 ~ 100 40 ~ 60 800 120 ~ 150	将其混合均匀即可	涂刷覆盖于涂层表面待上层软化后清除掉，再涂刷覆盖一层，脱尽为止
第八组	碳酸钠 生石灰 大白粉 水	400 ~ 700 1 000 600 8 000	将以上成分混合调制成膏状即可使用	

表 2-22 有机溶剂脱漆剂的配方及用途

序号	名称	组成成分	用途
1	T—1 脱漆剂	醋酸乙酯、丙酮、乙醇、苯、石蜡	要用于清除油脂漆、酯胶漆、酚醛漆的旧漆层
2	T—2 脱漆剂	酮、苯、醇、酯类等混合组成	脱漆作用比 T—1 效果好，用于清除醇酸漆、硝基漆的旧漆层
3	T—3 脱漆剂	二氯甲烷、有机玻璃、甲苯、石蜡及有机酸混合组成	毒性小、脱漆速度快，适用于脱除油基漆、醇酸漆、硝基漆等。对环氧漆、聚氨酯漆等效果差
4	自行调配 脱漆剂配方 （质量）（份）	苯 40 杂醇油 30 乙醇 15	将物件浸泡 1 h 后即可脱落，主要用于金属面层旧漆层
5	脱漆剂 （自行配方） （份）	（甲组） 二甲苯 139 矿物油 55.5 油酸 22.1 （乙组） 氢氧化钠 2.1 水 80 三乙醇胺 4.9	将乙组微微加热，加入甲组迅速搅拌均匀，用于一般清漆旧涂层脱除
6	脱漆剂 （自行配方） （g）	二氯甲烷 65 ~ 85 甲酸 1—6 苯酚 2—8 乙醇 2—8 乙烯树脂 0.5—2 石蜡 0.5—2 1—4	此配方脱漆效果好，适用于氨基漆、丙烯酸、酚醛、醇酸、环氧有机硅、聚酯等旧漆层。使用时将脱漆剂涂刷在漆层表面，经数 10 min 后漆层溶胀即可清除
7	脱漆剂 （自行配方） （份）	T—1 8 乙醇 10 苯酚 5	先将苯酚加热熔化，在 40 ℃下加入 T—1 脱漆剂，然后加入乙醇、氨水搅均匀，可用于油基漆、树脂漆等大多数旧漆层脱漆

（3）火焰处理法。利用喷灯高温将漆层表面软化、焦化，然后用刃具将旧涂层除掉。此方法较为简便，经济实用，清除效果较快，但只适用于金属表面旧漆层。对于易燃不耐热的零件表面的旧漆层，

或较精制的缺口表面的旧涂层，不能使用火焰处理方法。

本章小结

汽车涂料是指涂装在轿车等各类车辆车身及零部件上的涂料，一般指新车的涂料及辅助材料和车辆修补用涂料。汽车涂料是涂料家族中的一种，跟一般的涂料一样，汽车涂料一般由成膜物质（树脂）、助剂、颜料、溶剂组成。汽车和摩托车是现代化的交通工具，其外表的 90% 以上是涂装表面。涂层的外观、颜色、光泽等的优劣是人们对汽车质量的直观评价。因此，它将直接影响汽车的市场竞争能力。本章节重点介绍了汽车涂装相关内容、汽车用涂料及其工具，涂装是提高汽车产品的耐腐蚀性和延长汽车使用寿命的主要措施之一。所以，无论是汽车制造还是汽车维修行业，都将汽车表面涂装列为重要的工作。

通过本章的学习，使读者对汽车涂装技术得到进一步理解，为后面的学习及工作打下了良好的基础。

课程思政

中国车用涂料与涂装——环保、智能、高质量发展

中国汽车产销量连续 13 年蝉联世界第一，2021 年结束了自 2018 年以来产销量连续下滑的局面，全年汽车产销量稳中有增，销量达到 2 627.5 万辆，汽车产业展现出强大的发展韧性和动力。

水性、高固、粉末涂料等环保功能型涂料在汽车涂装中的应用，以及紧凑型涂装工艺仍是未来的研究重点。自 2011 年以来，中国已经成为全球工程机械产销量最大的国家之一，工程机械是工业涂装 VOCs 治理的重点行业，在各级政府的 VOCs 治理文件中被单独列出，因此低 VOC 涂料的推广应用备受关注。未来轨道交通涂料市场特别是高铁涂料市场将维持较高的增长水平，轨道交通涂料涂装除了要满足环保的要求，功能性要求也不断提高。不断出台的环保政策将对汽车、轨道交通和工程机械用绿色涂料与绿色涂装提出更高的要求。

（资料来源：https://www.cn-pci.com/a/485.html　内容有删改）

思考练习

1. 试分析汽车涂装的作用。
2. 如何进行涂层的划分与选择？
3. 底漆的选择依据有哪些？

第三章

汽车涂装工艺的认知

本章导读

随着汽车技术不断发展，人类对汽车颜色要求其产生不同的价值观。不同油漆品种也出现了涂装工艺技术上的大改进，由于汽车经常在不同的环境中使用，其表面会受到风吹日晒、酸雨侵蚀等。同时车辆在行驶中容易沾上灰尘、泥土、焦油和沥青等污物，如果不及时清洁护理，容易引起锈渍。因此在汽车的使用中，需要定期地对汽车车身进行护理，对汽车进行必要的涂装，在减少外界有害物的侵蚀同时，保持车身清洁美观，延长汽车的使用寿命。

学习目标

1. 认知汽车涂装工艺流程。
2. 了解常用底漆的基本性能。
3. 熟悉底漆的涂装工艺。
4. 掌握漆膜损伤程度评估方法。
5: 掌握车身（板件）的正确遮蔽。
6. 掌握原子灰、中涂漆、面漆的涂装工艺。

第一节 汽车涂装工艺概述

一、认识汽车涂装工艺

车身刷涂密封工艺

汽车涂装工艺是指从开始准备到底材处理、中涂施工、面漆喷涂和漆面微修复的整个施工工艺过程。不同的车辆、不同类型的损伤漆膜及采用不同的涂料，其涂装工艺是不同的。总体上，汽车涂装工艺分为新车制造涂装和汽车修补涂装两大类。

汽车涂装的发展在 1985 年以后进入一个新的阶段，即净化工程阶段（防止公害）。为了环保，汽车涂装多采用环保型涂料（如水性漆），并采用无铬钝化或以高磷化膜的磷化处理代替表面钝化等；在喷涂工艺方面，采用全自动喷涂（包括适用于水性漆或金属漆等导电型漆的静电喷涂）、湿对湿喷涂，水性底漆、面漆吹干水分后喷涂水性漆或溶剂型涂料统一烘干。

新车制造涂装是指对新车车身各部件进行原始涂装处理的施工工艺过程。新车制造涂装工艺发展到现在已经达到了一个相当高的水平，对底材的防腐蚀性能和面层的装饰性处理工艺都已经非常成熟。尤其是随着各种新型涂料的不断开发和涂装设备的进一步完善，新车制造涂装这一工艺在质量和数量等方面都达到了相当的高度。

二、汽车涂装工艺流程

汽车制造厂对车身进行涂装时，通常采用以下工艺流程。

1. 化学处理

采用全浸法，将整个车身浸入碱液槽内，以清除油、脂及其他杂质，然后再将其浸入另一处理液槽内，以形成结晶的磷化锌层。

2. 底层处理

为改善车辆的持久防锈特性，重新将车辆浸入漆槽内进行电泳涂装，以便在车身内部所有部位形成高质量的底漆层。电泳涂装时，采用环氧树脂漆，如图 3-1 所示。电泳工艺为汽车涂装环节中比较重要的一项，电泳漆膜质量的好

图 3-1 电泳涂装

坏直接关系到车身漆膜的整体耐腐蚀性、外观鲜映性及使用寿命。

3. 密封

采用加压给料型密封胶枪，在各部件的焊接接缝、零件接合缝以及卷边部位涂密封胶。密封这些部位可以确保车身板件内部的水密性、防锈性、防尘性。

4. 底漆层涂装

在包括轮罩在内的车身下部区域涂聚氯乙烯（PVC）。通过此项处理，不仅可以保护车身下部不因飞石而造成破裂，还可以改善其隔声、防振及隔热性能。

5. 硬性防碎石漆层涂装

在侧门槛下部涂硬性防碎石漆层，防止因飞石撞击而造成漆层损坏。

6. 软性防碎石漆层涂装（沿海地区使用）

沿发动机罩、车顶和车门的边缘涂软性防碎石漆层，用于防止漆层破裂损坏。

7. 中间漆层的涂装

确保必要的漆层厚度，以保持包括面漆层在内的整个涂装表面的光泽和亮度。采用中控自动涂装机来确保均匀涂装。

8. 中间漆层打磨处理

打磨中间漆层表面，以改善其漆层表面的光滑度，并保证与面漆间的良好附着力。

9. 面漆处理

利用自动涂装机器人，在车身内外施涂面漆，如图 3-2 所示。对于金属色漆或珍珠色漆的车辆，在色漆涂装后，还要喷涂一层透明清漆。施涂面漆时，采用高质量的丙烯酸漆或水溶性漆，以进一步改善其防锈性能，并提高其商业价值。

图 3-2 面漆自动施涂

10. 最终检验

依据评判标准，检查涂装质量。通过外观检查与仪器测量相结合，对漆层的状态、厚度、硬度以及各漆层间的附着力进行检查。

11. 内部防锈处理

使用喷枪在需要进行防锈处理的部位上施涂特种锌基防锈漆或石蜡，以进一步改善其防锈性能。

12. 整车防锈处理

板件内侧和外侧均需进行防锈处理。利用专用的涂蜡枪，将石蜡均匀涂至背门、车门板和车身上，以保证持久的耐锈蚀性能。

第二节 漆膜损伤评估

一、损伤评估的重要性

如图 3–3 所示。这是一台漆膜受损的车辆，车面有不同程度的漆膜损伤。对这类漆膜损伤进行修复时，第一步便是进行漆膜损伤程度的评估。

正确地评估损伤程度，是确定维修成本、保证涂装质量的关键因素之一。对漆膜损伤进行了正确的评估后，才能确定修补范围，从而确定各道工序处理的范围、过渡区域、需遮盖保护的部位、需拆卸的零件等，为后续工作的正确实施及保证满意的修补质量奠定基础。

鉴别车身表面的涂层类别，在修补涂装工艺中是非常重要的。如果漆膜没有正确鉴别，那么在施涂面漆时会出现严重的问题。例如，准备修理的车身板件以前涂装的是硝基漆，那么在中涂漆后面的涂层中，所含有的稀释剂就会透入以前施涂的硝基漆，这会引起涂装表面产生“皱纹咬底”（收缩）等缺陷。为了防止发生此类问题，在处理底材时须正确鉴别涂层的类型，以便选用与其配套的涂装材料。

为了便于进行漆膜损伤评估及后续作业，首先应进行全车清洗（或对损伤区域局部清洁）。虽然涂装操作可能只针对车身的某一块板件或板件的某一部分，但仍需要彻底清洗车上的泥土、污垢和其他异物，尤其注意门边框、行李箱、发动机罩缝隙和轮罩处的污垢，避免新涂装漆膜上沾上尘点，如图 3–4 所示。

图 3–3　漆膜受损的车辆

图 3–4　汽车的局部清洁

二、涂层标准

1. 车身涂层的类型

按面漆的施工工艺，车身涂层可分为单工序面漆、双工序面漆和三工序面漆，如图 3–5 所示。

（1）单工序面漆。单工序面漆也称素色漆，其涂层结构如图 3–6 所示。单工序是指面漆仅施工一次即可获得所需颜色和光泽。形成的漆膜既有遮盖力（能遮盖住底漆颜色，呈现需要的颜色），还有一定的光泽度，并且还有很好的抗机械损伤能力。白色的普通桑塔纳轿车和红色捷达轿车多为单工序面漆。

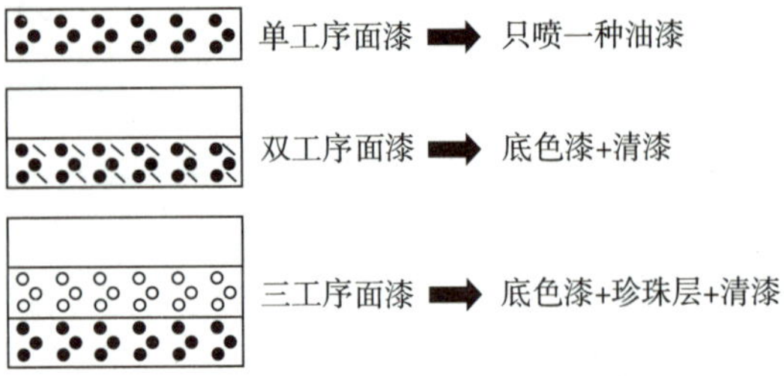

图 3-5 车身涂层工艺

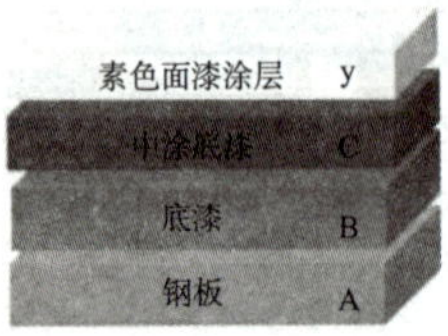

图 3-6 单工序面漆涂层结构

（2）双工序面漆。双工序面漆通常指金属漆，其涂层结构如图 3-7 所示。双工序是指面漆需要分两次施工才能达到施工要求，第一次要喷涂底色漆，底色漆为金属漆或珍珠漆，干燥以后只能提供遮盖力，展现出绚丽的金属光泽；第二次要喷涂清漆，清漆层能提供光泽度和抗机械损伤的能力。底色漆层和清漆层合起来构成面漆层，现代轿车绝大多数是双工序或多工序的面漆。

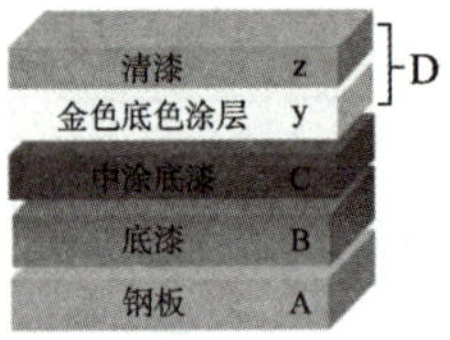

图 3-7 双工序面漆涂层结构

目前，素色漆也有采用双工序结构的，即在喷涂面漆时，第一层为素色漆，第二层为清漆。在进行漆膜修补时，操作人员通常使用原子灰。

（3）三工序面漆。三工序面漆顾名思义就是面漆层要分三次施工才能获得，通常指部分种类的珍珠漆，如图 3-8 所示。施工时第一次要喷涂底色漆，这种底色漆为没有金属颗粒的素色；第二次喷涂珍珠层，喷涂的方法和喷涂的道数有严格要求，否则会影响到涂层的颜色；第三次喷涂清漆层，喷涂方法与双工序一致。

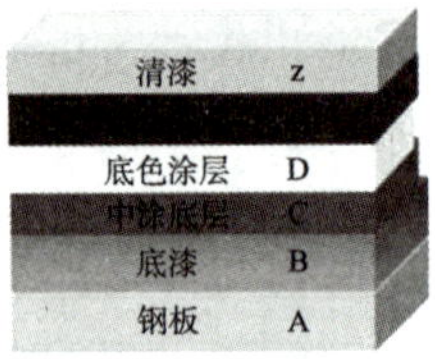

图 3-8 三工序漆膜结构

2. 车身涂层的等级

车身涂层根据汽车各零部件的使用条件、涂装要求、材质及结构的不同，又可分为若干组和若干等级，如表 3-1 所示。

表 3-1 汽车涂层的等级

分组	涂层名称	等级	涂层特性及主要指示	适用对象举例
1	装饰保护性涂层	高级或甲级	DOI 0.9 ～ 1.0，S.S 1 000 h 以上，δ 100 μm 以上	中高级轿车车身
		优质或乙级	DOI 0.6 ～ 0.8，S.S 720 h 以上，δ（80 ～ 100）μm	轻卡车身，面包车和客车车身大众化的轿车车身
		一般或丙级	DOI 0.3 ～ 0.5，S.S 500 h 以上，δ 55 μm 以上	载重汽车驾驶室，轿车车内装饰件，车身塑料件
2	保护装饰性涂层	优质，防蚀型	光泽，外观优良 S.S 500 h 以上，δ 50 以上	金属货箱
		一般，防腐型	光泽，外观良好，防腐蚀性良好	铁木混合货箱

表 3-1（续）

分组	涂层名称	等级	涂层特性及主要指示	适用对象举例
3	防蚀性涂层	特优或甲级	力学性能好，S.S 1 000 h 以上，δ 30 μm 以上	轿车车架、车轮等车下部件
		优质或乙级	力学性能好，S.S 500 h 以上，δ（20～30）μm	卡车车轮，车架等车下部件
		一般或丙级	力学性能好，S.S 200 h 以上，δ 20 μm 以上	内部件，散热器管子、弹簧等
4	保护性涂层	快干型	能快干或自干，S.S 100 h 以上，δ（20～30）μm	发动机总成车轿，传动轴总成
		防腐型	耐水性，耐酸性好	木质件
5	特种涂层	耐酸涂层	耐酸性优良，δ 40 μm 以上	蓄电池固定架
		耐汽油涂层	耐汽油性优良，δ 40 μm 以上	油箱、油精内表面
		耐热涂层	耐热性（500 ℃）优良，δ 20 μm 以上	消声器、排气管、气缸垫
		防声绝热涂层	对声音振动的阻尼性好，δ（2～3）μm	车身底部下表面，夹层内
		抗崩裂涂层	抗石击，耐崩裂性优良	轿车车身的门槛以下

注：1. 表中 DOI 为鲜映性（以车身水平面涂层的 DOI 值为准），S.S 为耐盐雾性，δ 为涂层的总厚度。第 1、2 组涂层的耐候性也应是其主要指标，即在广州、南海岛地区晒 2～3 年或使用 3～4 年，耐候性应优良（如不起泡、不粉化、不生锈、不开裂、失光和变色不超过明显级等）

汽车涂层标准是汽车产品设计和涂装工艺设计的依据，是涂层质量认可和现场质量检查的基准及指南。出于市场竞争的需要，各汽车公司都有自己独特的涂层标准，其质量指标往往高于国家的统一标准。涂层性能的测试方法一般是采用国际标准和国家标准方法，但也有很多汽车公司是采用自己制定的方法，或与材料供应厂商协商确定的测试方法。各汽车集团公司的涂层标准一般属技术机密。

3. 原厂涂层结构

汽车涂装一般属于多层涂装，按涂层（Coat）的层数及烘干（Bake）次数不同，又可分为单层（1Coat 1Bake，1C1B）、双层（2C2B）、三层（3C3B）、四层（4C4B）、五层（5C5B）和发展到今天的最高达 7C5B 等涂装体系。涂层的总厚度也由原来的 30～40 μm 增加到 130～150 μm，逐步实现了由低级到高级的过渡，能够初步满足汽车工业对不同档次车辆涂装的要求。汽车总装厂通常所采用的涂装系统可归纳为以下几类。

（1）底漆→原子灰→本色面漆。

（2）底漆→原子灰→中间涂料→本色面漆。

（3）底漆→原子灰→中间涂料→单层金属闪光漆。

（4）底漆→原子灰→中间涂料→金属闪光底色漆→罩光清漆。

（5）底漆→原子灰→中间涂料→本色底色漆→罩光清漆。

（6）底漆→原子灰→防石击中间涂料→中间涂料→金属闪光底色漆→罩光清漆。

（7）底漆→原予灰→中间涂料→金属闪光底漆→底色漆→罩光清漆。

（8）底漆→原子灰→防石击中间涂料→中间涂料→金属闪光底漆→底色漆→罩光清漆。

上述涂装系统中，第（1）类是汽车工业发展初期所采用的涂装系统，国外基本不采用了，但在我国的一些低档车辆如载货车、农用车、公共汽车等仍然采用；第（2）、（3）类在国外被用于大型车辆如巴士、卡车等中档车上，国内则用于小型面包车、各种微型车等中高档车上；第（4）、（5）类则用于轿车的涂装中；第（6）、（7）、（8）类是最近几年才发展成功的一种新型的涂装系统，其中的金属闪光底漆不同于以往的金属闪光底色漆。在这一道涂层中不含着色的透明颜料，只有铝粉、珠光粉之类的闪光颜料，而在底色漆中则仅仅含有某些透明的着色颜料，不含闪光颜料。采用这类涂装系统，涂层装饰性更为优越，外观显得更加美观、豪华、别致：铝粉和珠光粉的排列更为规整，闪烁均匀，立体感强。观察这类涂层时，明显地感受到它不同寻常的丰满度、深度，其艺术感染力更为强烈。现代轿车涂装系统中，由于板材加工成形工艺精湛，因此原子灰层多数都被取消了。典型的原厂金属漆涂层结构如图 3-9 所示。

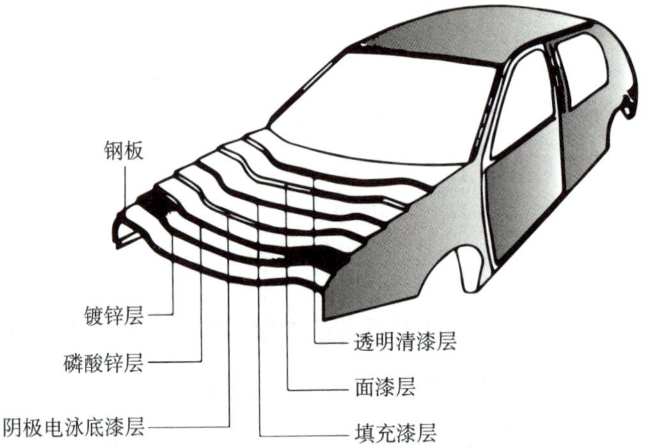

图 3-9 典型的原厂金属漆涂层结构图

4. 原厂涂层厚度

（1）单工序的素色漆。传统型（溶剂涂料）单工序的素色漆从底到面的总膜厚度为 100 ～ 120 μm，其涂层结构如图 3-10 所示。单工序水性素色漆涂层厚度为 110 ～ 130 μm，其涂层结构如图 3-11 所示。

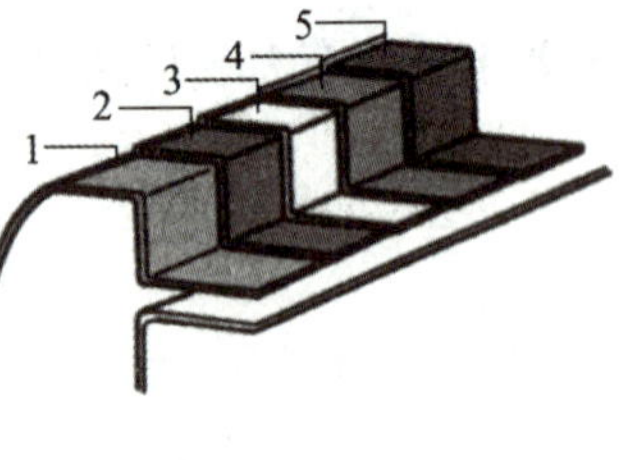

1—钢板；2—磷酸锌涂层；3—阴极电泳涂层；4—中间漆；5—单色面漆。

图 3-10 单工序素色漆原厂涂层结构

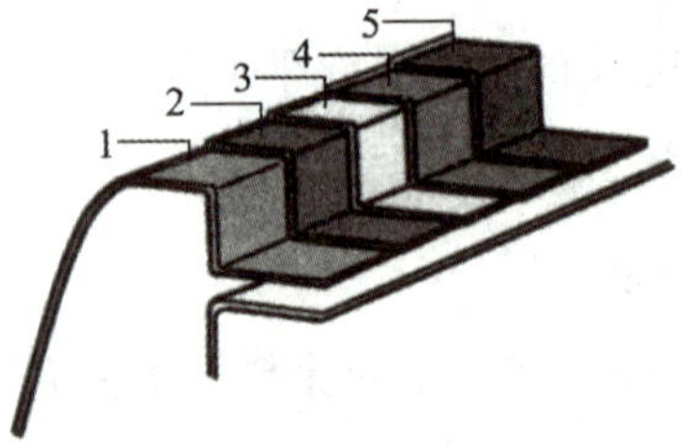

1—钢板；2—磷酸锌涂层；3—阴极电泳涂层；4—水性中间漆；5—水性面漆。

图 3-11 单工序水性素色漆涂层结构

（2）双工序的金属漆。双工序的金属漆从金属底材到表面的总膜厚度为 100 ～ 130 μm。漆膜抗刮、抗磨等机械性能好，光泽均匀，其涂层结构如图 3-12 所示。双工序水性金属漆涂层的厚度为 110 ～ 140 μm，其涂层结构如图 3-13 所示。

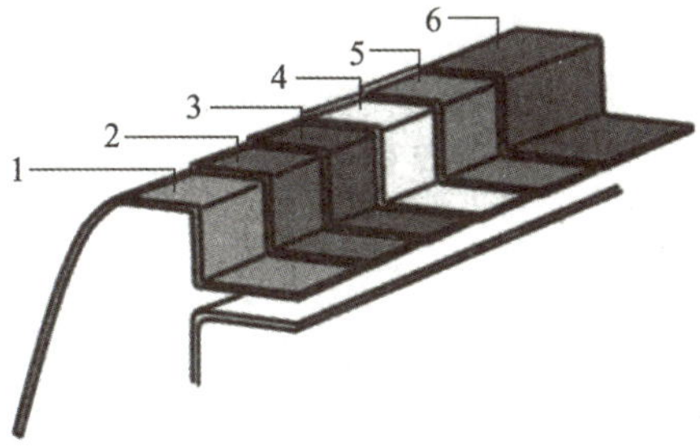

1—钢板；2—磷酸锌涂层；3—阴极电泳涂层；4—中间漆；5—金属底色漆；6—清漆。

图 3-12　双工序金属漆原厂涂层结构

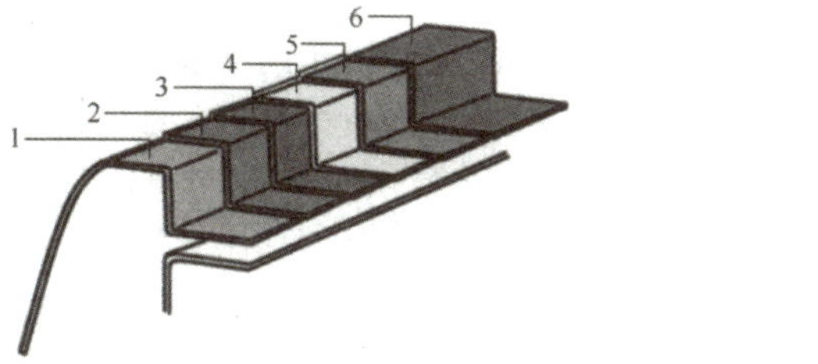

1—钢板；2—磷酸锌涂层；3—阴极电泳涂层；4—水性中间漆；5—水性底色漆；6—2K 清漆。

图 3-13　双工序水性金属漆涂层结构

5. 修补涂装后的涂层结构

修补后的涂层是指钣金修复的表面，经涂装修复后要达到与原厂涂层性能相近的漆膜。修补涂装过程所用的原材料基本上为双组分的化学反应型涂料，采用室温固化或烘烤强制固化工艺。按要求维修后的漆膜厚度约为 150 μm（不包括原子灰层），但是实际情况与维修材料和维修技师的技术水平有直接关系。如图 3-14 所示为典型的修补涂装后的涂层结构。

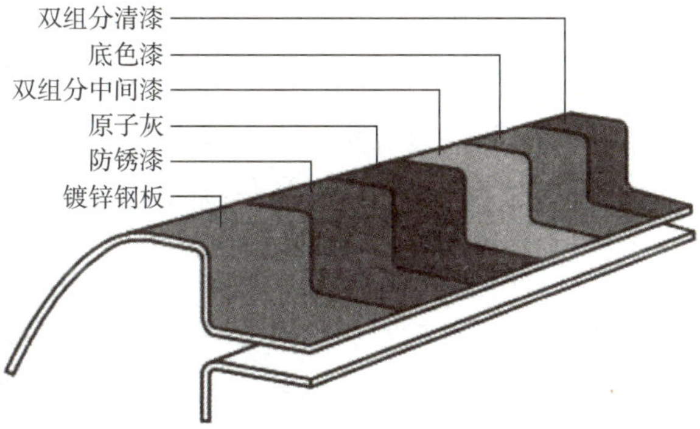

图 3-14　典型的修补涂装后的涂层结构

三、全车清洗

全车清洗的一般方法是：先用干净水冲洗表面，使用专用车辆清洗剂清洗，然后用水彻底冲净，再用压缩空气吹干。如车体较干净，而漆膜损伤区域较小，可以用擦拭纸在较大范围内进行清洁处理。

1. 劳动安全与防护

操作前，必须牢记以下劳动安全事项。

（1）必须穿好工作服。

（2）在使用高压水清洗机时，必须穿戴好护目镜（或面罩）、橡胶手套、水鞋及防水围裙，如图 3-15 所示。

（3）无论何时，禁止将压缩空气气枪对着别人。

（4）无论何时，禁止将高压水清洗机喷枪对着别人。

（5）剩余的洗涤剂、门窗玻璃清洁剂等，不能随意倒掉。

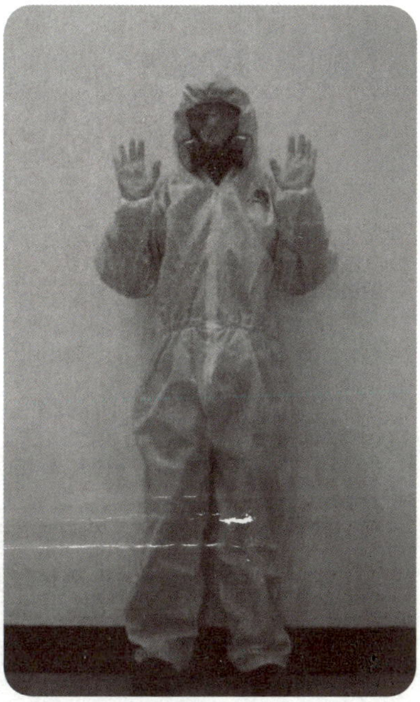

图 3-15　安全防护应用

2. 场地准备

（1）可停放大型车辆的混凝土地坪或相当于混凝土的地坪，操作、排污水方便。

（2）高压水源。最好使用冷热水高压泵。

（3）足够长度的水管，这种水管的手柄上装有控制水流的开关。

3. 设备与工具准备

（1）高压水清洗机、泡沫机、一定数量的水桶、专用洗车手套、海绵或泡沫塑料、洗涤剂、门窗玻璃清洁剂、泡沫液、喷水壶、刮水板、抹布、大毛巾、麂皮布等。

（2）空气压缩机、气管、气枪等。

4. 清洗步骤

（1）连接好高压水清洗机的电源和进水管。

（2）连接好泡沫机的压缩空气管，按规定比例从加液口加入泡沫液和水，水和泡沫液加入量可以通过观察泡沫机侧面的透明刻度管来确定。

（3）调整泡沫机的气压至规定值（泡沫机说明书建议值）。

（4）取出地毯清洗、晾干，清理烟灰盒、沙发坐垫等物品。

（5）关好车门窗。

（6）在开始清洗汽车之前将汽车表面淋湿，可以大大减少划伤汽车表面的可能性。可以用高压水清洗机，调整水枪花洒喷射水流进行清洗，如图 3–16 所示。

图 3–16 喷射清洗

（7）调整高压水清洗机为柱状水流，对缝隙和拐角等容易积存砂土的地方进行冲洗，特别是车轮上方的车身圆弧里，由于车轮滚动甩上来大量的泥沙和污物，一定要清洗干净。

（8）喷洒泡沫。喷洒的泡沫要均匀、适量，喷洒泡沫应按从上到下的顺序来进行。

（9）戴好专用洗车手套（或用软海绵块）擦车，如图 3–17 所示。擦车的顺序是：车顶、风窗玻璃、发动机罩、保险杠、灯具、车的一个侧面（包括玻璃）、车身后部（包括玻璃、尾灯）、车身的另一侧（包括玻璃）以及车轮。

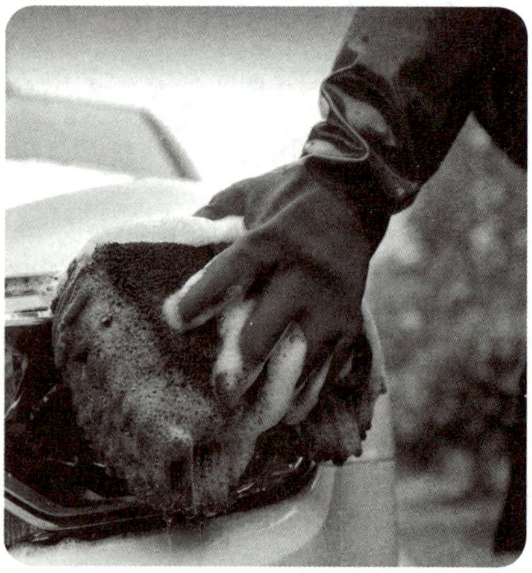

图 3–17 用专用洗车手套擦车

（10）二次冲洗。水压调低，扇面调大，冲掉泡沫即可。

（11）刮水。用刮水板将车身上的水膜刮干净。

（12）精细擦拭。用大毛巾及麂皮布将整个车身擦拭干净。

（13）吹干。锁孔、门缝、车窗密封条、后视镜、油箱盖等部位用压缩空气辅助吹干，尤其是钥匙孔里的水分更要吹干净。

四、漆膜损伤程度评估

由于碰撞造成的车身损伤外观上看较明显，关于该种损伤的分类和评价在车身钣金维修中会有详细的介绍，对于涂装维修来说不做过多要求。汽车涂装技师要掌握的是车身覆盖件的轻微变形（不需要钣金修复或者只要简单的敲打就可恢复的变形），以及车身板件的腐蚀等损伤的评估方法，如图 3–18 所示。

评估漆膜损伤程度的方法有目测法、触摸法和直尺法。

图 3–18　从不同角度评估漆面

1. 目测法

根据光照射板件的反射情况，以评估其损伤的程度及受影响的面积的大小。稍微改变人的眼睛相对于板件的位置，即可看到微小的变形和损伤。目测评估车身损伤的内容主要有观察车身有无划伤、锈蚀损伤、车身覆盖件有无凹坑和凸起变形等。

（1）对于板件外表破损形成锈蚀的部位，一般都会有红色或黄色的锈迹，比较容易观察到，如图 3–19 所示。需要注意的是，有些锈蚀是从板材的底部开始的，尤其是经过车身修复的部位，从外表看不到锈迹，只是在板件表面有不规则的凸起。把凸起部分敲破就能看到板材的锈蚀情况。一般情况下，已经在板件表面产生凸起的，基本上板材都已经被锈蚀穿了。修复锈蚀损伤时，必须要处理到金属板材，并做防腐处理。

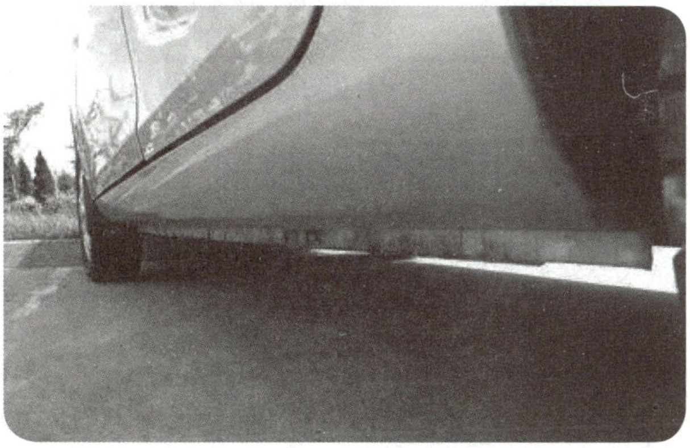

图 3–19　车身锈蚀

（2）观察车身覆盖件的凹坑和凸起变形。根据光线照射到不同形状板件后反射的情况进行判别。观察时目光不要与板件垂直，而是有一定的角度，角度的大小根据光线来调整，以能看清板件表面情况为准。如果板件表面有变形，由于变形部位与良好部位反射光线不同，眼睛就会很容易地观察到变形的部位。找到损伤部位以后，要及时做好标记，便于维修。

2. 触摸法

戴上手套（最好为棉质），从各个方向触摸受损的区域，但不要用任何压力。触摸的时候要将注意力集中在手掌上的感觉，以感觉来评定板件的不平度及漆膜损伤情况。为了能准确地找到受影响区域的不平整部分，手的移动范围要大，要包括没有被损伤的区域，而不是仅触摸损坏的部分。此外，有些损伤的区域，手在向某个方向移动时，可能比向另一个方向移动时更易感觉到。

3. 直尺法

将一把直尺放在车身与损坏区域对称的没有被损伤的区域上，检查车身和直尺间的间隙；然后将直尺放在被损伤的车身板件上，评估被损伤的和未被损伤的车身板之间的间隙相差多少，来判断损伤的情况。同时可用直尺测量损伤区域的相关尺寸，以估算损伤面积，如图 3–20 所示。

如果在用直尺进行评估时，损伤件有凸出部分，将影响评估操作，此时可用冲子或鸭嘴锤，将凸起的区域敲平或稍稍低于正常表面，如图 3–21 所示。

实际评估时，通常是各种方法综合运用，以获得准确的评估结果。评估过程中，一定要随时做好记录，以便为后续的维修方案制订提供依据。对于损伤的表面（包括做完钣金修复后的表面），如果凹陷深度不超过 3 mm，可直接进行涂装修复；如果大于 3 mm，则需要先进行钣金修整，直到凹陷深度符合要求，再进行涂装修复。

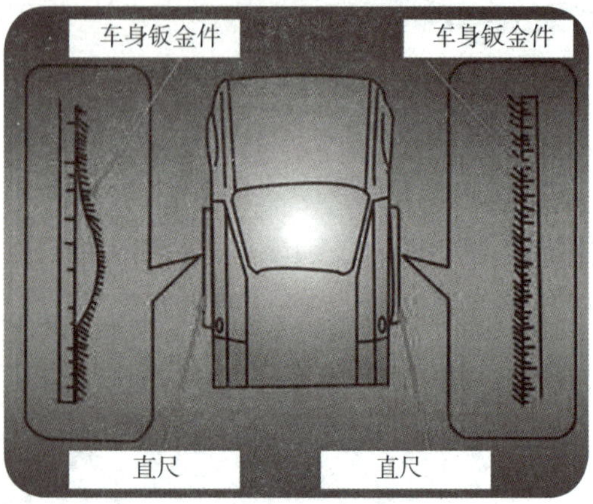

图 3–20 直尺法评估损伤程度

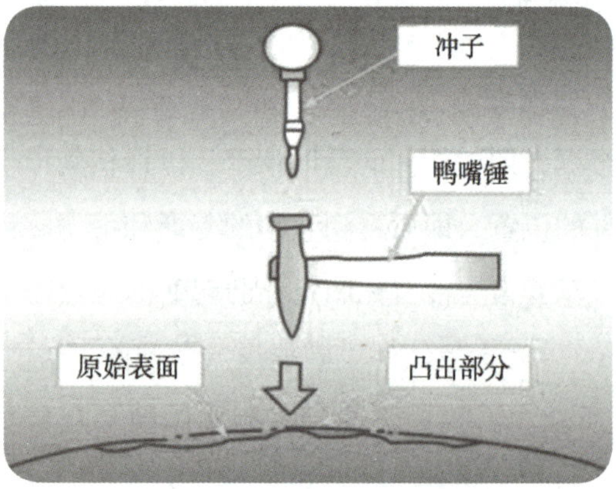

图 3–21 敲平损伤件的凸出部分

五、不同结构涂层鉴别

1. 观察法

因为单工序面漆（素色漆）中没有金属颗粒，只有颜料，比如红、白、黑、偏黄白等。漆膜外观看上去没有金属闪烁感，同时，由于面漆之上没有清漆层，立体感不强，即各方向观察颜色基本一致。

多工序面漆多为金属漆，底色漆里含有金属及金属氧化物颗粒，比如铜、铝、氧化铜等。阳光反射后，其有明显的金属闪光感。加上透明的清漆层对光线的折射作用，使漆面富有立体感。如果角度合适还会发生光线干涉现象，使漆膜表现得更加耀眼夺目。另外，银粉呈现出与铝材或者不锈钢一样的金属闪光感，珍珠漆呈现出各自颜色的闪光感，如蓝珍珠呈现出蓝色的闪光感、红珍珠呈现出红色的闪光感。

2. 打磨法

（1）工具准备。P 2000 抛光砂纸、喷水壶、抹布等。

（2）操作步骤。①在车身涂层上选一块不显眼的位置，比如车门、油箱盖、行李箱盖等处的内侧。用P 2000抛光砂纸轻轻打磨。打磨时一定要加水湿磨，因为干磨下来的清漆也呈现灰白颜色，不容易分辨。加些水湿打磨后，磨掉的清漆就不会显示颜色了。

②观察打磨后砂纸上附着的涂料颜色，如果是带颜色的（与车身漆色相同），说明面漆是单工序的。如果打磨后砂纸上没有颜色，说明面漆是双工序或三工序漆层，打磨下来的是清漆。

3. 仪器测试法

分光测色仪是颜色测 . 量中最基本的仪器，通过测量物体的光谱反射因数或光谱透射比，计算求得样品颜色的三刺激值及其他颜色参数。它使用方便，精度高，获得表征颜色的各种参数方便，如今已经成为颜色测量行业应用最为广泛的仪器，如图 3–22 所示。使用颜色测量仪器来代替人眼分辨颜色，不仅可非常有效地提高产品质量，且高精度的颜色测量是计算机配色的前提条件。它可以显示可见光波段（400 ～ 700 nm）中物体的反射比与透射比，并可通过接口与计算机通信，给出物体反射色的光谱曲线，提高了对物体色彩的分析，从而快速地获取面漆的配方表，根据配方表中的色母种类，知道面漆是哪种类型的金属漆。

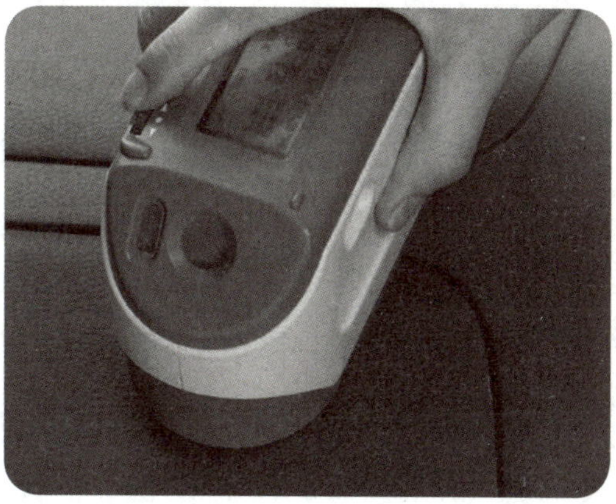
图 3–22　使用分光测色仪

（1）使用设备。分光测色仪、计算机、数据库等。

（2）操作步骤。

①清洁。汽车在日常使用过程中漆面有氧化物或者表面有许多污物，会影响颜色测量和比对效果，所以首先要对损伤部位表面进行清洁和抛光处理，以免与车身有颜色差异。

②测试。将分光测色仪贴于车身面漆表面，按“测试”键测试色漆光谱。然后连接计算机生成颜色配方，就可以根据配方中的色母知道是哪种类型的金属漆。

4. 计算机查询法

打开计算机的配方查询系统，输入车型、生产日期、颜色代码，然后按“回车”键查询。根据查询的配方，就能知道所用的色母类别，从而知道面漆是哪一类金属漆。

六、不同类型漆膜鉴别

1. 溶剂擦拭法

用普通的硝基稀释剂在原涂层上进行涂抹擦拭，通过观察有无溶解现象判别原涂层是否为溶剂挥发干燥型涂料。检查时使用白色的除油布浸适量的硝基稀释剂在破损涂层周围或在车身隐蔽处轻轻擦拭，如果原涂层溶解，并在布上留下颜色痕迹，说明原涂层属于溶剂挥发干燥型涂料。如果原涂层不溶解，说明原涂层属于烘干型或双组分型涂料。丙烯酸聚氨酯型漆层不易溶解，但稀释剂会减少漆面光泽。若原涂层为溶剂挥发干燥型涂料，则在修补喷涂时要充分考虑新涂层中的溶剂成分是否会溶解原涂层，造成咬底等漆膜缺陷。

2. 加热判定法

加热判定法可用来判别原涂层是热塑性还是热固性涂料。如果原涂层为热塑性涂料，则在修补喷涂时应选用同类型的涂料，或将旧涂层完全打磨掉后再进行涂装。用红外线烤灯对漆膜进行加热，注意控制加热温度，过热易损伤漆膜，如果漆面有软化现象则可证明为热塑性涂料。

3. 硬度测定法

由于各种涂料干燥后漆膜的硬度不同，大体上看，双组分型涂料和烘干型涂料硬度较高，而溶剂挥发干燥型涂料硬度较低，所以可使用硬度计测量漆膜的硬度来进行区分。

4. 厚度测试法

各种涂料由于性质不同，其涂层厚度是不一样的，所以可通过用膜厚仪测定漆膜厚度来判定涂料的大致类型，如图 3–23 所示。但是这种方法测定结果不是十分准确，它主要用来检测漆膜的损伤。因为修补过的涂层厚度基本都会超过 150 μm，要比原厂漆膜厚，但这种方法不会损伤漆面。

图 3–23 膜厚仪

5. 计算机检测仪法

利用计算机调色系统可直接获得原车面漆的有关资料，这是目前涂装行业中普遍使用的检测方法。此方法方便快捷，只需利用原车车身加油口盖，仪器很快就能准确无误地判别面漆的类型。

知识拓展

漆膜是否经过修补涂装的判定

1. 打磨法

（1）从整块砂纸上裁下一小块砂纸（粒度为 P 60）。

（2）在漆膜受损区域内选一小块漆面，用打磨垫配合对漆膜进行打磨，直到露出金属。

（3）通过涂层的结构可以看出这辆汽车是否曾经进行了修补涂装。用砂纸打磨漆膜，如图 3–24 所示。经过打磨，漆面内部有原子灰涂层，由此可以判断过去曾补涂过。

2. 测量涂层厚度法

用膜厚仪测量车身涂层厚度，如果涂层厚度大于新车涂层的标准厚度，说明这辆汽车曾经进行过修补涂装。

3. 磁力检测法

磁力检测法只适合检测磁吸性材料（主要是钢板）。用软布包好磁铁，在确定没有损伤的钢板件表面做磁吸性检测，感觉磁吸力的大小；然后在需要检查的部位做吸附测试，感觉磁吸力的大小。如果感觉测试区域的吸力明显小于完好区域的吸力，则可判定测试区域做过修补涂装。因为修补涂装后的漆膜较厚，特别是原子灰层对磁力的导通性较差。

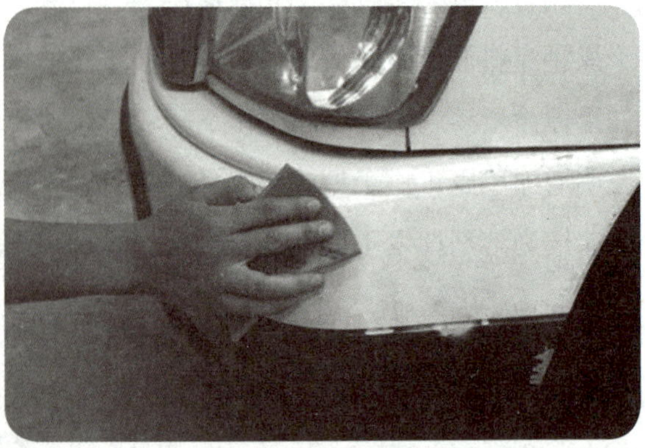
图 3–24 用砂纸打磨漆膜

第三节 底材的处理

一、底材处理的目的

1. 能够保证涂层质量

根据被涂物的用途、材质、要求和表面状况，采取不同的与之相适应的处理方法。如经脱脂、除蜡和除锈的黑色金属，可首先在其清洁的表面进行磷化处理，这样既可防止金属腐蚀，又能增强对漆膜的附着力。铝、镁等轻金属，可进行阳极氧化处理，汽车车身上使用较多的铝及镀锌板也同样可做磷化处理。表面处理完毕，加上合理选择涂料、正确的施工工艺和适当的使用环境，能在很大程度上延长漆膜的使用寿命，发挥涂料的保护作用。

2. 能够增强漆膜在底材上的附着力

附着力的强弱虽与涂料的品种、质量及合理选择配套有关，但表面处理的好坏也是一个关键，若表面不清洁，存在水、油、粉尘、氧化皮、锈、蜡及其他污物或不牢固的旧漆膜，那么就会使新漆膜附着不牢、起泡、开裂和脱落，使金属与空气中的有害气体、水分接触而发生腐蚀造成损坏。表面处理的目的就是要清除这些有害物质，并使其表面具备涂装所要求的表面粗糙度，增强漆膜与底材的附着力，使漆膜牢固地附着在底材上，从而提高漆膜的使用寿命。

3. 能够提高漆膜的耐蚀能力

金属表面的水、油、锈及其他污物会降低涂料的耐蚀性，它们存在于漆膜与被涂物表面之间，会起到腐蚀金属表面和破坏漆膜的作用。如果铁锈不清除干净，那么就会在漆膜下促使钢铁材料进一步腐蚀并逐渐膨胀，最后导致漆膜开裂或剥落，使钢铁材料与空气、水分和有害气体接触，金属表面很快被腐蚀。若表面处理干净，达到涂装前的技术要求，则表面耐蚀性大大增强，漆膜的使用寿命也大大提高，底材也可得到有效的保护。

4. 能够改善涂层的外观

车体表面未处理或处理不彻底，涂装后会产生缺陷，如被涂面油污会使喷涂上去的新漆膜产生缩孔（鱼眼）、脱皮；蜡质会使新漆膜不干、回黏、产生针孔；铁锈、氧化皮会使漆膜起泡，影响车辆外表美观，失去涂料的装饰作用和保护作用。

二、常用处理工具

1. 手工清除工具

常用手工清除工具主要有铲刀、尖角锤、毛刺刮刀、粗锉刀、钢丝刷和刮铲等，如图 3-25 所示。手工除锈的效率低，劳动强度大，但设备简单，不受施工条件和工件形状的限制，一般用于批量小、形状不规则的金属件表面铁锈或旧漆层的清除。

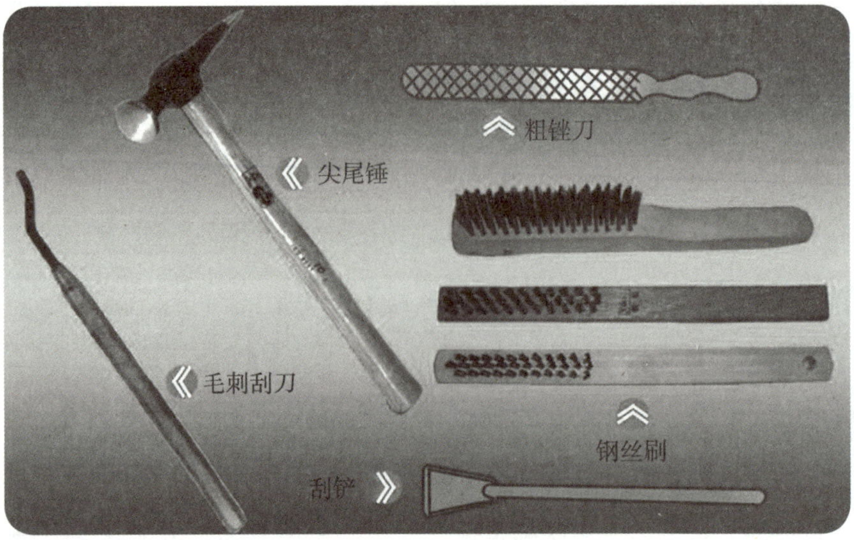

图 3-25 常用手工清除工具

2. 机械清除工具

机械清除工具包括打磨机和喷丸机等。打磨机工作时以压缩空气或电力作为动力源，驱动打磨头旋转或移动，与砂轮、圆形钢丝刷、砂布、砂纸等磨具配合使用，实现对表面旧漆层或铁锈的清除。此类旋转或移动式打磨清除工具适用于表面平整部位的处理，相对于手工清除工效高，但仍存在劳动强度大的缺点。按驱动方式不同，打磨机可分为气动打磨机和电动打磨机。其中气动打磨机应用最广泛。气动打磨机有单作用打磨机、双作用打磨机和轨道式打磨机。

气动磨光机主要用于磨光毛刺、清除旧漆层、修整焊缝等手工难以磨光的部位，其磨头是不同形状的砂轮。在清除旧漆层时使用最多的是便携式水平打磨机（角磨机），如图 3-26 所示机型。

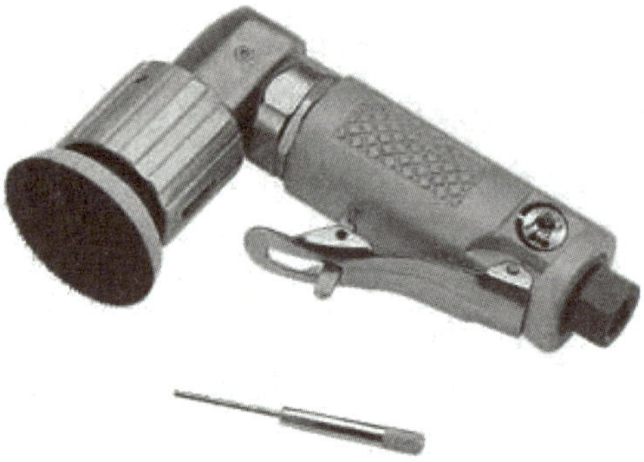

图 3-26 便携式水平打磨机

各种气动打磨机的用途如表 3-2 所示。

表 3-2 各种气动打磨机的用途

打磨机类型	适用范围	一般用途				
		清除旧漆	打磨薄边	粗磨钎焊表面	粗磨聚乙烯油灰层	打磨金属油灰层
圆盘打磨机	适用狭窄部位	优先选用	尽量不用	可以选用	尽量不用	尽量不用
复合打磨机		可以选用	优先选用	尽量不用	优先选用	优先选用
轨道打磨机		可以选用	可以选用	尽量不用	优先选用	优先选用
直线打磨机	适用宽敞部位	可以选用	尽量不用	尽量不用	可以选用	优先选用
板式打磨机		可以选用	尽量不用	尽量不用	可以选用	优先选用

喷丸机有标准喷丸机和回收型喷丸机两种基本类型。标准型喷丸机一般用于室外作业，可回收型喷

丸机一般用于室内作业。喷砂设备的示意图如图 3-27 所示。

3. 手工清除车身表面旧漆

手工除漆法也称手工打磨法，就是用铲刀、砂纸等把旧漆膜除掉，并用砂纸、钢丝刷将铲后留在表面的漆层、粗糙口子打磨干净。铲刀用于旧漆膜有剥离或裂纹处，以刀尖部插入剥离层间或缝隙处，可以一块一块地铲掉旧漆膜。对于黏结较实的旧漆或凹槽、拐角等特殊部位，可配合使用其他手工工具清除。这种方法简单，但劳动强度大，工作效率低，是涂装施工中常用的方法，也是部分清除旧漆膜的唯一方法。

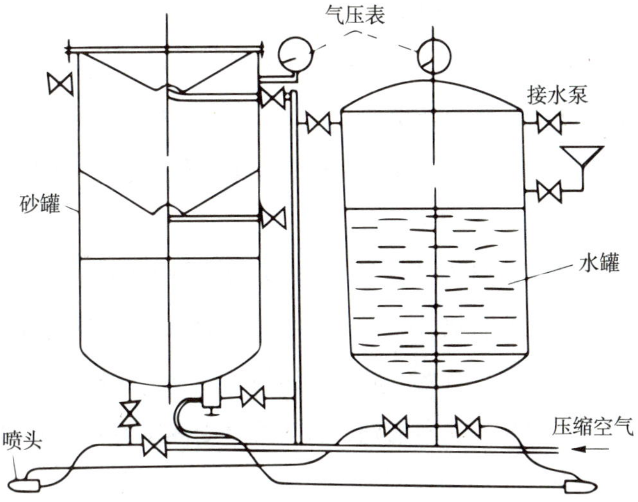

图 3-27 喷砂设备的示意图

（1）裁剪砂纸。根据打磨的需要，将砂纸裁成适合打磨的大小。国内外一些汽车修理厂普遍采用以下几种方式，如图 3-28 所示。

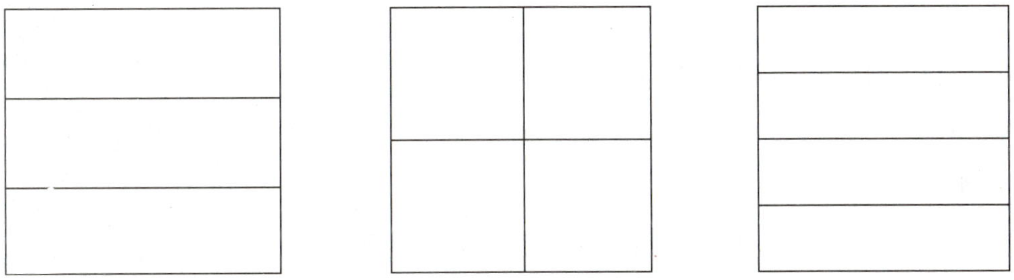
图 3-28 砂纸的裁剪

①对于小面积打磨，将砂纸裁成原来的 1/3，将这 3 条砂纸叠成 3 叠，这样每一叠就有 3 片砂纸厚，打磨起来比较顺手。当打磨的砂纸面被磨平时，就更换新的一面继续打磨。

②对于大面积打磨，将砂纸裁成原来的 1/4，这是漆工普遍欢迎的尺寸，因为这种形状操作方便。

③标准打磨，一般情况下用 7 × 23 cm 的砂纸固定在打磨块上进行打磨。

（2）砂纸与磨块的配合。

①将砂纸裁成适合磨块的尺寸，长度与磨块长度相当，宽度为磨块宽度加上 2 倍磨块厚度。

②将砂纸平贴于磨块下面，两边多出的部分向上折，贴靠到磨块边缘以便用手握住。

③将磨块平放于打磨表面，向前后及左右移动。

④打磨时，磨块须保持平移，用力要适当。

（3）手工打磨时的姿势。手工打磨的姿势应该以舒服、顺手为原则。对于较大表面，最好是采用拇指和小指夹住磨块，中间三指配合手掌用力地握紧。

（4）打磨时的力度。

①尽量轻地握住砂纸。

②避免用力压砂纸。

③打磨时施加于表面的压力仅仅限于手掌的重量。

④有时还必须经常改变打磨姿势，以适应不同部位的表面结构。

（5）打磨手法。

①手指打磨法。在对汽车某个特殊的部位进行打磨时，有时需要将手掌稍微抬起来一点，将重量加到手指上，进行所谓手指打磨，有时甚至还要将手掌再抬一点，将重量加到指尖上，用指尖进行打磨。

②画圈打磨。用手指按住砂纸，在一个小范围内快速作圆周运动进行打磨。这种画圈打磨方式不得用于直径大于 25 cm 的缺陷。

③交叉打磨法。在打磨较大面积的表面时，最好采用走直线的方法。在过渡区对相邻表面打磨时，应采用交叉打磨法，如图 3–29 所示。就是打磨时经常地改变打磨方向，因为这样操作获得的基材表面较平整。改变打磨方向可以起到和切削差不多的作用，砂平表面的速度最快。如果以 90° 角改变方向，就无法采用交叉打磨法，这主要是受汽车表面绝大部分结构所限。只有在角度为 30° 或 45° 时才有可能改变方向。

（6）手工干打磨的操作工艺。

①选择合适的磨料，采用氧化铝磨料的疏式砂纸比较适合干打磨，粒度为 60#。

②准备好气枪，将气枪连接到压缩空气管道上。

③戴好面罩。

④裁好砂纸。

⑤无论是打磨大的还是小的面积，用粗砂纸打磨 50% ～ 75%，然后用细砂纸进行精加工。粗砂纸打磨的目的是尽快砂掉旧漆膜、腻子、锈斑、大块的底漆等。

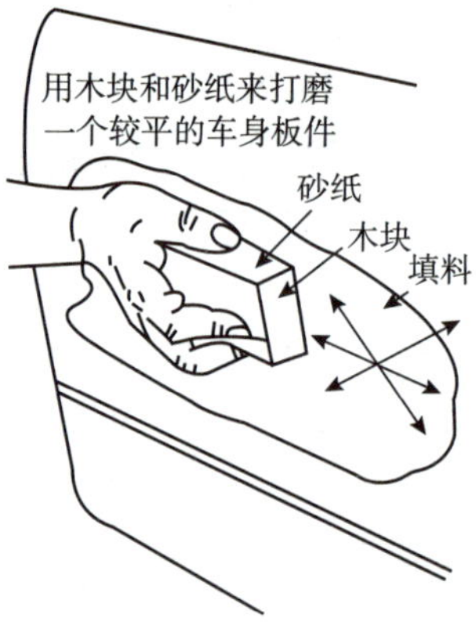

图 3–29 交叉打磨法

⑥打磨时来回的行程应长而直，如果掌心没有平压在表面上，手指就会接触到打磨表面，这将导致手指与表面之间受力不均匀，所以应避免手指接触打磨表面。

⑦打磨时也不要进行圆周运动，否则会在表面涂层上产生可见的磨痕。为了获得最好的打磨效果，应该始终在与车身轮廓相同的方向进行打磨；也可采用 45° 角方向交叉打磨。此时如果进行的是大面积的打磨，则应该分成块，一块一块地进行打磨。每一块面积最好不大于 0.1 m^2。不得将身体的重量支撑在砂纸上，而只能轻轻地压着砂纸进行打磨。

⑧用手摸、眼看检查打磨是否符合要求。

注意：如果打磨的表面经过钣金处理，表面凸凹不平，则旧的涂层需完全清除掉，以便打腻子；如果打磨表面没有经过钣金处理，表面平整，只是旧漆膜损坏，则应打磨到原封闭底漆层；若由于失误将封闭底漆打磨过度，则应重新喷涂封闭底漆。

⑨用 180# 或 220# 砂纸对涂有底漆的表面进行精打磨。若砂纸上黏了底漆，应及时用气枪吹干净或用刷子刷掉。

⑩采用黏性抹布或气枪对整车进行清理。

⑪砂光。砂光是对损伤部位周围区域（过渡区）的表面进行处理，使表面无光、粗糙。这样新喷的漆膜才能牢固地黏附在表面上。

⑫砂薄漆膜边缘。所谓砂薄漆膜边缘是指在已破坏的漆膜周围，将完整漆膜的边缘打磨成逐渐变薄的平滑过渡状态，当待修补漆膜的破坏程度还没有深入到金属基材时，则这里的薄边要求更为精细、平滑，为无痕迹修补创造前提条件。如果除旧漆部位原涂层较厚（经过修补），并且准备施涂腻子，则可用 80# 砂纸进行砂薄边缘操作。

4. 机械法除旧漆、除锈

（1）打磨机清除车身表面旧漆。打磨机除漆是指采用专用电动（气动）打磨机来进行清除旧漆的方法，一般用于小面积的旧漆膜剥离。由于采用电动（气动）工具，使工人的劳动强度降低，除漆效率高。电动打磨机在剥离涂膜作业时，如果使用的是硬的打磨头，要保持与涂膜表面相平行，否则会在金属表面留下划痕；如果是软性打磨头，与涂膜表面的接触方式应采用的方式如图 3-30 所示。

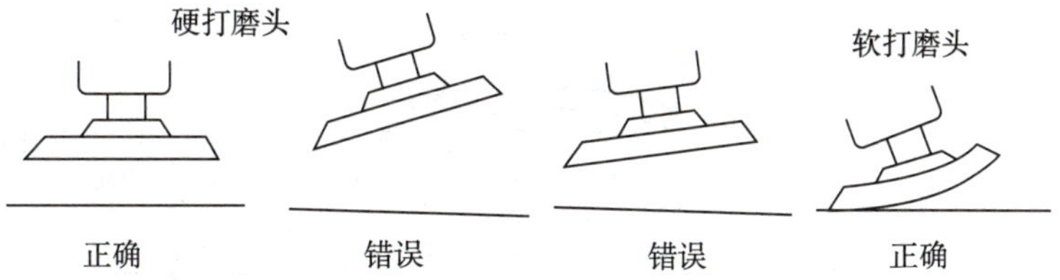

图 3-30 硬性打磨头与软性打磨头的使用方式

①穿戴好安全劳保用品。

②戴好手套，然后轻轻地摸一遍待打磨表面，这有助于操作工人决定如何进行打磨。

③握紧打磨机，打开开关并将其以大约 5 ～ 10° 角移向待加工表面。

④使打磨机向右移动，叶轮左上方的 1/4 对准加工表面，如图 3-31 所示。

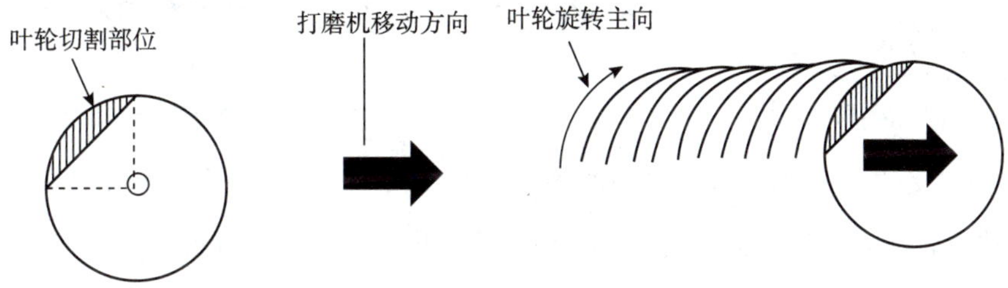

图 3-31 打磨机向右移动操作方式

⑤当打磨机从右向左移动时，叶轮上方的 1/4 对准加工表面，如图 3-32 所示。

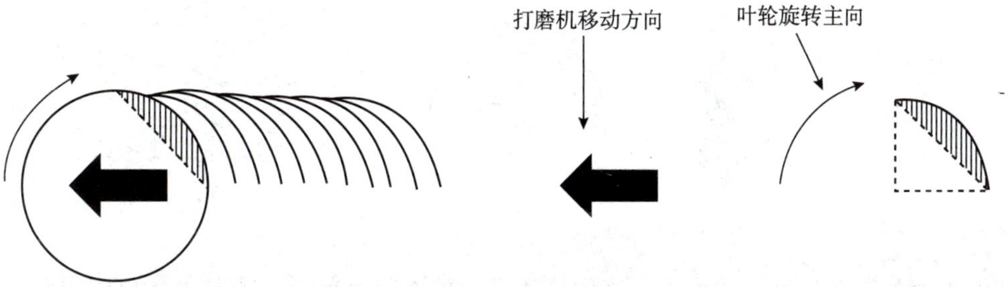

图 3-32 打磨机向左移动操作方式

⑥打磨较为平整的表面时的移动方式如图 3-33 所示。

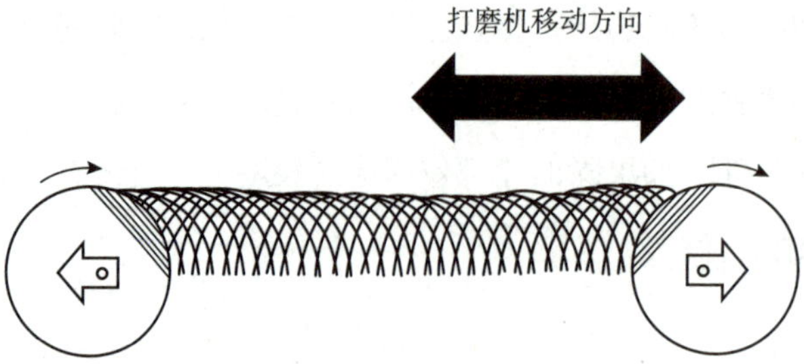

图 3-33 打磨较为平整的表面时的移动操作方式

⑦对于较小的凹穴处，应采用如图 3-34 所示的方法。

（2）羽状边打磨操作。清除了涂膜的边缘是很厚的，为了产生一个宽的、平滑的边缘，使施涂的各涂层平和过渡，可以将涂膜的边缘打磨，也称为磨缘。正确的磨缘操作示意图如图 3-35 所示。

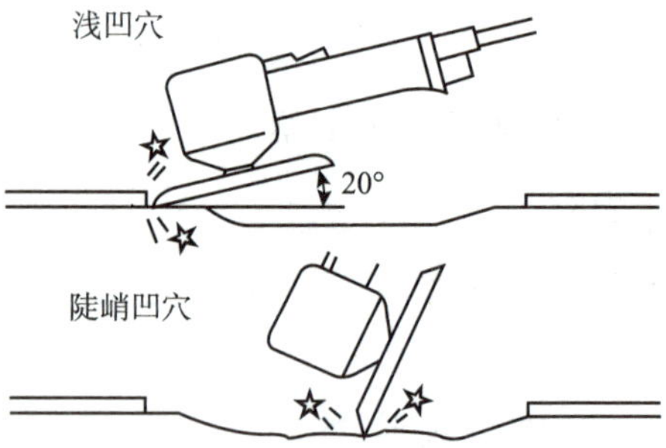

图 3-34 打磨小凹穴的操作方式

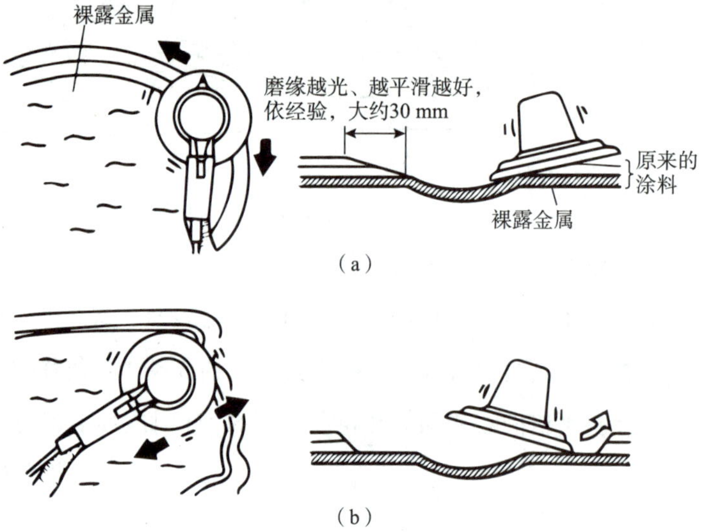

图 3-35 正确的磨缘操作示意图

（3）砂光。砂光是对经过粗打磨的表面所做的一项精细加工，目的是获得更加平整的表面。

①将旋转着的砂轮前方对着表面，而后方稍稍离开表面。保持这个方位，上下移动打磨机进行打磨。每一道磨痕之间覆盖面积为 50% ～ 60%，如图 3-36 所示，这将有利于砂平作用。

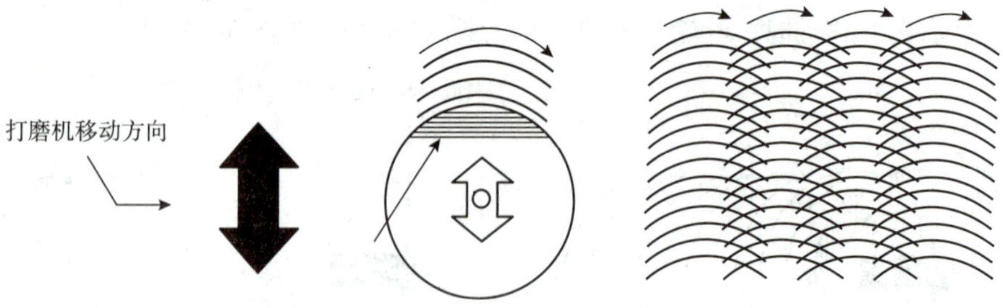

图 3-36 砂光操作时砂轮叶片的移动方向方向

②用戴着手套的手在打磨过的表面上来回摸一下，检查打磨效果。重复上述打磨过程，直到完成打磨工作的 3/4 左右为止。

③更换细砂纸。

④重复打磨操作，先打磨，后砂光，直到表面达到所要求的平整度为止。

⑤清洗车身。

（4）清洁、除油。油污清除的难易程度与油污组成的物理化学性质有关。动植物油可以皂化，可用皂化、乳化和溶解作用除去；矿物油不能皂化，主要靠润湿、乳化、溶解、分散等作用除去。

5. 喷砂（喷丸）除漆法

该方法是利用压缩空气、高压水流、机械离心力将磨料、砂子、金属弹丸喷射到旧漆面上，借冲击和摩擦作用来清除旧漆。该法还可清除金属表面的锈蚀，但由于砂粒和金属弹丸会损伤铝、塑料等基材，所以不能在上述基材的构件上使用。近来，随着塑料砂球的出现，几乎所有类型的表面都可用喷砂工艺脱漆。

（1）砂子的选择。一定粒度的二氧化硅（也叫石英砂）或河砂最适合汽车表面除旧漆及除锈操作。有些呈圆球体形状的砂子只适合砂光操作。磨料的物理性能、材质、形态、硬度、粒度、喷射速度及角度等，对表面处理后的粗糙度有很大影响，如表 3–3 所示。

表 3–3　磨料粒度与处理后表面粗糙度的关系

粒径 /mm	粗糙度 / μm	粒径 /mm	粗糙度 / μm
0.5	20 ～ 30	1.5	80 ～ 90
0.8	30 ～ 40	1.8	90 ～ 100
1	50 ～ 60	2.0	100 ～ 120
1.2	60 ～ 70	0.8 ～ 1.2	40 ～ 75

（2）喷砂操作前注意事项。

①对汽车敏感部位的保护，如玻璃、塑料零件、镀铬件、汽车表面完好的涂层、特别是与处理表面相邻的区域。

②操作工人的劳动保护。要求操作工人工作前必须穿戴好工作服、眼镜、手套及帽子等。

③空气管道的直径为 0.8 cm。决不能采用 0.25 cm 的管道。

④在任何情况下都不允许把喷枪对着现场的其他操作人员。

（3）喷砂的操作工艺。

①采用压缩空气清洗砂子储罐及空气软管。

②把清洁、干燥、筛过的砂子装入砂子储罐。

③调节压缩空气压力。一般为 0.35 ～ 0.5 MPa。如果基材的厚度有限，为了防止将基材打穿，也可将压力降低。

④在开始喷砂操作之前仔细观察待喷砂打磨区。

⑤手持喷枪在一个直径为 1 ～ 3 cm 的范围内试喷一下，找到喷砂时的感觉。

⑥根据当前配置的喷砂系统决定工作速度。

⑦在喷砂打磨区来回多喷几次，喷砂距离为 0.5 m 左右，喷枪对基材的角度为 45° ～ 80°，一直喷到表面显露出金属原有的光泽。

⑧根据需要对车身内外喷砂打磨区域进行清洗。

⑨清理设备，将砂子放入密封的塑料口袋里，以保持清洁、干燥。

6. 化学除漆法

大面积旧涂膜需要清除时，采用机械法既费时间，又会引起板件变形；采用化学除漆法既省时间又不会引起板件变形。

（1）脱漆剂的选用。化学除漆法就是使用脱漆剂清除旧涂膜。在国外，一般汽车修理厂直接在市面上购买出售的脱漆剂使用。脱漆剂依靠化学作用清除旧漆膜，不同的漆膜要采用不同的脱漆剂。国外部分脱漆剂及使用范围，如表 3–4 所示。

表 3–4 国外部分脱漆剂牌号及应用

生产厂商	产品牌号	适用油漆品牌
DuPont	3 907—S 5 662—S	热塑性丙烯酸 热塑性丙烯酸
BASF F–M	830 817 815	热塑性丙烯酸 热塑性丙烯酸 丙烯酸、聚氨酯、醇酸磁漆
Sherwin–Williams	RTK210 V3K—168 V3K—773	热塑性丙烯酸 丙烯酸、聚氨酯、醇酸磁漆 丙烯酸、聚氨酯、醇酸磁漆
Martin–Senour	6 801 6 803 6 805	丙烯酸、聚氨酯、醇酸磁漆 丙烯酸、聚氨酯、醇酸磁漆 热塑性丙烯酸
PPG	DX—525	丙烯酸、聚氨酯、醇酸磁漆

国内各油漆厂也有各种型号的脱漆剂供应。例如，T—1，主要适用于油性漆、酯胶、酚醛等低档涂料；T—2 主要适用于油性漆、醇酸树脂涂料、硝基涂料；T—3 与 T—2 适用范围相同，效果优于 T—2。

（2）使用脱漆剂时要注意的问题。

①进行脱漆操作的工作间必须通风良好。

②务必避免长时间呼吸脱漆剂的蒸气，尽量避免脱漆剂与皮肤、眼睛直接接触。

③如皮肤偶然接触到脱漆剂，则尽快用清水反复清洗。如果脱漆剂偶然溅到眼睛内，则尽快用清水冲洗，并根据具体情况送医院处理。

④避免脱漆剂与热源接触，因为脱漆剂遇热就可能气化产生有毒蒸气。

⑤储存时注意密封。

（3）常用脱漆操作方法。

①按照要求把地板遮盖起来，旧报纸是最合适的遮盖材料。最好用两层，第一层用来保护地板，第二层用来接脱下来的旧漆。脏了就把它清理扔掉，再铺上新的旧报纸。

②准备好所有的工具和设备。

③按照要求用不干胶带把车身上必须遮盖的部位都粘贴起来，如发动机罩以及车门的缝隙、标牌板、车身两边的塑料件等。

④在大小合适的小桶内装入脱漆剂，用 100 mm 宽的刷子蘸脱漆剂刷到待处理表面上，尽快用刷子

把脱漆剂刷展开。注意：一定不要再刷第二遍。

⑤按照说明的要求，放置 7 ～ 10 min。

⑥7 ～ 10 min 以后，漆膜已经溶胀变软，毫无强度，可以用扫帚扫掉。具体方法是：对水平面如车顶、发动机罩、行李箱盖等的除漆，既可用扫帚清扫，也可用报纸擦；对垂直面如车身两侧的除漆，利用漆膜本身的自重，让溶胀了的涂料自行落下或扫除。

⑦如果车辆已经过数次修补，表面涂层较厚，则可分多次使用脱漆剂除漆。

⑧色漆脱掉以后，用稀释剂反复清洗表面。当稀释剂尚未完全挥发时，用干净的抹布将表面擦拭干净，每次擦拭的区域不要太大，大约 5 cm × 5 cm 左右就可以。所擦拭的每个区域之间要有一定的重叠覆盖，以免漏掉某处表面。

⑨清理地面上所铺的报纸，撕掉车身上的保护胶带。对于涂层为本色漆的车辆，最好用 60# 或 80# 砂纸打磨曾经粘贴有不干胶带的表面。对于涂层为清漆的车辆，最好用泡沫塑料或海绵蘸清漆稀释剂仔细擦洗干净。

⑩用清洗溶剂再次将整车擦洗一遍，以清除蜡的痕迹。

7. 加热法除旧漆

加热法除旧漆就是利用火焰的高温使旧漆膜软化或炭化（烧焦）从而配合铲刀等工具清除旧漆的一种方法。火焰可由喷灯、气焊枪产生，由于一般的维修厂均有气焊设备，所以气焊枪加热法最为常见。

加热法除旧漆的缺点是如果加热温度过高，板件会产生热变形，从而产生不良后果。使用中一定要注意控制加热温度，必要时可采用多层多次清除。

第四节　底漆的涂装

一、底漆概述

1. 底漆的特性

底漆即底涂层用漆，它一般直接涂覆于施工物体表面或涂于腻子表面。它是整个涂层的基础，具有以下特性。

①对经过表面处理的工件表面应有很好的附着力，所形成的底漆漆膜应具有极好的机械强度。

②底漆涂层必须具有极好的耐腐蚀性、耐水性（耐潮湿性）和抗化学试剂性。

③具有钝化金属表面的性能及对外界有优良的封闭性，防止渗水、渗氧、渗离子。

④对原子灰、中间涂层和面漆涂层的配套性应良好。

⑤具有良好的施工性能。

为具备上述特性，制造汽车底漆用的主要漆基是各种环氧树脂、酚醛树脂、醇酸树脂和一些优质水溶性树脂。醇酸树脂因耐潮湿性差，易起泡，已有被淘汰之势。此外，汽车用底漆中都加有优质的防锈颜料。

底漆涂膜的强度和结合能力的大小决定于涂膜的厚度、均匀度及其是否完全干燥。底漆涂膜一般不宜过厚，以 15 ～ 25 μm 为宜（在汽车表面装饰性要求不高，底漆上直接喷涂面漆的情况下膜厚可以在 30 μm 左右）。过厚，则涂膜干燥缓慢，还容易造成涂膜强度不够和附着力不良。

2. 底漆的种类

（1）根据使用目的分类。根据其使用目的的不同，底漆可分为头道底漆、头二道合用底漆、二道底漆、表面封闭底漆等。应用于金属件表面的头道底漆主要是防锈漆。封闭底漆在木材表面，一般作为头道底漆；而在金属件表面，大都用于二道浆层上面。

①头道底漆。颜料含量最低，填充性能较弱，具有较强的附着力，较难被砂纸打磨。由于含黏结剂较多，上层涂料容易与之牢固地结合。头道底漆施工后，只要轻轻磨去一些浮粉即可，不必仔细打磨。

②头二道合用底漆。颜料含量比头道底漆多，相对地说，黏结剂含量较少，附着力不如头道底漆强，而具有较强的填充性能，往往被用做单独的底漆，也可充做头道底漆。它可应用于具有很好平整度，而不必用腻子填嵌的工作表面上。

③二道底漆。具有最高的颜料含量，它的功能是填塞针孔、细眼等，具有良好的打磨性。在涂装过程中，腻子经打磨后，往往在表面有很多针孔、磨痕，在其表面施工二道底漆，可使这些缺陷得到补救，这与封闭底漆有着相似的功能。但二道底漆的附着力较差，所以在涂二道底漆后，必须把表面的二道底漆大部分磨去，否则会影响面层涂料的附着力，造成面层涂料的浮脆、气泡等现象。

④封闭底漆。含颜料成分较低，主要用于填平打磨的痕迹，给面层涂膜提供最大的光滑度，使面层涂膜丰满，并可防止产生失光、斑点等现象。

（2）按构成的主要树脂分类。用于制造底漆的树脂种类比较多，现在汽车涂装中以环氧树脂底漆和侵蚀底漆最为多见。

①环氧树脂底漆。环氧树脂底漆简称环氧底漆，是物理隔绝防腐底漆的代表。环氧底漆的优点：附着力极强，对金属、木材、玻璃、塑料、陶瓷、纺织物等都有很好的附着力和黏结力；涂膜韧性好，耐挠曲，且硬度比较高；耐化学品性优良，尤其是耐碱性，更为突出，对水、溶剂、酸、碱和其他化学品都有良好的抵抗力；良好的电绝缘性，耐久性、耐热性良好，如图 3–37 所示。环氧树脂类涂料也存在一定的缺点，如表面粉化较快，这也是它主要用于底层涂料的原因之一。

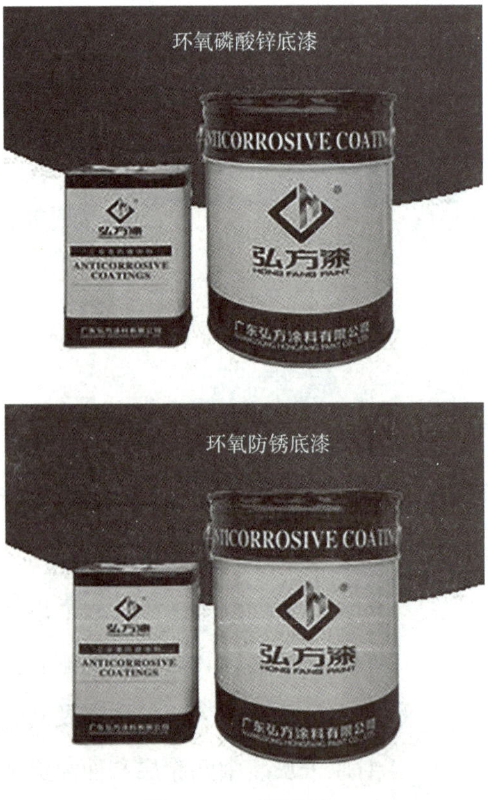

图 3–37 环氧底漆

环氧底漆使用胺类作为固化剂，胺类对人体和皮肤有一定的刺激性，因此在使用时要加以注意。以环氧树脂为主要成膜物质制成的底漆，品种较多，有高温烘烤底漆、双组分底漆和单组分常温自干底漆。汽车维修企业由于其修理的特点极少使用高温烘烤底漆。在要求较高或湿热环境下使用的车辆，一般应使用环氧底漆。由于汽车经常有强烈的冲击、振动及磨损，还要受到各种多变的气候条件及酸、碱、盐的侵蚀，需要有一种很好的保护层来抵挡。当汽车涂面要进行较大的整修工作时，双组分环氧底漆就是最佳的选择，其附着力、耐蚀性、封闭性、耐化学品性及耐碱性非常突出，而且漆膜柔韧性好、硬度高、对铝镁合金及轻金属、钢铁、玻璃钢等有极好的附着力。双组分环氧底漆的使用方法和注意事项如下。

◆适用于无尘、无油、无蜡、无锈、无水，并具有涂装允许的表面粗糙度的裸露金属（钢、板、铝材、不锈钢、镀锌钢板）及玻璃钢表面的涂装。

◆双组分环氧底漆以喷为主，也可刷涂。

◆严格参照供应商的要求调配漆料与固化剂，并在混合寿命内用完；当喷涂黏度需要调节时，最好使用供应商提供的溶剂。

◆底漆中涂漆合一的环氧底漆，喷涂一道，涂层厚度达 30 ～ 40 μm 可做防锈底漆，喷涂二道，涂层厚度可达 50 ～ 60 μm。干燥后可研磨，具体请参照供应商的要求。

◆胺固化剂对人体和皮肤有刺激性，使用时要注意安全。

◆双组分环氧底漆能与多种面漆配套，如硝基漆、过氯乙烯漆、热塑性丙烯酸漆、醇酸漆、聚氨酯漆、氨基漆和热固性丙烯酸漆等。

②磷化底漆。侵蚀底漆是以化学防腐手段来达到其防腐目的的，主要代表为磷化底漆。磷化底漆是使用时与分开包装的磷化液按一定比例调配后喷涂。磷化底漆作为有色及黑色金属的防锈涂料，能够代替金属的磷化处理，在提高耐蚀性和绝缘性、增强涂层与金属表面的附着力等方面比磷化处理层更好，而且工艺和设备要求比较简单，如图 3-38 所示。但磷化底漆涂膜很薄（8 ～ 15 μm），因此一般不单独作为底漆使用，在涂装磷化底漆后通常仍用一般底漆打底。

磷化底漆在使用时不能用金属容器调配，使用的喷枪罐也应使用塑料罐，在喷涂完毕后应马上清洗喷枪。磷化底漆施涂完毕后不要马上喷涂其他底漆，而应等待一段时间（20 ℃，2 h）后再进行下一步操作。

图 3-38 磷化底漆

磷化底漆是将金属表面通过化学反应生成一层非金属、不导电、多孔的磷化膜，一般称为转换涂层。磷化膜具有多孔性和不良导电性，使上层涂料能渗入到这些孔隙中，而不良导电性也预防了电化学腐蚀的形成。磷化底漆能提高底漆对金属表面的附着力、耐蚀性及热老化性能，可代替磷化处理，适用于各种金属（如钢、铁、铝、铜及铝镁合金等），并能耐一定的温度，可作为烘烤面漆的底漆，但由于成膜很薄，一般不能单独作为底漆使用，必须与其他底漆配套使用。磷化底漆的使用方法和注意事项如下。

◆磷化底漆可喷涂也可刷涂，喷涂工作黏度为 16 ～ 18 s（涂 -4 杯，

20 ℃），漆膜以薄为宜，厚了效果反而差。

◆磷化底漆是双组分涂料，一般分为漆料和活化剂。另外，有时还配备高黏度的活化剂。使用时应将两个组分混合后才可使用，而活化剂是专作磷化底漆配套使用，不是溶剂，用量不能任意增减。要严格参照供应商要求的混合比例调配。

◆使用前应将磷化底漆搅拌均匀，然后放入非金属的容器内，边搅拌边缓慢加入活化剂，调配后一般要放置 20 min（20 ℃）再使用（请参照供应商的要求）。调配后的磷化底漆必须在混合寿命内用完。

◆施工环境要求比较干燥，以防止漆膜发白，影响漆膜附着力和使用效能。

◆磷化底漆喷涂的底材应经过表面预处理，达到无锈、无水、无油、无旧漆膜，最好是经过喷砂处理的底材。

◆喷涂了磷化底漆的底材，一般干燥一定的时间（请参照供应商的要求）后即可喷涂其他底漆。

3. 汽车修补用底漆类型

汽车修补用底漆品种很多，可根据不同的质量要求、表面材质及配套的面漆进行选择。国产常用汽车底漆品种、性能及用途如表 3–5 所示。

表 3–5 国产常用汽车底漆的性能及用途

涂料名称	用途	配套面漆及稀释剂	特性
C06—1 铁红醇酸底漆	汽车修补涂装常用底漆		
C06—17 锌黄醇酸烘干底漆	铝镁合金等有色金属表面打底	多用于涂装要求高的汽车上，能够与硝基、过氯乙烯、醇酸等面漆及氨基烘烤漆配套。使用稀释剂为 200 号溶剂汽油、二甲苯或松节油	附着力强，返修、力学性能好，能自干也能烘干。耐硝基，过氯乙烯漆咬。缺点是耐潮性差
C06—17 铁红醇酸底漆	汽车修补涂装常用底漆		
Q06—4 各色硝基底漆	用做硝基面漆打底，使用于汽车上耐油部件表面	与硝基磁漆配套使用。使用 X—1 或 X—2 硝基漆稀释剂	涂层干燥快，易打磨
B06—1 锶黄、锌黄丙烯酸树脂底漆	对高温使用的金属设备及轻金属，如铝、镁合金等有良好的附着力和高温防腐性能	与硝基、过氯乙烯、热塑性丙烯酸树脂等磁漆配套。稀释剂为 X—5 丙烯酸稀释剂	附着力强、耐候、耐热、防潮、防锈、防腐和防霉性好
B06—2 锶黄丙烯酸树脂底漆			
H06—2 铁红、铁黑、锌黄环氧树脂漆	适用于沿海或潮湿地区的金属件表面打底。其中铁红、铁黑适用于钢铁件表面打底	与面漆的结合力差，常在两者之间加喷一层硝基或氨基底漆作为结合层。稀释剂为二甲苯，丁醇混合液	涂层坚硬、耐磨，机械强度高，若烘烤干燥，可提高涂层的防潮，防锈、防腐及耐化学品性能。常与 X06—1 磷化底漆配合使用
H06—4 环氧高锌底漆	具有阴极保护作用，能深入焊缝处，常用防腐构件的电弧打底		
H06—10 环氧高底漆	具有阳极保护作用，用于汽车底盘部分金属表面打底		

二、底漆调料工具与仪器

调料即调配涂料（油漆），是涂装施工前的重要工作准备之一，它影响到施工操作方式、涂层质量和涂层外观的装饰性能。调料是喷漆施工过程中的一门关键技术。对涂料的调配，应根据施工要求、色彩要求、涂料种类与用途的不同等因素做综合考虑。合理的涂料调配，不仅有利于提高生产效率和质量，同时对涂料用量和涂装成本也有很重要的实际意义。

1. 调料工具

常用的调料工具主要有钢錾子、钢铳子、木榔头、搅漆棒、过滤筛网（滤纸、纸制滤网、漏勺型滤网）等。调料工具如图 3–39 所示。

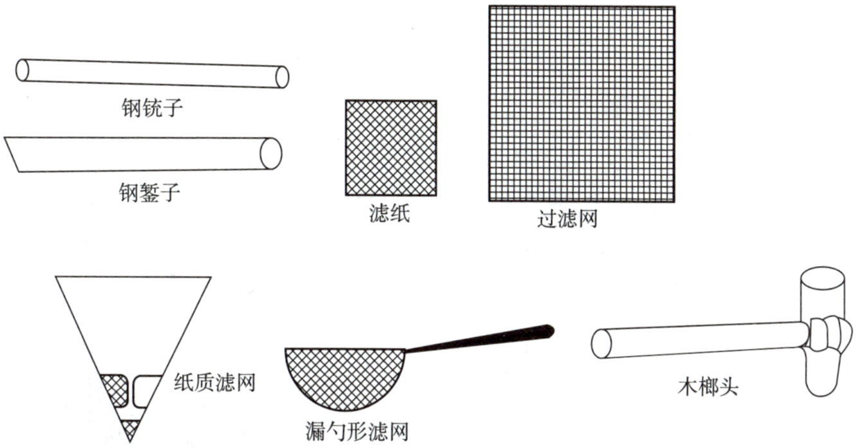

图 3–39　调料工具

（1）钢錾子。主要用于铁皮包装漆桶的开盖。因各种防锈漆、二道浆及中涂漆等，都含有较多的体质颜料，在涂料贮存过程中颜料易产生沉淀，而影响施工质量，故在使用前必须先将漆桶的顶部盖铁皮全揭开或大半揭开，以便于用搅漆棒将漆彻底搅拌均匀。开桶时，用钢錾子配合木榔头，顺桶盖的边沿，依次将顶盖打开或大半打开。

（2）钢铳子。主要用于稀料、各种色漆、清漆等的铁皮包装桶的上顶部开孔。使用时先将包装桶的密封小盖打开，然后用木榔头配合钢铳子（或粗铁钉）在密封小盖的对称边沿部位打一小孔，作为倒料时的回气孔，否则在倒料时射流不稳会出现一股一股的，易造成浪费（即在倒料时射流不稳而溢到地面上）。

（3）过滤筛网。主要用于过滤涂料，无论哪种涂料都必须过滤后才能使用。液态涂料的过滤，常用铜丝网或不锈钢丝网制的 120 ～ 180 目的网筛过滤；装饰性要求高的涂料品种，应用 180 目以上的筛网过滤；但也可以采用先粗后细的两次过滤法，来提高过滤速度。

2. 调料仪器

调料仪器是指在涂装施工之前，将油漆（涂料）稀释到合适的黏度时所使用的仪器。

在国际上通用的有两种涂料黏度计，即福特杯和扎恩杯。福特杯适用于大批量涂料黏度的测试。扎恩杯适用于修补或小批量涂料黏度的测试。

（1）福特杯。福特杯是一个底部成圆锥形的圆柱形容器。圆锥的顶部开有测量孔。视孔径的不同，福特杯又分两种规格：福特 3 号杯和 4 号杯。在实际生产中常用的是福特 4 号杯，简称涂—4 黏度计，也称“4 号”黏度杯，如图 3–40 所示。它分为台式和手提式两种。

台式涂—4 黏度计为固定型，主要使用于涂料检测室或化验室测试涂料黏度用。手提式涂—4 黏度计具有体形小、重量轻、携带方便等特点，适用于涂装施工前现场测试涂料黏度用。

涂—4 黏度计的容量杯为 100 mL，有铜制、不锈钢制、铝合金制、塑料制等多种。使用台式黏度计时，需要配合一个容量为 250 mL（其他容器也可）的玻璃烧杯和一根玻璃棒或刮漆小刀。使用手提式黏度计时，可直接将黏度杯放入漆液中进行测试。测试时，还必须备秒表（体育秒表）等。常用进口黏度计为美国福特 4 号杯（Ford cup 4），如图 3–41 所示。计量单位为秒，用字母“s”表示。

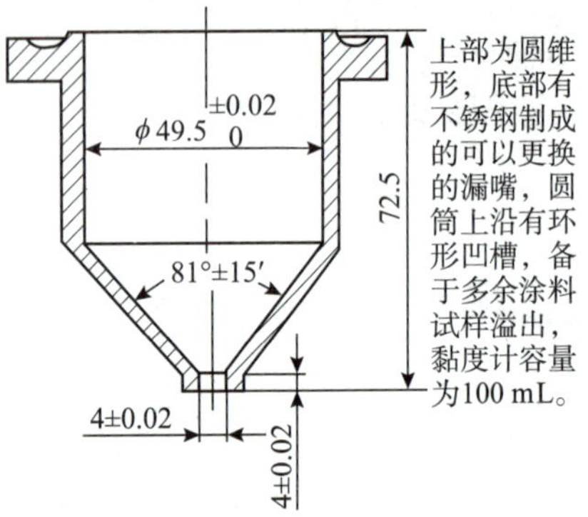

图 3–40 涂—4 黏度计（单位：mm）

图 3–41 美国福特 4 号杯

（2）涂料调配比例尺。为了方便油漆、稀释剂等的称重调配，世界各油漆生产厂商供给一批油漆调配比例尺。例如，ICI 公司提供的调配比例尺选用铝质底材，每边用不同颜色蚀上不同比例的刻度，其中黑 / 绿一面是为调配比例为 2 ∶ 1、稀释剂用量的质量分数为 5% ～ 40% 的产品而设计的，另一面黑 / 红一面则是为 4 ∶ 1、稀释剂用量的质量分数为 5% ～ 40% 的产品设计的。

三、底漆的调制

1. 用黏度计调制涂料

涂料黏度的大小直接影响施工质量，黏度过高，将会使表面粗糙不均、产生针孔和气孔等缺陷；黏度过低，则会造成挂流、失光，使漆膜不丰满。不同的涂层对涂料的黏度要求也有所不同，所以，车身涂装作业中应根据技术要求调整黏度，并养成使用黏度计进行测量的习惯。

（1）添加涂料并搅拌。按涂料生产商要求的比例，根据涂料使用量先添加涂料，然后是固化剂，最后分几次加入适量稀释剂，用比例尺搅拌均匀。

（2）过滤。使用 120 ～ 180 目的筛网或使用过滤漏斗进行过滤，不要使用硬质工具在筛网内搅拌，以免损坏筛网。在采用集中输漆的场合，涂料的过滤是通过安装在供漆管路上的过滤器进行的。

（3）测试黏度。

①使用台式黏度计测试黏度时，可先将黏度计台面下的 4 个螺栓在工作台上调放平稳，并用左手的

中指堵住黏度测量杯底的小孔，将过滤后的涂料倒入杯内至规定刻度线，用玻璃棒或刮漆小刀将液面刮平之后，松开堵孔的中指，并同时开动秒表，待杯中的漆料流完（断流）时，立即关闭秒表，其秒表上的数据即为该漆的黏度“S”。一般需要测试 3 次，取其平均值，做好记录。通常要求在室温 25 ℃ ± 1 ℃条件下进行。

②使用手提式黏度计测试时，可在施工现场，将黏度计直接浸入调好的漆料中灌满漆液，提起黏度计，待仪器脱离液面的同时立即开动秒表，观察黏度计底部的流孔，待漆料快流完成出现断流时，快速关闭秒表，其表上的数据即为测试的黏度“S”。测试方法如图 3-42 所示。

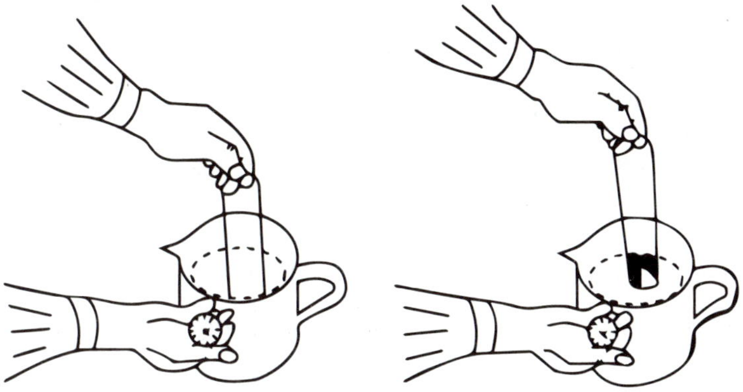

图 3-42 手提式黏度计测黏度

2. 用比例尺调制 ICI AUTOCOLOR P 420 纯色漆涂料

①将比例尺放置于调漆杯内，用手扶正。

②因色漆与固化剂的比例为 2 ∶ 1，应采用黑 / 绿色的一面，假设色漆的用量为 4，把色漆倒进容器至刻度 4，再将固化剂倒入直到固化剂刻度 2，其比例即为 2 ∶ 1。

③从尺的最上端可看到 P 420 的稀释剂分量为 5% ～ 15%，一般建议用量为 10%。将稀释剂倒进至稀释剂的刻度 10 为止。

④各成分加好后，一定要充分搅拌均匀。

四、施涂底漆

在喷涂底漆层之前，先将需要喷涂的区域用清洁剂清洁干净，去除油污、蜡脂及灰尘，经适当遮盖后进行喷涂。底漆层的喷涂膜厚可根据情况掌握，一般情况下如果底漆层上还要喷涂中涂层，则可将底漆喷涂得薄一些，只要能够达到防腐和提高黏附能力的目的就可以了；如果在底漆层上直接进行面漆的喷涂，则需要喷涂得厚一些，根据不同的要求可以进行打磨。总的喷涂膜厚以不超过 50 μm 为宜。需要注意的是，在旧涂层修补喷涂底漆时，要选用与原涂层无冲突的底漆。

1. 对大面积裸金属喷涂底漆

在进行大面积裸金属的底漆喷涂时，一般首先进行磷化处理后再喷涂隔绝底漆。磷化处理通常用喷涂磷化底漆的方法来进行，喷涂时要根据不同的底材选用不同的底漆。

对于钢板，薄喷一层磷化底漆即可；对于铝合金板材，需要喷涂含有铬酸锌的底漆进行钝化处理。对于镀锌板等底材，通常不用喷涂侵蚀性底漆，直接喷涂隔绝底漆即可。

侵蚀性底漆一般不单独使用，在其上还要喷涂隔绝底漆共同组成底漆层，因此侵蚀性底漆的膜厚要薄一些，以 15 μm 左右为好。喷涂侵蚀性底漆时必须选用塑料容器，按照使用说明进行调配，喷涂所用的喷枪也最好使用塑料枪罐，并在喷涂完毕后马上进行清洗，避免枪身受到侵蚀。侵蚀性底漆的面积不宜过大，可遮盖住裸露金属区域即可。

待侵蚀性底漆干燥后就可以直接喷涂隔绝底漆了，其间不必进行打磨处理。隔绝底漆以环氧树脂型居多，因底漆的施工黏度比较大，在选择喷枪时需要比较大的口径，以环保型喷枪为例，喷涂时选用 1.7 ~ 1.9 口径的底漆喷枪。隔绝底漆的喷涂方法为：薄喷 1 ~ 2 遍，其间隔 5 ~ 10 min（常温），一般膜厚 30 ~ 35 μm，只要将裸露金属覆盖住即可。底漆喷涂完毕后静置 5 ~ 10 min，待溶剂挥发一段时间，然后加温 60 ~ 75 ℃烘烤 30 min。

漆膜完全干固后，用 P 240 ~ P 360 干磨砂纸配合打磨机打磨，或用 P 600 水磨砂纸湿磨。打磨时尽量不要将底漆磨穿，如果磨穿，则需要对磨穿部位重新喷涂底漆。

2. 对旧涂层喷涂底漆

旧涂层经过打磨后如果没有裸露出金属底材，可以不喷涂底漆，直接喷涂中涂漆或施涂原子灰；如果旧涂层打磨后有部分区域露出了金属底材，只要对裸露的金属部位喷涂底漆而不必全面喷涂，对小部分裸露金属的处理也可以适当简化，可以不必喷涂侵蚀性底漆。经过喷涂底漆的部位必须经过打磨后才能喷涂中涂漆或面漆，打磨时必须将所喷涂的底漆打磨平整、光滑，并打磨出羽状边。

3. 塑料件的底漆喷涂

塑料件在喷涂时需要使用专用的塑料底漆，首先用塑料专用清洁剂清洁塑料件表面，然后用 1.7 ~ 1.9 口径的喷枪喷涂 1 ~ 2 遍，间隔时间为 5 ~ 10 min。在塑料底漆未干燥时直接喷涂中涂或面漆，其黏附效果会更好，但如果需要刮涂原子灰等，则必须等其完全干燥。

第五节 车身（板件）的准备

一、遮蔽

遮护作业用于打磨、喷涂或抛光时防止车身污染，以及保护相邻的表面。全涂装和局部修补涂装时，对于不需要涂装的表面一定要遮盖好，否则会引起不必要的麻烦。

1. 胶带的基本粘贴方法

胶带应选用质量好的，若质量差，使用后会出现粘贴剂残留或其他问题，造成不必要的麻烦。聚氨酯涂料需加热干燥，应使用耐热胶带纸。

（1）正向遮蔽法。正向遮蔽法指遮蔽纸的外面朝外、里面朝里的一种遮蔽方法。胶带应选用质量好的，若质量差，使用后会出现黏结剂残留或其他问题，造成不必要的麻烦。聚氨酯涂料需加热干燥，应使用耐热胶带。胶带的基本粘贴法如图 3–43 所示。

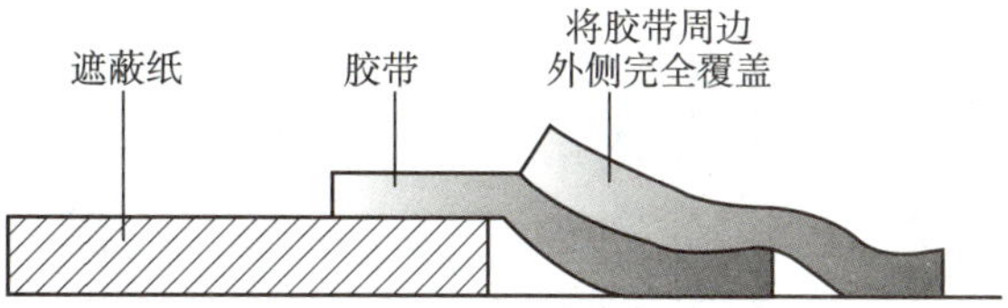

图 3–43 胶带的基本粘贴法

（2）反向遮蔽法。在对板件的局部修补涂装、整板涂装的过渡区域及流线型边缘进行遮蔽时，应该使用反向遮蔽法，一般在喷涂中涂漆和面漆时运用。采用反向遮蔽法，可以在待喷涂区域的边缘形成楔形间隙，喷漆时由于楔形间隙存在会形成边缘向外渐薄的漆膜，从而起到良好的过渡效果而不至于在边缘形成台阶。

沿流线型边缘进行反向粘贴时可以采用预先粘贴好胶带的遮蔽纸。首先把遮蔽纸沿流线型板件边缘的最高端放置好，用胶带固定。使遮蔽纸自然下垂，然后反向折叠，使反向折叠的弧线超过流线型边缘 12 ～ 20 mm。最后，把遮蔽纸的另一边固定到板件合适的位置上。

掌握上述正向遮蔽法和反向遮蔽法后，即可运用其中的一种或两种方法的综合，对车身需要遮蔽的部位进行正确的遮蔽。对车身进行遮蔽的原则是，不需要喷涂的部位一定要遮蔽严实，需要喷涂的部位一定要露出来。

由于采用的遮蔽材料不同，遮蔽方法便有所不同。

2. 用遮蔽膜遮蔽

下面仅以用遮蔽膜来遮翼子板为例，介绍一般的遮蔽方法。

（1）将车身遮蔽膜覆盖车身。

（2）将车身遮蔽膜覆盖在翼子板部分，可用专用刀具割开（车轮部位可以使用裁切下的车身遮蔽膜遮蔽），如图 3–44 所示。

（3）为防止飞散的油漆污染发动机罩内板，门缝及翼子板与发动机罩接合缝最好使用缝隙胶条配合车身遮蔽膜进行密封。

（4）用遮蔽胶带配合车身遮蔽膜进行遮蔽。

（5）全部遮蔽完成后，做一次仔细检查，确定是否有遗漏处或过多遮蔽处。

图 3–44 裁剪遮蔽膜

3. 用遮蔽纸遮盖

（1）一般遮蔽方法。用遮蔽纸遮蔽时需与胶带配合，要根据具体需遮蔽部位的形状及周边结构特点，确定具体遮蔽方法，下面仅以车门洞为例，说明一般的遮蔽方法，如图 3–45 所示。

如果要将车门入口全部遮蔽，先要按入口宽度准备好遮蔽纸，一般是取 50 cm 宽的纸两张，搭接成

1 m 宽，对准入口，先贴住上部，在贴下边之前，要先将纸放松弛，办法是从中间折一下，这样车门才能关住。如果宽度还不够，再加一张 30 cm 宽的纸。如果边切得不整齐，可用胶带补齐。纸与纸相重合的部分，要用胶带粘住，不能留缝隙。

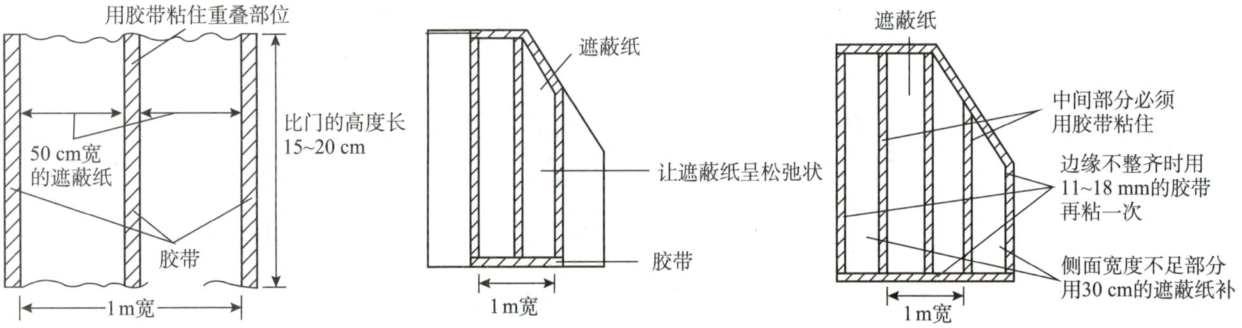

图 3-45 车门洞的遮蔽

（2）喷涂两种颜色时的遮蔽。当汽车被喷涂成两种不同的颜色时，应首先喷涂一种颜色。涂料干燥后，用 19 mm 宽的胶带把这种颜色的周边遮蔽。有些车身喷漆工喜欢选用细胶带，因为细胶带薄，可以精确地把两种颜色的漆面分开，留下的条纹少。然后，把该颜色的漆层用合适尺寸形状的遮蔽纸遮盖好。遮蔽纸上的胶带粘到已粘好的周边胶带上，多余的边折叠，粘贴牢固。然后，根据需要，可以再用遮蔽胶带沿遮蔽纸的底部和边缘粘贴，清晰地标出另外一种颜色涂料的喷漆面。

（3）特殊部位遮蔽技巧。

①装饰条和嵌条的遮盖。当用胶带粘贴装饰条、嵌条等表面时，用一只手的手指塞入胶带卷中间的孔中，把大拇指放在胶带的外面，控制胶带的方向。拉伸胶带时，胶带的粘贴面背向操作者。不要把胶带拉得过紧。然后把胶带的起始端粘到嵌条或车轮罩的边缘上，如图 3-46 所示。粘贴时，拉伸的胶带面与漆面的间距至少应为 0.7 mm，这样可以方便粘贴并可以很好地控制胶带的方向。嵌条或需粘贴面的宽度决定所需胶带的条数。但是，一定要记住在所需喷漆的表面与嵌条间应留有一个小间隙，涂料特别是清漆会填补这个间隙。用足够的压力把胶带压牢。但是在曲面上粘贴胶带时，还必须拉伸胶带，以适应曲面的要求。如果胶带太宽，应用剪刀把胶带多余的宽度剪去。

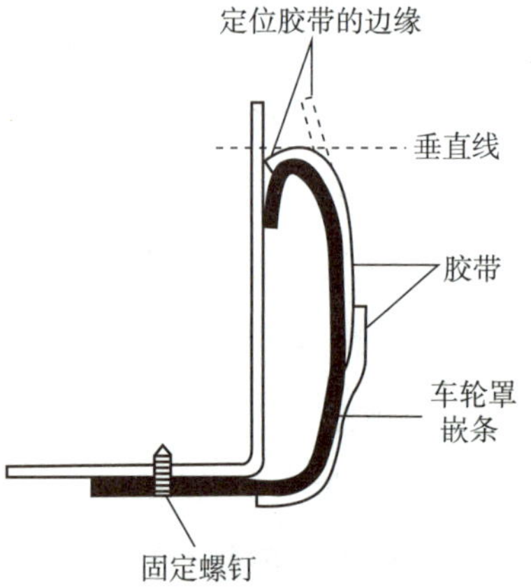

图 3-46 车轮罩嵌条的遮蔽

胶带（或遮蔽纸）与板面间的预留间隙大小非常关键，如图 3-47 所示。间隙过大会形成涂料堆积；间隙过小则易形成明显的台阶。

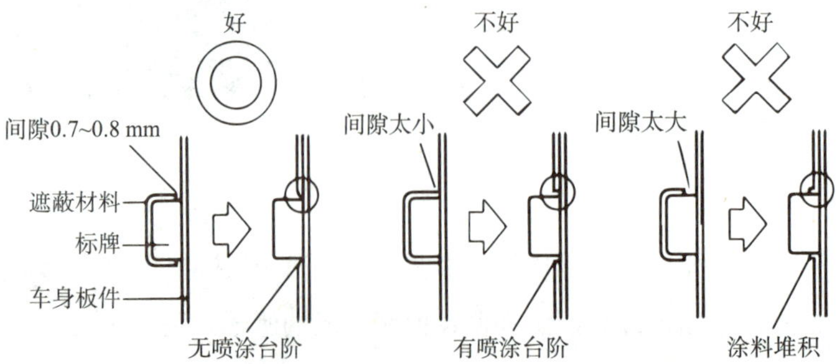

图 3-47 预留间隙大小的影响

②曲面边缘遮蔽。如果必须沿一个曲面流线型边缘进行遮蔽，则必须使用遮蔽胶带。首先把 19 mm 宽的胶带以正确的角度分别粘贴到流线型边缘上。每条胶带应有 10 ～ 13 cm 长，胶带与胶带之间应有足够的重叠量，整个胶带的粘贴边缘应形成一个与流线型边缘相平行的曲线。然后，把胶带条反折，反折应从最后一条胶带开始，并保证有一个正确的弧度。最后，用一条胶带把所有反折过来的胶带端部粘贴固定。

③易汇集漆液部位的遮蔽。这些部位（如前翼子板与前保险杠接缝处）由于在喷漆时易汇集漆液，溶剂易透过遮蔽纸或遮蔽胶带，造成旧漆膜受溶剂侵蚀，为此，应采用双层遮蔽纸或双层遮蔽胶带进行遮蔽，如图 3–48 所示。

④车门边缘与外板间遮蔽。为了防止喷漆时的漆雾进入车内，在进行车门边缘与外板间遮蔽时，在外板拐角部位粘贴胶带，胶带应伸入到外板边缘内侧并使胶面朝向待涂装表面，如图 3–49（a）所示。关上车门，如图 3–49（b）所示。将先贴好的胶带压靠到车门外板面，并用第二层胶带粘贴好，如图 3–49（c）所示。用胶带与遮蔽纸配合将车门遮盖好，如图 3–49（d）所示。

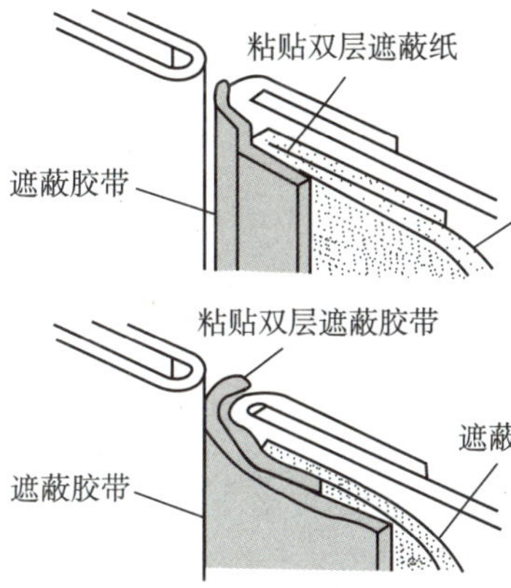

图 3–48　双层粘贴

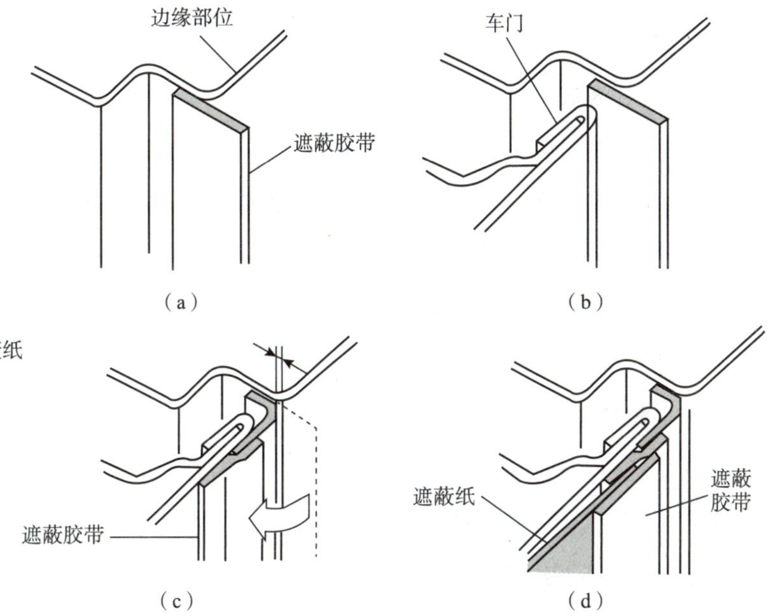

图 3–49　车门边缘与外板间遮蔽

4. 遮护时的注意事项

（1）清洁和除油。在将车辆开上工作车位以前，先要清洗车辆，特别脏的部位要彻底清洗。用除油剂清洁要贴遮盖胶带的区域，以防止在吹风或涂装时遮盖胶带剥落。遮盖胶带需和遮盖纸及车身紧密结合。

（2）遮护的范围。所用的喷涂方法和喷枪的操作方法不同，遮护的范围就有所不同，必须恰当地遮盖在每一种情况下的最小面积。

（3）不可拆卸部件的遮护。将遮盖胶带贴在不可拆卸的部件上，并留一个小小的间隙（等于涂层的厚度）。如果不留间隙，涂料形成的涂层将会连接新涂层表面和遮盖胶带，从而使遮盖胶带难以剥落。如果间隙太宽，遮盖胶带便不能很好地遮盖部件。

（4）圆弧形区域的遮盖。在接近圆弧转角的地方将胶带贴得稍稍松一点，防止胶带过紧引起圆弧转角处的胶带收缩而引起遮护区域变化。

（5）双重遮护。在涂料易于聚积的地方，如板边、沿特征线或要涂厚涂料的区域，均可采用双层遮盖胶带和遮盖纸，可有效防止涂料透入遮盖材料。

（6）清除遮护材料。沿边界的遮盖胶带应在涂装后，趁涂层还是软的时候小心地取下。这是因为一旦涂料变干变脆，它便不会均匀的分离，从而使结果不理想。

（7）暂不用遮护的情况。阻止汽车运动的区域先不要遮护，待汽车移动到涂装室内再进行。

如果车门及轮胎完全遮护，那么汽车便无法移动。运动件周围的遮护材料不能太长，以保证移动汽车时，不会被运动件（如轮胎）压到。

（8）局部区域的遮护采用反向遮护。反向遮护的区域难于充分清洁和除油。因此，只有在有关面积清洁和除油以后才能进行反向遮护。

二、除尘与除油

1. 除尘

（1）戴好橡胶手套。

（2）先用擦拭纸将整个待涂装表面擦拭一遍。

（3）手握粘尘布，按从上到下的顺序将待涂装表面擦拭干净。

2. 除油

除油有擦拭法和喷擦结合两种方法。

（1）擦拭法。

①双手戴好橡胶手套。

②双手各持一块干净的除油擦布，其中一块浸有脱脂剂。

③先用带脱脂剂的擦布擦拭待除油表面，一次不要多于一个来回。

④紧跟着用干爽的擦布擦拭沾有脱脂剂的表面。

⑤重复这样的动作，直到待清理表面全部清理完毕。

（2）喷擦结合法。

①将除油剂装入喷液壶内。

②反复按压喷液壶操纵手柄，直到感觉有足够的反弹力。

③手持喷液壶，对准需除油表面，保持 20 cm 左右的距离，按压喷液开关，将除油剂均匀地喷到板件表面。

④手持一块干净的擦布，将喷淋的除油剂擦拭干净。

第六节 原子灰涂装

一、原子灰概述

1. 原子灰的类型与特性

原子灰俗称“腻子”，是以树脂、颜料、溶剂和填充材料等组成的一种膏状或厚浆状的涂料。

（1）原子灰的特性

①与底漆、面漆配套良好，涂层间的结合力强，硬度配套适中，不被面漆的溶剂所咬起。

②具有足够的填平性，能消除被涂底漆表面的划痕、打磨痕迹和微小孔洞、小眼等缺陷。

③打磨性能良好，不黏砂纸，在打磨后能得到平整光滑的表面。

④具有良好的韧性和弹性，抗石击性良好。

⑤有良好刮涂性能，垂直面厚涂规程性良好，无流淌现象，有一定的韧性，附着力好，刮涂时不反转，薄涂时均匀光滑。

⑥干燥性能好，能在规定时间内干燥，打磨。

⑦具有较好的耐溶剂性和耐潮湿性。

（2）原子灰的类型

原子灰具有灰质细腻、易刮涂、易填平、易打磨、干燥速度快、附着力强、硬度高、不易划伤、柔韧性好、耐热、不易开裂起泡、施工周期短等优点，在各行业，原子灰现在几乎都取代了其他腻子。原子灰多为双组分产品，需要加入固化剂后方能干燥固化，以提高硬度和缩短干燥时间。聚酯树脂型原子灰多用过氧化物作为固化剂，环氧树脂型原子灰多用胺类作为固化剂。原子灰的种类很多，经常使用的有如下几种。

①普通原子灰。

普通原子灰多为聚酯树脂型，膏体细腻，操作方便，填充能力强，适用于大多数底材，如良好的旧漆层、裸钢板表面等。因其具有良好的附着力和弹性，也可用于车用塑料保险杠和玻璃钢件，但刮涂不宜过厚。普通原子灰不适用于镀锌板、不锈钢板和铝板等及经磷化处理的裸金属表面，否则易因附着能力不够而开裂。但在这些金属表面先喷涂一层隔绝底漆（通常为环氧基）后可正常使用。

②合金原子灰。

合金原子灰也称金属原子灰，比普通原子灰性能更加良好，除可用于普通原子灰所用的一切场合外，还可以直接用于镀锌板、不锈钢板和铝板等裸金属而不必首先施涂隔绝底漆，但不适用于经磷化处理的裸金属表面。合金原子灰因其性能卓越，使用方便，所以应用也很广泛，但价格要高于普通原子灰。

③纤维原子灰。

纤维原子灰的填充材料中含有纤维物质，干燥后质轻但附着能力和硬度很高，因此能够一次刮涂得很厚，可以直接填充直径小于 50 mm 的孔洞或锈蚀而无须钣金修复，对孔洞的隔绝防腐能力也很强。纤维原子灰用于有比较深的金属凹陷部位填补效果非常良好，但其表面呈现多孔状，需要用普通原子灰做填平工作。

④塑料原子灰。

塑料原子灰专用于柔软塑料制品的填补工作，调和后呈膏状，可以刮涂也可以揩涂，干燥后像软塑料一样，与底材附着良好。塑料原子灰虽然干后质地柔软，但打磨性很好，可以机器干磨也可以用水磨，常用于塑料件的修复。

⑤幼滑原子灰。

幼滑原子灰也称填眼灰，有双组分的也有单组分的，以单组分产品较为常见。填眼灰膏体极其细腻，一般在打磨完中涂层后，喷涂面漆之前使用，主要用途是填补极其微小的小坑、小眼等，提高面漆的装饰性。因其填补能力比较差，且不耐溶剂，易被面漆中的溶剂咬起，所以不能大面积刮涂使用。但它干燥时间很短（几分钟），干后较软易于打磨，用于填补小坑非常适合，可以提高生产效率并能保证质量，所以也是涂装必备的用品。

2. 刮涂工具

刮原子灰（腻子）是一项手工作业方式。常用工具有调拌盒（木制或金属制作）、托板、铲刀、刮刀（又分为牛角刮刀、橡皮刮刀、钢片刮刀）等。刮原子灰时，以左手握板，右手拿刮刀。

知识拓展

刮具的选择和维护

1. 刮具的选择

选择刮具时主要根据刮涂表面的大小、形状。一般刮涂大面积原子灰时，应选用大刮具，否则刮涂表面的平整度差；刮涂小面积时使用小刮具。在平直表面上刮涂时选用钢制刮具；而在曲面上刮涂时则选用橡胶刮具。

2. 刮具的维护

刮具的维护要注意以下几点。

①清除刮具、铲刀及原子灰调和板上的异物，并检查刮具和铲刀刃口，视需要进行修磨。

②在刮具使用过程中应时刻注意刮具刃口的平直度，一旦发现刃口有异物或损坏，应及时予以清除或将砂布放在玻璃板表面来研磨刮具刃口，以保证刮涂表面的平整度。

③刮涂施工结束后，应及时清理刮具、铲刀及调和板（盒）表面的残余原子灰，妥善保管。刮具的保管措施以不产生变形为准，为下一次使用做好准备。

二、原子灰的施涂

1. 原子灰的施涂操作

施涂原子灰前，底材应无油、无脏物，凹陷处的旧漆膜应铲除干净。

（1）施涂第一层原子灰。施涂第一层原子灰，要用硬刮具施涂，对较大凹坑可选用较宽的硬刮具。施涂此原子灰层时只求平整，不求光滑；对汽车车身表面较大的凹坑施涂只要初步平整，不要为了一次刮平而使原子灰层厚度超过 5 mm。施涂方向横、竖均可，以有利于填平凹坑为准。对汽车车身表面折口及轮廓线的损坏处，施涂时要注意造型及平直性，为以后施涂各层原子灰操作打下良好的基础。第一次时，将刮刀拿得几乎垂直，并且将原子灰刮在工件表面上，施涂一薄层，以确保原子灰透入最小的划痕和针孔，从而增大附着力，如图 3–50 所示。

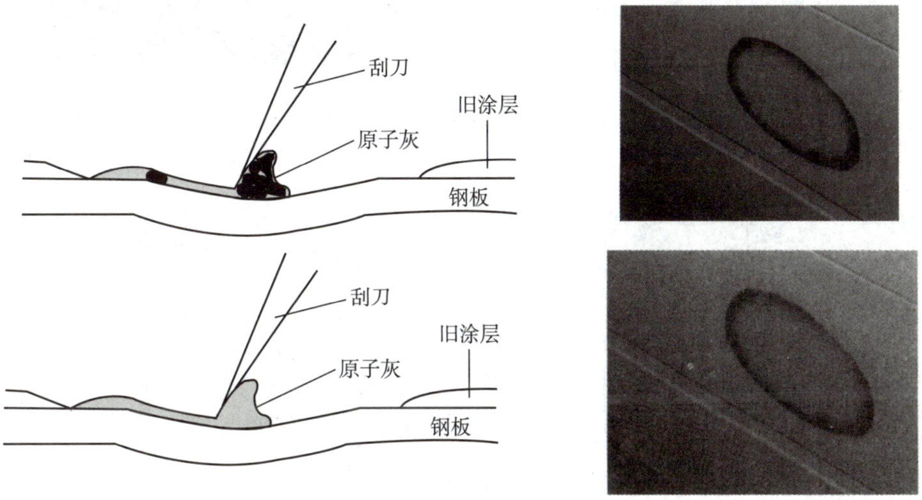

图 3–50　施涂第一层原子灰

（2）施涂第二层原子灰。汽车车身平面处仍用硬刮具施涂，但对圆弧较大的部位也可适当使用橡皮刮具或塑料刮具。此层原子灰仍以填平为主，不求光滑。该层原子灰厚度应比第一层稍厚，局部施涂时的面积应略大于第一层原子灰的面积，满刮时要注意钣金件边缘原子灰的平直性。较大底材施涂时与上一层原子灰的接口应错开，即不要使各层原子灰的接口在同一部位，以免产生缺陷。满刮原子灰层应注意施涂方向，应顺着流线型方向，并遵循从上到下、从右到左的原则，施涂时尽可能拉长一些，以减少施涂接口。注意原子灰层的厚度与原涂面基准点平齐。由于补刮原子灰层范围逐渐扩大，对邻近的补刮原子灰层，视具体情况可在第二层或第三层施涂原子灰层时连成一片，以减少原子灰层边缘，利用打磨。将刮刀倾斜 35°～45°，原子灰施涂的量要略多于所需要的量。在每一次施涂以后，都要逐步扩大原子灰施涂的面积。在边缘上一定要涂得薄，形成斜坡，不要产生厚边，如图 3–51 所示。

（3）施涂第三层原子灰。应使用弹性较好的橡皮刮具或塑料刮具，平面处也可用硬刮具。这一层原子灰主要填充前两层原子灰留下的砂孔、砂纸痕迹以及遗漏的轻微凹陷。施工原则是以光滑为主，兼顾平整性。施涂时以手的压力与刮具弹性相结合，使施涂的原子灰层平整光滑。满刮原子灰层方向与第二层原子灰操作相同。局部施涂时的原子灰层面积稍大于第二层原子灰的面积，同时注意原子灰层边缘与旧涂层过渡平和。对于汽车车身表面若隐若现的轮廓外形线，施涂时要注意其平直性，如图 3–52 所示。

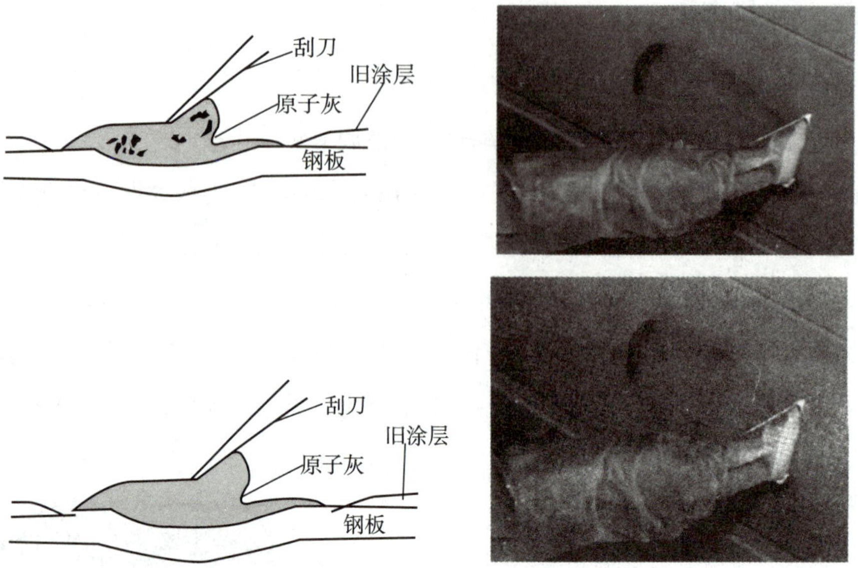

图 3-51　施涂第二层原子灰

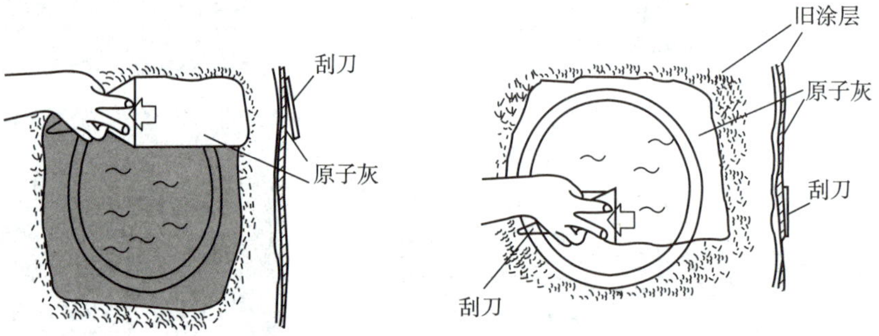

图 3-52　施涂第三层原子灰

（4）施涂第四层原子灰。使用硬一些的刮具施涂第三层可能遗留下来的微小砂孔及砂纸痕迹。利用硬刮具的刮口薄薄地、均匀地施涂一层光滑原子灰。局部施涂的原子灰层面积可扩大一些，以消除旧涂面上打磨前几层原子灰时可能遗留下来的砂纸痕迹，确保喷涂工作顺利进行，如图 3-53 所示。

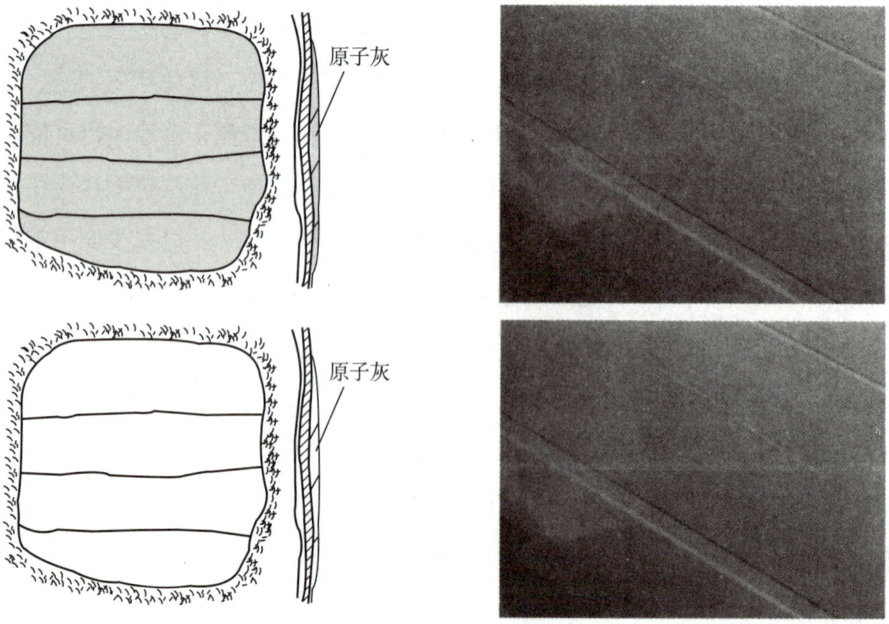

图 3-53　施涂第四层原子灰

2. 施涂原子灰注意事项

施涂原子灰注意事项如下。

①刮涂前被涂装表面必须干透，以防产生气泡或龟裂，若被涂装表面过于光滑，可先用砂纸打磨，以使原子灰与底面结合良好。

②应在一两个来回中刮平，手法要快要稳，且不可来回拖拉。拖拉刮涂次数太多，原子灰易于拖毛，表面不平不亮，还会将原子灰里的涂料挤到表面，造成表干内不干，影响性能。

③洞眼缝隙处要用刮刀尖将原子灰挤压填满，但一次不宜刮涂太多太厚，防止干不透。

④刮涂时，四周的残余原子灰要及时收刮干净，否则表面留下残余原子灰块粒，干燥后会增加打磨的工作量。

⑤如果需刮涂的原子灰较厚，要多层刮涂时，每刮一道都要充分干燥，每道原子灰不宜过厚，一般要控制在 0.5 mm 以下，否则容易收缩开裂或干不透。

⑥自配的桐油厚漆石膏原子灰不宜加水过多，加入的熟桐油不能过少，以防止原子灰变粉，刮涂后易起泡和开裂脱落。

⑦原子灰刮涂工具用完后，要清洗干净再保存。刮刀口及平面应平整无缺口，以保障刮涂腻子的质量。

⑧夏季天气炎热，温度较高，原子灰容易干燥，成品原子灰可用稀料盖在上面，自配的石膏原子灰可用湿布或湿纸盖住。冬季原子灰放在暖处，以防结冻，用时可加些清漆和溶剂，但不宜久放。

⑨原子灰不能长期存放于敞口的容器中，以免胶黏剂变质，溶剂挥发，造成黏挂不住，出现脱落或不易涂刮等问题。

三、原子灰的打磨

原子灰层彻底干燥后即可打磨，具体干燥条件参见原子灰使用说明。打磨原子灰时注意只能干磨，不能水磨，因为原子灰的吸水性很强，当水磨残留水分不能很好地挥发时，会导致漆膜起泡、起痱子、剥落以及金属底材锈蚀等现象。打磨原子灰层主要是为了取得平整、光滑的表面。打磨原子灰层可采用手工或机械干磨。机械打磨适用于修补面积较大以及平整的底材，可降低劳动强度，提高工作效率。手工打磨适用于一些形状复杂的底材，如转角、折口、外形线、弧形和凹形部位等。打磨时两种方法可结合进行。

1. 原子灰第一道打磨

原子灰第一道打磨只要求初步平整，不求光滑。手工打磨可使用 P 60 ～ P 80 砂纸打磨，直至底材最高点露底后，即以该最高点作为基准，再修整平整度。手工打磨时注意沿手刨长度方向，顺车身流线型水平方向做来回往复运动。打磨来回幅度要适当长一些，以利于打磨平整。绝不能做圆周运动打磨。动作要平稳，用力要均匀，当底材最高点露底后，注意表面的平整性，防止过度打磨再次形成凹坑。打磨呈波浪形的大平面，应选用长一些的手刨。打磨局部施涂的原子灰层，要注意原子灰层与旧涂层的羽状边的平整度及原子灰边缘的平整性，俗称原子灰口要磨平，以防产生原子灰层边缘痕迹。打磨折口、外形线和圆弧形时要注意图形及线条的平直性。

机械打磨原子灰层用的打磨机有双作用偏心距圆盘式和轨道式两种。打磨第一层原子灰一般采用轨道式打磨机，如图 3–54 所示。应把其平放在打磨面上，而不是倾斜放置，在原子灰涂刮的范围内以连续直线移动。当打磨到与四周基准点接近时即可，以留出修整打磨的厚度。

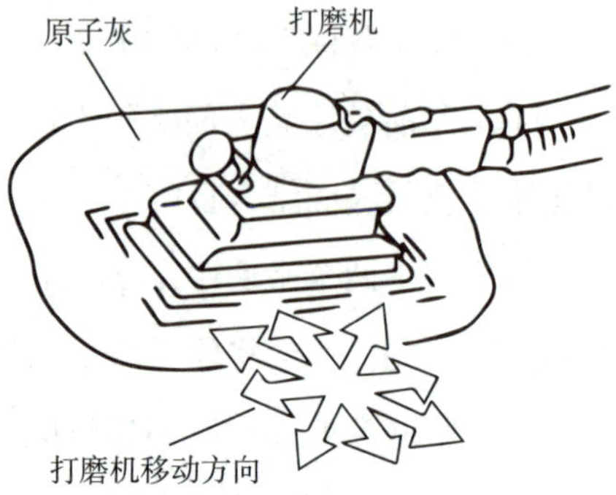

图 3–54 轨道式打磨机

2. 原子灰第二道打磨

原子灰第二道打磨要求底材达到基本平整，无明显低凹，折口线、外形线、弧形面造型与原型一致，注意线条的平直性。

机械干磨用 P 120 砂纸，打磨机选用双作用偏心距圆盘式打磨机为好。

手工打磨时要选用恰当的吸尘手刨，如果是大面积，则可选用长的吸尘手刨，对于棱角或较窄小的部位，则应选用小的手刨；而对于一些圆弧、凹弧或有型线的部位，则需选用或仿制与其形状相似的手刨。

打磨满刮原子灰层时，以车身流线型水平方向为主，垂直方向、斜交叉方向为辅，注意水平方向与垂直方向、斜交叉方向的平整性。动作要平稳，在水平方向打磨时来回幅度大一些。在打磨中要经常用手触摸打磨后的表面，以测定打磨程度，以防将原子灰层磨穿，如图 3–55 所示。底材边口残余原子灰要用砂纸磨平，以防产生边口呈齿形现象。打磨局部施涂的原子灰层时，要注意打磨面的厚度与旧涂面的平整度。既不能高也不能低，打磨难度比满刮原子灰大。原子灰层的边缘要既平整又光滑。

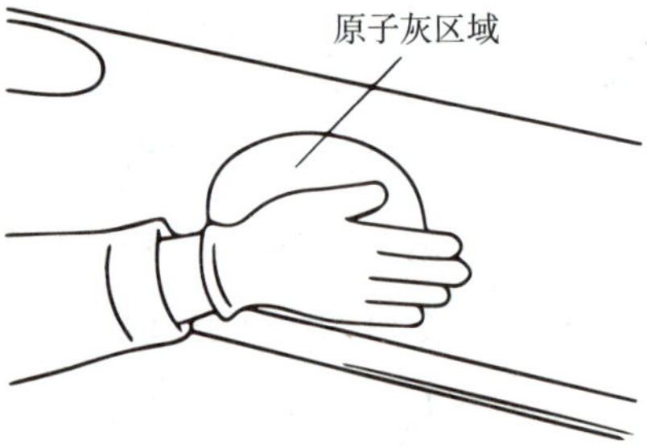

图 3–55 手工打磨原子灰

3. 原子灰第三道打磨

原子灰第三道打磨基本要使底材上微弱的凹坑、砂孔全部消除，达到既平整又光滑，无缺陷、无砂孔、局部施涂原子灰边缘无接口，外表图形恢复原样。此时以手工打磨为宜，有利于对弧形面的修正，宜使用 P 120 ～ P 240 砂纸。以车身流线型水平方向为主，要注意凸出底材的折线、外形线的平直性，一般不要垂直方向或斜方向打磨，若底材因具体情况需垂直方向打磨，最后也要以车身流线型水平方向打磨修整，以防产生垂直方向的打磨痕迹。流线型水平方向的痕迹与车体的流线型方向一致，它们的有机结合肉眼不易察觉；而垂直的痕迹恰恰相反，稍有砂磨痕迹即会明显地显示出来。对底材的圆弧、折口、凹角等不宜用手刨砂磨的地方，可用拇指夹住砂纸，四指平压于底材上，然后均匀地来回摩擦底材做修理打磨。

4. 原子灰第四道打磨

原子灰第四道打磨使用 P 240 砂纸配合手刨。若通过以上三道原子灰的刮、磨后已达到喷涂要求或底材本身精度要求较低，则第四道可省略。

第七节 中涂漆涂装

一、中涂底漆的种类

目前使用的中涂底漆有硝基中涂底漆（1K 型）、丙烯酸中涂底漆（1K 型）和聚氨酯中涂底漆（2K 型）。常用中涂底漆的特点对比如表 3–6 所示。

表 3–6 常用中涂底漆的特点对比

性能	丙烯酸中涂底漆（1K 型）	聚氨酯中涂底漆（2K 型）	硝基中涂底漆（1K 型）
附着力	○	◎	×
填充性	○	◎	#
隔离性	○	◎	×
抗水性	#	◎	×
干燥性	○	#	◎
打磨性	◎	#	◎
防吸收性	#	◎	×
配合面漆颜色	#	◎	×

注：◎：优越，○：良好，#：一般，×：不良。

丙烯酸中涂底漆也有 2K 型，其特点是可涂的漆膜较厚。

另外，涂料生产商在生产同一类中涂底漆时，会根据颜色形成一个系列。如“鹦鹉”高浓度干磨中涂底漆就有灰色、黑色和白色三种，分别为 285–505、285–555 和 285–655，选用时要根据所需要的遮盖力大小以及面漆本身遮盖力大小进行选择。例如为遮盖底层颜色，需要遮盖力强的中涂底漆，则可选择黑色；如果面漆遮盖力较弱，则应选用浅色（如白色）中涂底漆。

二、中涂底漆的涂装

1. 中涂底漆的涂装程序

中涂底漆的涂装程序如图 3–56 所示。

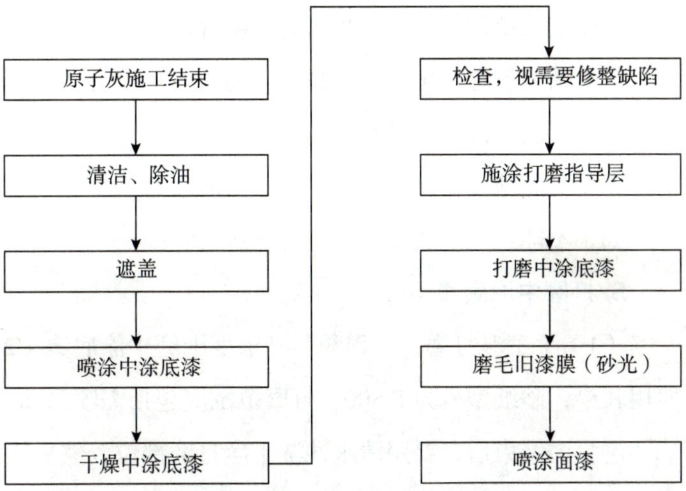

图 3–56 中涂底漆的涂装工艺程序

2. 喷涂中涂底漆的注意事项

（1）中涂底漆一次不能喷涂太厚。分几次喷涂表面看起来拉长了施工时间，实际上，喷涂二道涂料时，边喷边用吹风机加快溶剂的挥发，比一次性厚的喷涂干燥速度快，作业效率也高。其原因是若漆膜厚，溶剂会滞留在漆膜内难以挥发。因为溶剂的挥发速度与膜厚的二次方成反比，比如将分三次涂装的漆膜一次喷涂，则挥发速度反而大大减慢，使得打磨和修补无法进行，最终结果是作业速度下降。如果一次喷涂过厚，会使溶剂残留在漆膜内难以挥发，如图 3–57 所示。原子灰边缘的旧漆膜会被浸润膨胀，在喷涂了面漆之后就会起皱，所以中涂底漆涂料切忌一次喷涂过厚。即使是所谓的厚涂型中涂底漆，也并不是指一次喷涂很厚，而是分几次喷涂，最终形成的中涂底漆涂层较厚。

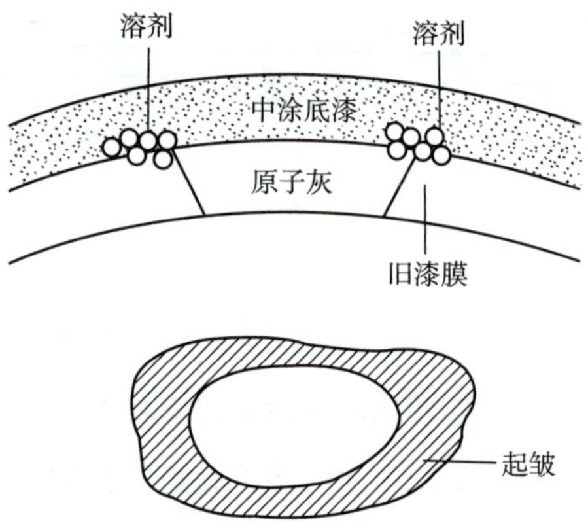

图 3–57 原子灰边缘起皱的原因

（2）板件应干燥。当气温低和湿度大的时候，应采用红外线烤灯或热风加热器，将涂装面加热到 25 ℃左右，以除去湿气。喷涂的中涂底漆黏度取 18 ～ 20 s 为宜，其他做法基本不变。加热干燥时，不能突然提高温度，而要渐渐加热，否则易产生大量的气孔。

3. 干燥中涂底漆

①中涂底漆喷涂完后，闪干 10 ～ 15 min 后，即可拆除遮盖纸。

②若采用常温干燥，则关好喷漆间的门，关闭相关电源即可。

③若采用烤房烘烤干燥，则应先关闭喷漆开关，根据涂料产品说明书的规定，调好烘烤温度和时间，启动“烘烤”按钮，关好喷漆间的门即可。

④若采用红外线烤灯烘烤，操作方法须参阅烤灯的说明书。

如果干燥不充分，不仅打磨时涂料会填满砂纸，使作业难以进行，而且喷涂面漆之后，往往会出现漆膜缺陷。

4. 检查中涂底漆喷涂效果

中涂底漆喷涂干燥后，应达到下列要求。

①涂层丰满，达到规定厚度。

②橘皮纹纹理均匀，能将所有缺陷部位完全遮盖，边缘过渡平顺、无明显凸台。

③无明显流挂产生，流挂高度不超过 1 mm，长度不超过 10 mm。

④无咬底、油点等漆膜缺陷。

⑤车身其他部位保护良好，无漆雾附着。

如果不能达到上述要求，视情况进行补喷。

5. 打磨中涂底漆

（1）手工湿打磨。“鹦鹉”高浓度干磨中涂底漆（285–505）用手工打磨垫配合砂纸湿打磨时，应使用软垫，砂纸型号为 P 800，打磨范围应包括需喷涂面漆的旧漆膜。

湿打磨结束后，要用清水冲洗干净打磨部位，然后用红外线烤灯和热风加热器等将表面除湿干燥。

（2）用打磨机打磨。采用往复直线式打磨机（也可用双作用打磨机），最好先用 P 320 砂纸将凸起部位打磨平，随后用 P 400 砂纸整体打磨（包括需喷涂面漆的旧漆膜）。

打磨过程中可配合使用碳粉作为打磨指导，以便获得良好的打磨效果。

打磨结束后，如图 3-58 所示。对玻璃滑槽缝隙、门把手、玻璃四周等边缘部位，要用刷子蘸少许研磨膏进行打磨，清除残余的污物，也可以使用 P 2000 美容砂纸打磨。

现在许多涂料生产商制造了免磨中涂底漆，如车用塑料件涂装系统中的中涂底漆 285-31，这类型的中涂底漆喷涂完后，表面非常平整且有一定的粗糙度，无须进行打磨即可喷涂面漆。但如果表面有灰点等喷涂缺陷，还需用细砂纸（可选用 P 800）打磨，表面效果会更好。

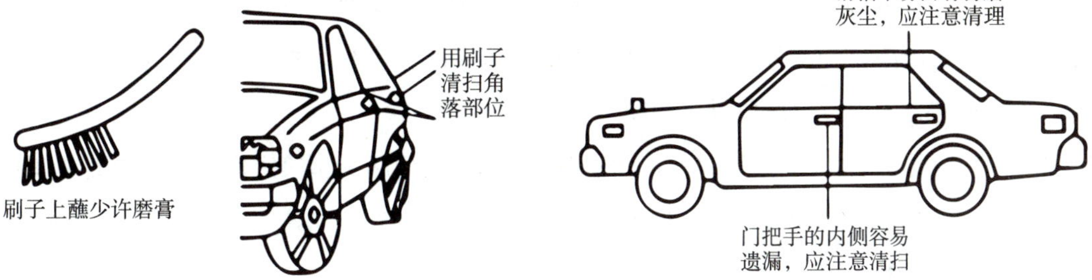

图 3-58 边缘部位的清扫打磨

第八节 面漆的调色与涂装

汽车用面漆是汽车整个涂层中最后一层涂料，它在整个涂层中发挥着主要的装饰和保护作用，决定了涂层的耐久性能和外观等。汽车面漆可以使汽车五颜六色，焕然一新。汽车面漆是整个漆膜的最外一层，这就要求面漆具有比底层涂料更完善的性能。随着汽车工业的飞速发展，汽车用面漆也在不断发展，在各种机械性能、耐候性、耐化学品性和耐污性等方面都有了显著的提高，大大改善了面漆的保护性能。与此同时汽车面漆在颜色方面也逐渐走向多样化，使汽车外观更时尚。

一、面漆的调色

1. 素色漆的人工调色

（1）素色漆光谱特性。在汽车涂装中，汽车面漆的颜色可分为两大类，素色（也称为本色、纯色）和金属色（也称为闪光色）。素色按其色彩又可分为有彩色（指红色、黄色、蓝色、绿色等）和无彩色（指白色、灰色、黑色等）。金属色也可细分为金属闪光色和珠光色，并有彩色化的倾向。素色面漆是用一般着色颜料配制的面漆，其着色均匀，漆膜不透明。光线照射到素色漆漆膜表面，颜料对其选择性吸收后，再经过颜料颗粒散射到各个方向，如图 3-59 所示。只要在反射光的一侧观察，观察

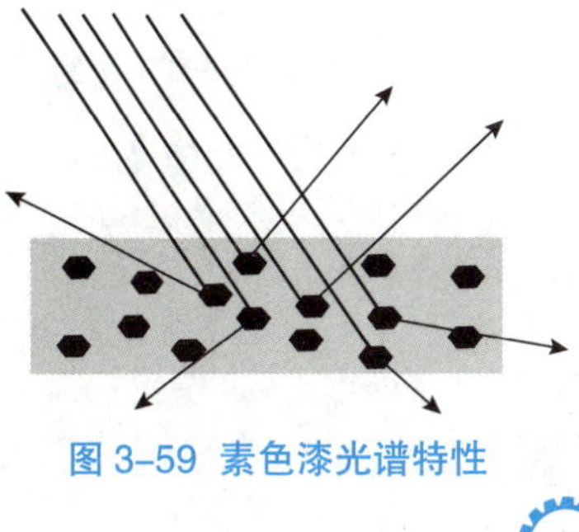

图 3-59 素色漆光谱特性

的角度对颜色影响不大。一般取 45° 的角度作为对比颜色的观察角度。

（2）色母。在汽车修补漆配套产品系列中，通常将调色用的带有某种颜色的面漆（或底色漆）称为色母，具有某些共同特点的色母群称为色母系统。目前汽车修补涂料主要采取两种方法设计色母系统。

①按色母中加入的树脂或颜料不同分为多个系列。如“鹦鹉”汽车修补漆系列中，“22–”（22 系列）代表素色面漆色母；“55–”（55 系列）系列代表金属面漆色母；“90–”（90 系列）为水性漆色母；根据加入的颜料不同分为银粉色母和珍珠色母。

素色色母用于调配素色（纯色）面漆，颜色配方组分中不含银粉色母和珍珠色母；金属色母中的一部分可用来调配素色面漆，一部分可用来调配银粉底色漆（配方中有银粉色母，漆膜呈现较强的金属闪光感）或珍珠漆（配方中含有珍珠色母，漆膜呈现多彩色）。

②只使用一套色母，调色后在色母中加入树脂，由加入的树脂类型决定面漆的性质是单工序、双工序或三工序。涂料供应商按一定规则给每种色母编一个代码，具有相同特征代码的色母构成一个系列，各个系列之间的色母不能通用。

知识拓展

色母的种类

按施工时是否需要添加固化剂，色母分为 1K 色母和 2K 色母。

① 1K 色母

1K 色母指单组分色母，依靠溶剂的挥发固化成膜。

在汽车修补漆系列中，有 1K 素色色母、1K 银粉色母、1K 珍珠色母、1K 中涂底漆（苏灰土）。要求其涂层附着力强，耐候性好，平整光滑，银粉或云母粉排列均匀、清晰，经配套清漆罩光后具有优良的光泽度和鲜映性。

1K 色母调配出来的修补漆一般用作底漆和色漆层，作为汽车漆修补双工序工艺的第一道工序。其干燥后必须喷涂 2K 罩光清漆覆盖。在喷涂时一般程序为“色漆 + 稀释剂”直接施工，无须添加固化剂。

② 2K 色母

2K 色母指双组分色母，使用时需添加一定比例的固化剂才能产生化学反应以达到固化成膜与干燥的效果。

在汽车修补漆系列中，有 2K 素色色母、2K 罩光清漆和 2K 环氧底漆等。它们均要求有良好的丰满度和光泽度，且漆膜坚实，耐候性好。

用 2K 色母调配而成的修补漆可直接作面漆使用，无须加喷罩光清漆覆盖。在喷涂时按“色漆 + 固化剂 + 稀释剂”配套施工。

（3）颜色配方。车身涂层的颜色大都是通过几种色母按比例混合后获得的，所使用的各种色母及其用量，即为该涂层的颜色配方。颜色调配可分为两类，质量制与容量制，两者特性对比如表 3–7 所示。车身涂料大部分都是采用质量制（g）为单位来调配的，但是包装都以容量制（L）为单位。

表 3–7　质量制与容量制调配涂料法特性对比

项目	质量制 /g	容量制 /L
容器选择	涂料倒入天平秤上的容器内，无须特殊容器	涂料倒入容器直至到达预先设定的容积记号，也有用压缩空气警示系统代替记号的。两者均需使用平底且在可用高度内有均一横断面的容器
质量、容量到达所需值时的操作	操作人员倒涂料时应注视天平指针（或数字）。决定何时停止的技巧则靠经验。电子秤可使此操作变得较容易	操作人员注视涂料水平面，在到达刻度时停止倾倒。刻度在小容器内部时，不易观察。加装液面表时可帮助操作，但操作人员的反应快慢仍会影响效果的好坏

混合 1 L 涂料需要的配方称为标准配方，如表 3–8 所示为 BASF“百士利”汽车修补漆 LB5N（颜色代码）标准配方。标准配方中包含 1 L 单量配方（各种色母后的容积数代表它的实际容积）和 1 L 累积配方（每种色母后的容积数为本身和以前色母的容积和）。还需要注意的是，在配方中涂料是按体积计算的，而色母的加入量是按质量计算的，由于涂料的体积比例与质量比例几乎是正比关系，所以实际操作中虽然按质量比调配，但最终获得的颜色是一致的。

涂料供应商提供的都是标准配方，实际工作中可以根据需要的调漆量，按比例去调整。比如需要调颜色代码为 LB5N 的涂料 0.2 L，需要将配方中所有色母的量除以 5 即可。

表 3–8　颜色代码为 LB5N 的标准配方

色号：LB5N		
车色：珠光靓蓝（偏浅红）		
车型：捷达 / 宝来		
色母	1 L 单量配方	1 L 累积配方
35–M00	267.6	267.6
35–M1510	331.1	598.7
35–M351	172.1	770.8
35–M1910	61.0	831.8
35–M1540	45.9	877.7
35–M1920	33.3	911.0
35–M1120	9.8	920.8
35–M1010	1.0	921.8

（4）调色工艺程序。调色的工艺流程如图 3–60 所示。

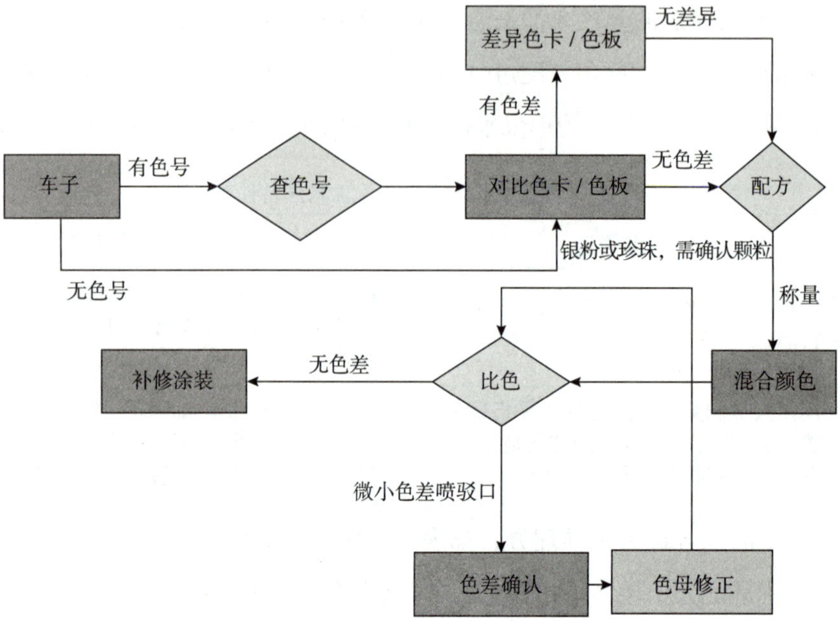

图 3-60 调色的工艺流程

2. 银粉漆的人工调色

（1）银粉漆漆膜特性。

①随角异色效应。

随着观察角度的变化，漆膜呈现不同明度及色彩的现象称为随角异色效应，也称为颜色的方向性。在观察金属闪光色漆膜时，在目视点 *A* 和 *B* 获得的明度不同，即有明度差，其数值称为随角异色效应值（FF 值），如图 3-61 所示。

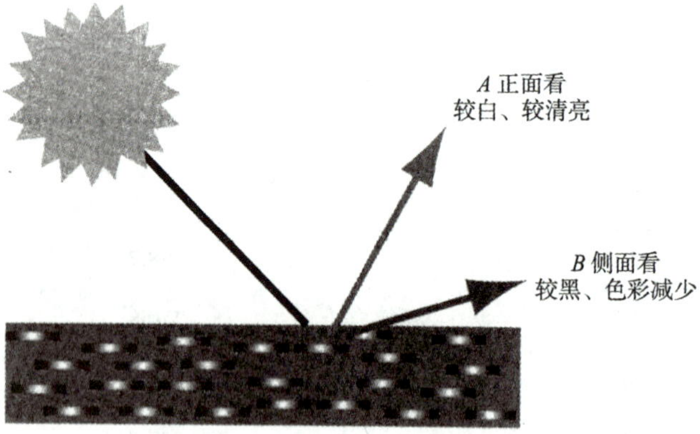

图 3-61 随角异色效应

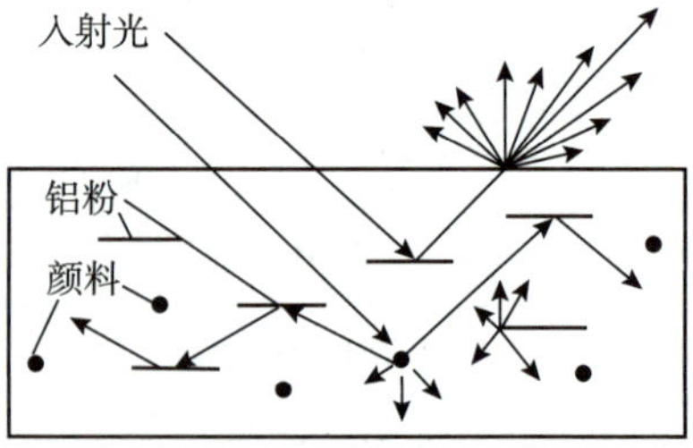

图 3-62 银粉漆漆膜的光学特性

②银粉漆漆膜的光学特性。银粉漆漆膜的光学特性如图 3-62 所示。透过清漆层的入射光经颜料选择性吸收、颜料颗粒的散射、铝粉的镜面反射边缘漫反射等到达人眼，从而得到闪耀的金属光泽感。

银粉漆与素色漆的不同之处是闪光漆膜的扩散反射光少，正反射光强，随着观察角度变化，漆膜的颜色会随之变化，具有颜色的方向性（随角异色性）。而素色漆漆膜是以在漆膜内部多次反射的散射光为主体。

（2）银粉漆的最佳调色步骤。银粉漆的调色要点在于方向性要一致，只要方向性与原漆膜相吻合，则只需调整原色加入比例问题，相对比较简单。为此，调色时应首先使侧视色与原漆膜相吻合，再调正视色。如果要先调好侧视色，就应熟悉不同原色的侧视色。

调配深色调银粉漆时，应先只加入原色颜料，调好其侧视、正视色，然后加入所需粒度的铝粉，按此步骤调配比较简便。调配浅色和中等浓度色相银粉漆时，第一步是先配制好粒度大小适宜的铝粉。若需得到中等粒度铝粉的效果，最好是用大颗粒和小颗粒铝粉相混合配制。铝粉调配好后，再加入原色，进行颜色的调配。

（3）银粉漆比色特点。银粉漆的比色要比素色漆复杂困难，主要在于原厂颜色和修补的颜色均受施工时的实际情况所影响。不同喷涂情况下对银粉漆颜色的影响如表 3–9 所示。

表 3–9 不同喷涂情况下对银粉漆颜色的影响

项目		变浅	变深
施工环境	温度	暖	冷
	湿度	低	高
	空气流动	增加	减少
喷枪	喷嘴	小	大
	针孔控制	关小	开放
	风帽	耗气量高（混合良好）	耗气量低（混合不良）
	扇面宽度	宽	窄
	气压	高	低
稀释	稀释剂种类	快干	慢干
	稀释剂用量	过多（黏度较低）	较少（黏度较高）
	防雾剂	未使用	在稀释剂中添加 10%
喷涂技术	喷枪距离	远	近
	喷枪运行速度	快	慢
	漆膜间的间隔时间	长	短

知识拓展

汽车涂装用银粉漆

现代汽车涂装最常用的银粉漆有以下两种。

1. 单层（或单膜）式银粉漆

单层式银粉漆比素色漆的着色颜料含量低，是通过大量的铝粉颜料来实现遮盖力与金属外观的。在进行单层式银粉漆局部修补涂装时，喷涂达到所需的膜厚后，需选用正确的喷涂技法做最后一道喷涂，来得到和汽车原漆过渡区域最近似的颜色。可在一小片具有弹性的金属板或纸片上先试喷，当试样干燥后将之折成和汽车待修补部位同样的弧度以判定需要的正确技法。

当以板件角度改变处、接边或边线条作为喷涂界限时，可使一些微小颜色差异不易显现。银粉漆漆膜依据观看角度不同而有明暗不同，即使是同一银粉漆漆膜在一个角度的相邻两面，仍可显现不同的明暗度。在新、旧漆膜的过渡区域需采用反向遮盖法，以提高过渡效果。

2. 双工序银粉漆

双工序银粉漆又称为“镜面涂装式银粉漆”。它是由两层（或“双膜”）涂装形成的，包括具有高遮盖力的底色漆层和清漆层，整体在一次烘烤操作中固化成膜，比单层银粉漆有更高的光泽度。双工序银粉漆在有关比色和选择喷涂技法的原则方面与单层银粉漆相同。应注意在喷涂清漆后方可见其真正的颜色，但可在色漆的适当部位喷涂合适的稀释剂润湿后，检视颜色，如正确，则待其干燥后再继续喷涂清漆层。另外，由于色漆的固体成分低，故其填平性就差，因此必须用 P 800 以上的砂纸湿（干）磨以整平基底表面，否则整平的刮痕会显现出来。

调配银粉漆时，至少要从正面和三个侧向角度（侧角）来比色，正面就是目光正视色板，又称为“正角度比色”，主要是对准面色调；侧角，就是目光斜视色板，如眼睛注视车身一般，又称为“侧角度比色”或“斜角度比色”，主要是对准底色调。

3. 珍珠漆人工调色

（1）珍珠色

若观察天然云母会发现，角度不同色彩也会随着变化，其原理如图 3–63 所示。由于云母是由很薄的薄层叠积而成的，光线照射时，分别在一层层薄层上反射、吸收、穿透，产生着微妙的变化，这称为多重反射。而一般的物体只是在表面反射光线，所以从任何角度看颜色都不变。光线在玻璃和透明层涂料中基本上是直接穿过，不产生反射，因此呈透明状。这些差异如图 3–64 所示。

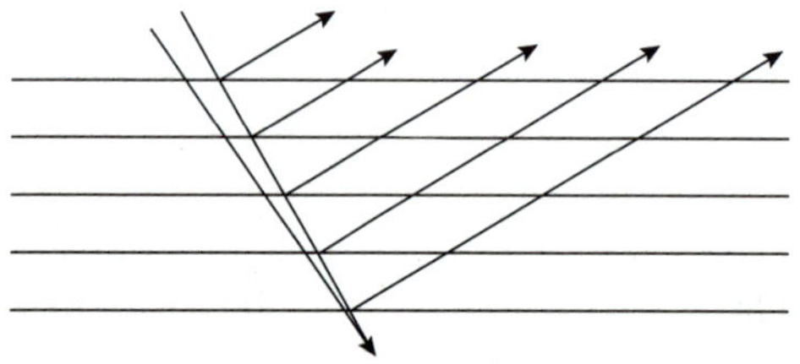

图 3–63 云母、珍珠通过多重反射引起色彩变化

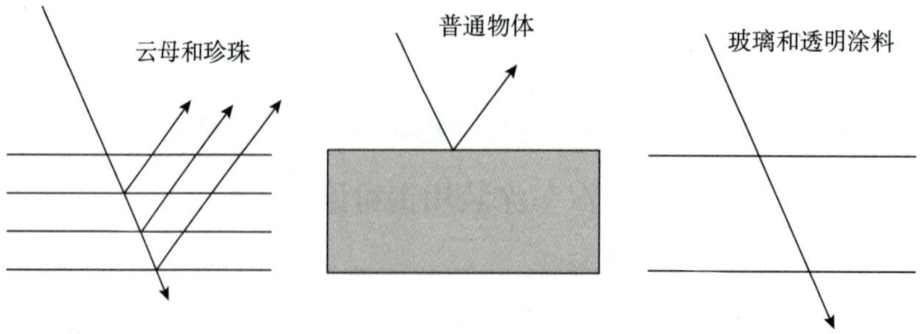

图 3–64 不同物体对光反射的差异

云母有天然云母和人工合成云母两种。天然云母来自矿石，颜色有多种，其中黄色和白色云母是典型的两种。珍珠色颜料中的云母，不是天然云母，而是化学合成的物质，但结构上与天然云母基本相同。如图 3–65 所示。由于合成云母表面覆盖的钛白（二氧化钛）的综合作用，光的反射更加复杂，呈现出色彩鲜艳的七彩虹色调。

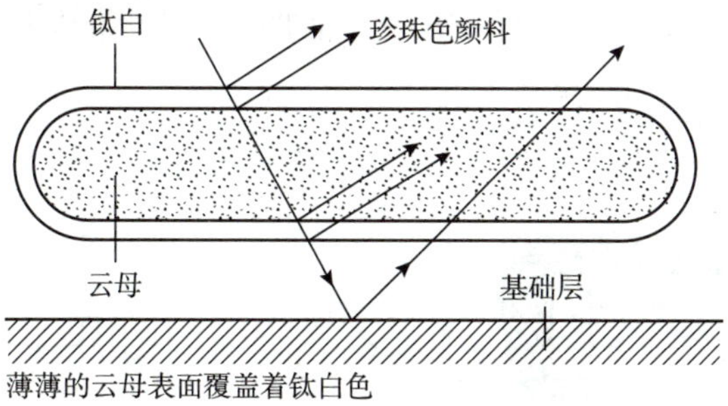

图 3-65 珍珠色颜料的结构

用于调色的云母色母有四种基本类型：即白色云母、干涉色云母、着色云母和银色云母。其具体类型和特点如表 3-10 所示。

表 3-10 云母颜料的类型和特点

颜色类型	二氧化钛镀层厚度 / μm	反射光线	透射光线
白色云母	0.10 ～ 0.15	白珍珠色泽	—
干涉色云母	约 0.21	黄色	蓝色
干涉色云母	约 0.25	红色	绿色
干涉色云母	约 0.31	蓝色	黄色
干涉色云母	约 0.36	绿色	红色
着色云母	0.01	红色	红色
银色云母	约 0.1	金属色泽	—

①白色云母。在透明的云母片上涂覆一层二氧化钛（TiO_2）镀层，反射光呈现一种银色的珍珠光泽，透射光不会表现出特别的颜色，因为所有波长的光线都会被反射，如图 3-66 所示。

②干涉色云母。云母片表面涂覆的二氧化钛（TiO_2）镀层的厚度发生变化（比白色云母厚），导致反射光和透射光呈现出不同的颜色，颜色的效果取决于入射光源的角度和观察的角度，所以要从各个角度观察云母的反射光及透射光的颜色。改变 TiO_2 镀层的厚度，即可使各方向呈现不同的颜色，如图 3-67 所示。

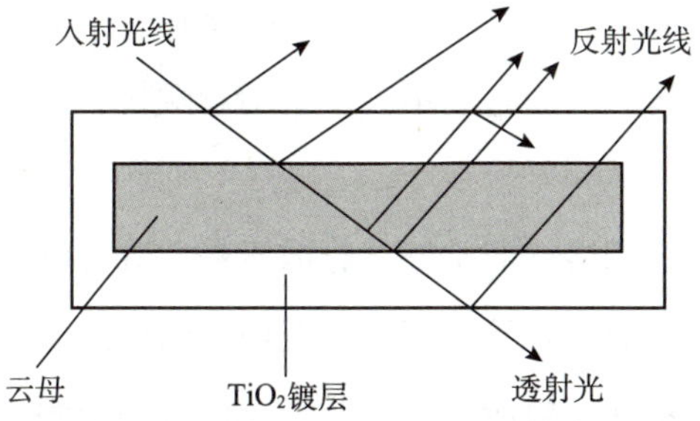

图 3-66 白色云母特性

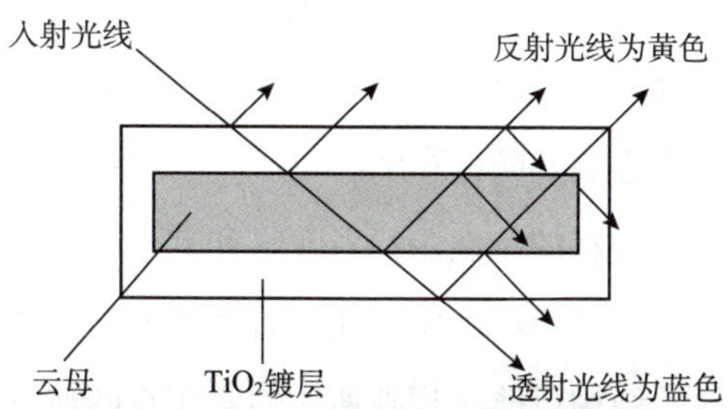

图 3-67 干涉云母特性

③着色云母。采用 1 μm 厚、不大于 48 μm 宽的普通云母片，由表面涂覆的镀层（氧化铁）厚度决定其颜色。所有的反射光和折射光构成了正、侧面的颜色效果及亮度，如图 3-68 所示。

④银色云母。在透明的云母表面上涂覆一层镀银的 TiO_2，特点是给人一种三维立体效果的感觉，并发出类似银色的金属光泽，如图 3-69 所示。

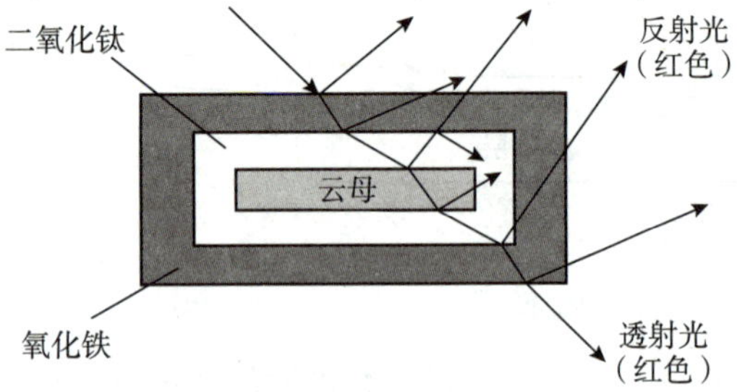

图 3-68 着色云母特性

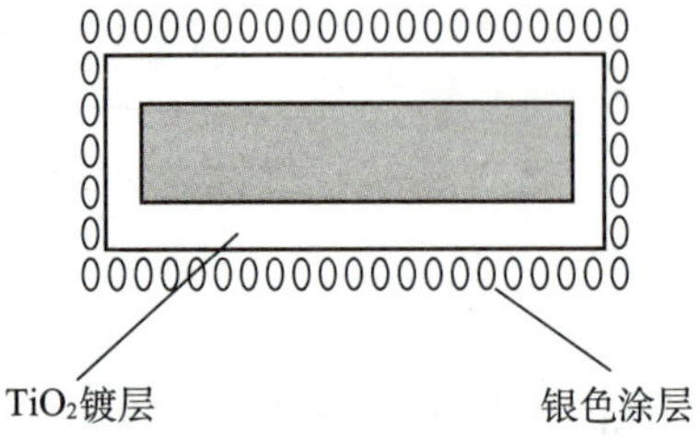

图 3-69 银色云母特性

（2）幻彩色。用幻彩色颜料配制的色母称为幻彩色母。用幻彩色母喷涂的漆膜称为幻彩色漆膜，其呈现的颜色是五彩缤纷的，且在同一个角度观察，不同位置的色彩不同。幻彩色俗称变色龙。变色龙色母的关键是色母中含有幻彩颜料。幻彩颜料是一种由超薄的多层干涉膜形成的微米大小的薄片材料，它的特点是不透明、薄、扁平及具有高反射率。幻彩颜料颜色是由光波的干涉现象产生的，这种颜色有极好的镜面效果和高彩度。自然界中也存在这种光干涉现象，例如肥皂泡、贝壳和羽翼等的幻彩效果。幻彩颜料的颜色产生原理和这些现象相似，通过对干涉薄膜的厚度的精确控制，使每种颜料所产生的颜色变换效果不同，如由绿色向紫色变换、由紫色向橙色变换、由金色向银色变换等。由于幻彩颜料颜色的产生是通过控制干涉膜厚产生的，因此又称为“物理颜色”。

①幻彩效果的产生机理。颜色的产生有吸收色和干涉色两种原理。吸收色指白色光源（常指日光）通过物体后其中一些特定波长的光波被吸收，而其他波长的光波被反射，人眼看到的颜色即为反射光波的颜色，这是物体本身所具备的内在特性。干涉色则不同，它不是物体的内在特性，而是通过对某些光线反射的加强而抑制另外一些光线的反射，经过特别处理的表面反射的颜色随光线入射角度的不同而呈现出不同的颜色，这种作用是“吸收光”无法体现的。

与普通的珠光颜料不同，幻彩颜料既不是云母也不是铝粉，它是由特殊的、具有层状结构的薄片材料组成的，其中央包裹着不透明的铝涂层，幻彩颜料是完全反射的材料。这种层状薄片材料是无机颜料，由铝、氟化镁和铬组成，幻彩颜料具有非常好的耐候和光稳定性，完全可以在户外使用。

幻彩颜料可以和铝粉、炭黑等一起使用产生各种各样的颜色效果，但由于这些颜料会降低涂料颜色的彩度，因此，最能体现幻彩颜料彩度的颜料是透明的颜料，因为它们不会影响幻彩颜料表面的光干涉作用从而不影响其颜色彩度。

②幻彩颜料的特性。幻彩颜料和其他颜料及各种树脂的相溶性非常好，分散容易，既可以预分散成浆状，又可以呈粉状供应，使用时再加入涂料中。但使用时应注意要使用高速低剪切的分散设备，否则幻彩颜料的结构可能遭到破坏。幻彩颜料的遮盖力是其他特殊颜料所望尘莫及的。由于幻彩颜料的材料薄片是不透明的，因此能提供较好的遮盖力。由于幻彩颜料非常昂贵，一般在涂料中的添加量非常少，如在面涂层中的推荐量为 0.6% ～ 1.5%。

含有幻彩颜料的涂料和普通涂料的施工几乎没有区别，在使用时，可以用传统的空气喷涂或静电喷涂等。目前汽车修补涂料中的幻彩颜色基本上以原装修补涂料的形式供应，还未应用于调色。

（3）珍珠漆的调色。下面以三工序珍珠漆为例，说明珍珠漆的调色工艺。

假如一辆白色丰田凯美瑞轿车需要修补涂装，使用“鹦鹉”汽车修补漆系统进行调色，其步骤如下。

①找到颜色代码。如在车身上找到的颜色代码为070。

②查阅070颜色配方。按所查得的油漆颜色代码070找到相应的色卡或色卡组。在要修补区域附近且颜色一致处用抛光蜡抛光。将所选的色卡与车身颜色相对比，找到最接近的色卡。从色卡的背面读取配方。根据具体施工需要，重新计算配方中各色母的用量。因为三工序涂装系统基本上都是白珍珠色，底色漆（工序1）和珍珠漆（工序2）通常不需要微调颜色，所以调漆量只需要按实际需要的量再多加约100 g即可，例如实际需要用漆量为0.4 L底色漆和珍珠漆，则可调0.5 L的底色漆和0.5 L珍珠漆即可。计算后的配方如表3-11所示。

表3-11 丰田凯美瑞颜色代码070珍珠白（标准）计算后的配方

颜色代码：070/珍珠白（标准）				
车型：丰田凯美瑞				
色母	1 L单量/mL	1 L累积/mL	0.5 L单量/mL	0.5 L累积/mL
工序1				
352-91	174.0	174.0	87	87
55-M25	644.1	818.1	322	409
55-A137	119.8	937.9	59.9	468.9
55-A927	89.4	1 027.3	44.7	513.6
55-A553	11.6	1 038.9	5.8	519.4
工序2				
352-91	174.0	174.0	87	87
55-M919	135.2	309.2	67.6	154.6
11-E440	8.2	317.4	4.1	158.7
55-M0	550.2	867.6	275.1	433.8
55-M1	45.6	913.2	22.8	456.6

③准备色母和工具，喷涂底色漆试板。

◆计量添加色母。按0.5 L配方中工序1所列色母的顺序和质量添加色母，352-91→55-M25→55-A 137→55-A 927→55-A 553，得到519.4 g色浆。

◆喷涂试板。取100 g色浆，按涂料技术说明添加稀释剂（因为是三工序漆，所以配方中的色母均为1K型，无须添加固化剂），混合均匀后按施工标准要求喷涂试板并烘干。此时，如果在发动机罩、行李箱盖背面能够看到底色漆，则可以按素色漆的比色与微调操作方法进行底色漆的微调。

④喷涂珍珠漆试板。

◆制作分色试板。为了使珍珠漆的比色更加准确，在喷涂试板时，通常采用阶梯式喷涂（渐变喷涂）。

将喷涂了底色漆的试板沿纵向均分成 6 个部分，并分别进行横向遮盖，如图 3-70 所示。

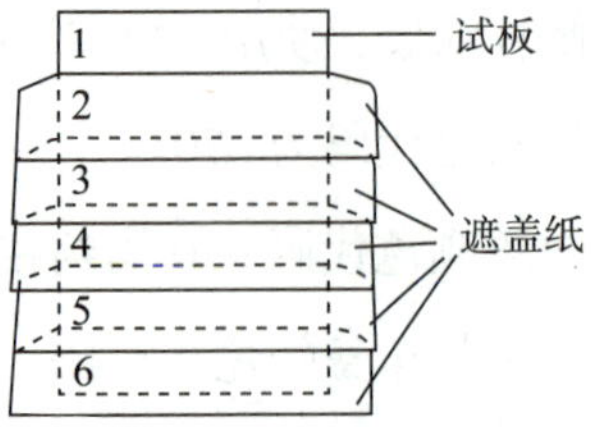

图 3-70 遮盖试板

◆调配珍珠漆。按 0.5 L 配方中工序 2 所列色母的顺序和质量添加色母，352-91 → 55-M 919 → 11-E 440 → 55-M0 → 55-M1，得到 456.6 g 色浆。

◆喷涂试板。取 100 g 色浆，按涂料技术说明添加稀释剂，混合均匀后按施工标准要求喷涂试板。首先喷涂第一层珍珠漆。按规定时间闪干后，撕去一层遮盖纸（或胶带）；然后，喷涂第二层珍珠漆。按规定时间闪干后，再撕去一层遮盖纸（或胶带）；喷涂第三层珍珠漆。按规定时间闪干后，再撕去一层遮盖纸（或胶带）；喷涂第四层珍珠漆。按规定时间闪干后，再撕去一层遮盖纸（或胶带）；喷涂第五层珍珠漆。按规定时间闪干后，撕去最后一层遮盖纸（或胶带），将样板烘干。将试板纵向遮盖一半，喷涂清漆，如图 3-71 所示。揭去遮盖纸，并使试板干燥。完成后的试板如图 3-72 所示。

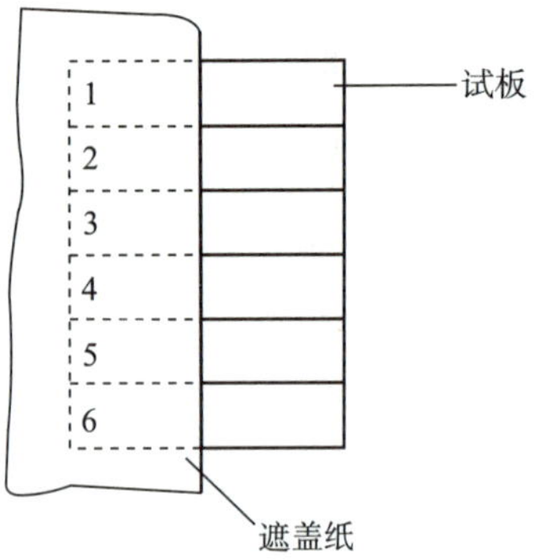

图 3-71 喷清漆

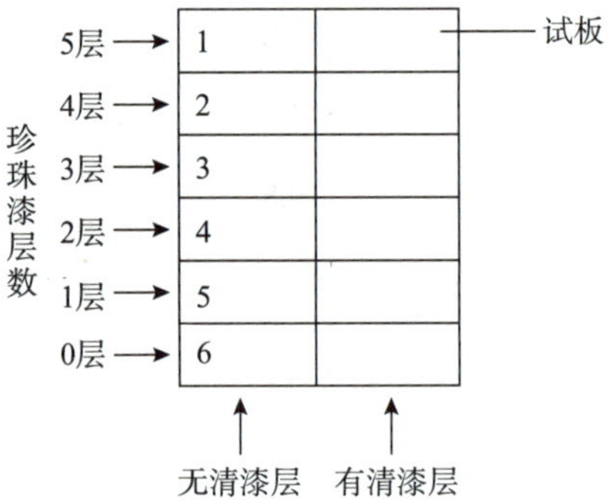

图 3-72 珍珠漆的膜厚渐变试板

⑤比色。等喷涂的试板干燥后，从不同的方向观察对比，需从 15°、25°、45°、75° 和 110° 等多个角度对比观察。通过观察各个角度的颜色，确定色相、明度和彩度三个要素的差异，找出颜色最接近的区域，就可以确定需要喷涂几层珍珠漆，才能得到所需要的颜色。

⑥实车修补喷涂。按最终确定的珍珠漆喷涂层数，进行实车修补喷涂，注意应使用过渡喷涂技术，以修正颜色的微小差异。

4. 计算机调色简介

随着科学技术的高速发展，尤其是电子计算机的发展，计算机在汽车涂装调色中也得到了广泛的应用。计算机调色，俗称电脑调色，它是近几年发展起来的一类高科技自动化调色工艺，是一种先进的调色（调漆）方法。在计算机调色的工作中，计算机就像一个大型的色漆配方资料库，库中储存有所有色卡配方，用户只需要将所需要的漆号和分量输入计算机中，就可以直接查阅计算好的配方数据。复色漆和单色漆都由数码标记。各类色漆品种数量达数千种规格，完全能满足汽车制造业和维修行业的使用。目前各大涂料生产厂家都拥有完善的计算机调色系统，并在各地设有计算机调色中心。使用计算机调漆，能把复杂烦琐的调色工作，改变为一种快速、方便又准确的调色方式，工作起来极容易，且数据易更新，大大方便了汽车修补涂装的调色工作。

（1）主要设备。计算机调色的设备是由可见光分光光度仪、电子计算机、配色软件等部分组成。

①可见光分光光度仪。它是由光源、单色器、积分球、光电桥检测器、数据处理系统等部件组成。它可以将测得涂层的光谱反射率曲线，通过库贝尔卡、芒克配色理论计算出涂层颜色的准确数据，测出颜色，再通过计算机配色软件进行调色。

②配色软件。它是由色质检测软件、调色软件等部分组成，主要作用是建立储存基础颜色（颜料种类与用量）数据库。使用时先确定基础颜色和色母，而后输入每种色母的光谱反射率曲线（即不同波长的吸收系数和散射系数），再根据输入的数据进行调色，也就是说，新购置的配色软件是不会配色的，必须先将该漆的色号输入配色系统，配色软件才能用输入的色号数据进行配色。因而，使用计算机调色的准确性不仅取决于配色软件的质量，更取决于所输入的资料数据是否准确可靠。

在计算机调色过程中，计算机就像一个大型的色漆配方资料数据库，它能够储存数千种色漆标准配方和标准色漆颜色的数码（色号或代号）。不论单色漆数码或复色漆数码，都可输入计算机，以备使用者调色时查找使用。如需要调配某一种汽车面漆颜色时，可先将色号输入计算机，从显示屏上就可显示出该色号的面漆配方与各种色漆的用量比，再按此数据进行调色，就可获得所用的面漆颜色。

（2）特点。计算计调色的主要特点是调色标准、速度快、效率高，为汽车修补涂装调色节约了时间，有利于提高修补漆颜色的均匀度。采用计算机调色时，必须储备有一定量的各种品种的色漆配方与色号。如果储备的数量和品种规格不足，就很难按要求准确地调配出所需要的颜色。采购的各种色漆必须严格保证质量。如质量不佳，用计算机肯定调不出理想的颜色。对单色漆的储存应按色号数码的规律放置，使其标准化、定制化，以防出错。需要注意的是，无标准色号的色漆不适于用计算机调色。目前市场上使用的计算机调色软件较多，其基本功能差别不大，使用时可就地购买。

另外，目前世界各大计算机配色仪生产厂都有适合汽车修补漆调色使用的便携式计算机测色仪供应市场。这些仪器的探头均可直接在汽车上需修补漆膜的部位，测出最可靠的数据，该数据经配色软件系统处理后，就可获得准确的配方调色。

（3）调色程序。

①查阅汽车车身上的颜色代码（或利用色卡获得代码）。

②启动计算机中的调色软件。

③根据显示屏幕界面提示输入颜色代码。

④根据屏幕界面提示的配方进行调色。

如果将电子秤与计算机连接，则在计量添加色母时，如果某一色母添加过量，计算机会自动重新计算配方中各色母比例，即会重新生成新的配方，因而可避免由于某色母添加过量使调色失败而造成的涂料浪费。

如果无法获得颜色代码，可利用配套的测色仪，将探头插入待修复车身漆膜内，计算机会自动生成配方。

二、面漆的涂装

涂装表面的光泽度、鲜映性和良好的装饰性等都由面漆层来提供，整个涂装工作的好坏都由面漆来体现，因此面漆喷涂是整个涂装工作最关键的工序。汽车车身面漆是车辆最外层的涂层，它是车辆外观装饰及防腐的直接反映，一般都希望汽车涂层具有极好的光泽度。光泽的优劣除与汽车车身外形设计、车身加工的外表精度有关以外，还与选用的涂料与表面涂层的配套工艺有关。必须进行精心的涂装设计和具备良好的涂装环境条件，才能使表面涂层有优良的装饰性。同时，汽车涂装属于高级保护性涂装，所得的面漆涂膜必须具有优良的耐腐蚀性、耐候性和耐崩裂性。

1. 面漆的分类

面漆在汽车涂层修补中使用得最多，起着装饰与保护的双重作用。面漆的分类方法很多，按颜色效果可分为素色漆和金属漆；按成膜物质的种类可分为硝基漆、醇酸漆和丙烯酸漆等；按固化机理可分为溶剂挥发型、氧化固化型和热固化型、双组分型和催化固化型；按施工工序可分为单工序、双工序和三工序等。而每一种分类方法互相的界线不是绝对的，可以相互交叉，如图 3–73 所示。

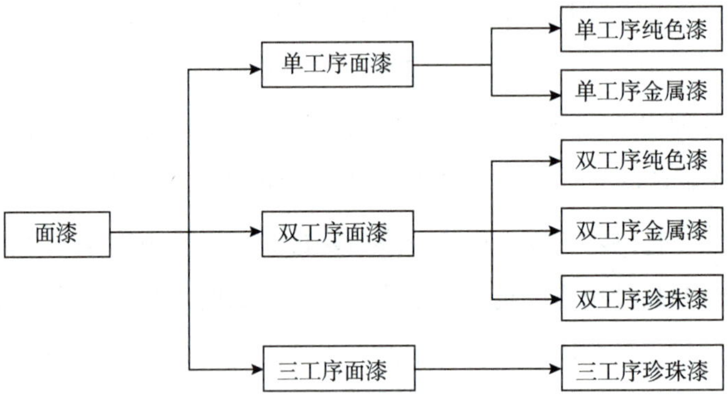

图 3–73 面漆的分类

2. 面漆的整板喷涂

（1）面漆喷涂的常用方法。

①干喷和湿喷。干喷指喷涂时选择的溶剂要快干、气压较大、出漆量较小、温度较高等，喷涂后漆面较干。

湿喷指喷涂时选择的溶剂要慢干、气压较小、出漆量较大、温度较低等，喷涂后漆面较湿。

②虚枪喷涂与雾化喷涂。在喷涂色漆后，将黏度很低的涂料喷涂在面漆上的操作称为虚枪喷涂。在汽车修补中有两种类型的虚枪喷涂法。在热塑性丙烯酸面漆上虚枪喷涂，用来使新喷涂的修补漆与原来的旧漆膜之间润色，使汽车表面经过修补后看不出修补的痕迹。在新喷涂的丙烯酸或醇酸磁漆上虚枪喷涂，用来提高其光泽度，有时也用来在斑点修补时润色。

雾化喷涂俗称飞雾法喷涂，又叫作飞漆，即以比较远的距离喷一薄层雾状的漆膜。雾化喷涂手法一般用于喷涂金属漆，以获得需要的特殊效果。

（2）面漆的喷涂工艺。面漆分为单工序面漆（素色漆）和双工序面漆（银粉漆，有时素色漆也有双工序的）两种，其喷涂工序各不相同，如图 3–74 所示。

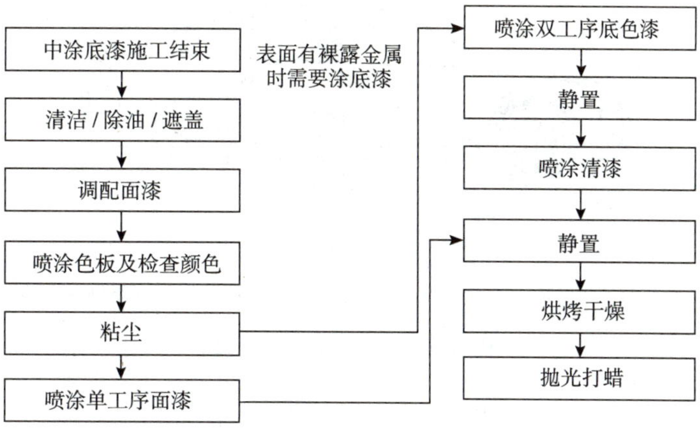

图 3–74　面漆的喷涂工艺

3. 面漆的局部过渡喷涂

（1）局部修补过渡喷涂工艺。对于双工序素色漆，其局部修补涂装通常采用板块内驳口工艺；银粉漆的局部修补喷涂分为板块内驳口工艺和板块间驳口工艺两种；对于珍珠漆必须采用板块间驳口工艺。

①板内过渡喷涂工艺。板内过渡喷涂工艺也称为板块内驳口工艺，是指局部喷涂底色漆（或素色漆）、局部（或整板）罩清漆的工艺，如图 3–75 所示。此种工艺一般用于位于板件中部的小范围漆膜损伤修复，且受损面在各个方向上都没有清晰的边缘界限时。

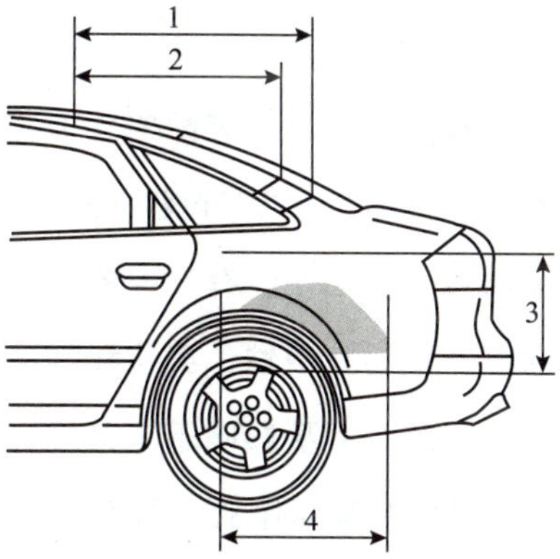

1—以 P 1500 ～ P 2000 砂纸或用研磨垫打磨的过渡区域；

2—以较低的喷涂气压用已大量稀释的清漆或局部喷涂稀释剂来喷涂的过渡区域；

3—底色漆喷涂区域；4—原子灰施涂区域。

图 3–75　板内过渡喷涂工艺

②板外过渡喷涂工艺。板外过渡喷涂工艺也称板块间驳口工艺，是指在需修补板件和相邻板件上喷涂底色漆（包括珍珠漆），部分颜色在相邻板件上过渡，清漆喷涂整板（包括相邻板件）的工艺。通常在漆膜损伤点处于板件边缘时采用此工艺，如图 3–76 所示。

（2）局部修补对底材的处理要求

要求在整板喷涂底处理的基础上，对过渡区域做更精细的处理。如图 3–77 所示。首先过渡区域的范围一定要达到要求，尽可能扩大一些（采用板块驳口工艺时要扩大至相邻板块）；在扩大的过渡区域要用 P 2000 美容砂纸或与之相当的研磨材料，对原漆面进行研磨处理。

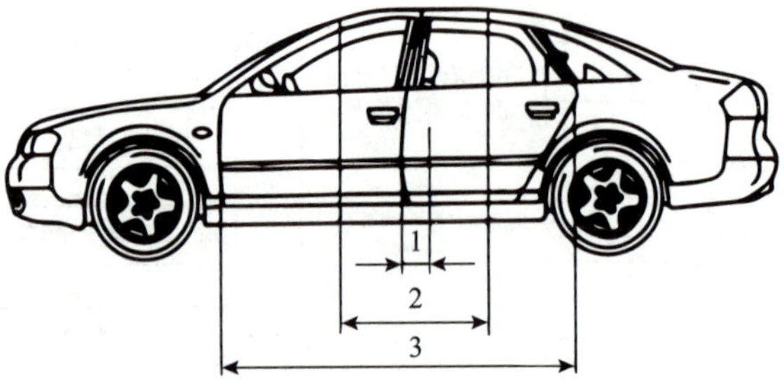

1—施涂原子灰区域；2—底色漆（包括珍珠漆）喷涂区域；3—清漆喷涂区域。

图 3-76 板外过渡喷涂工艺

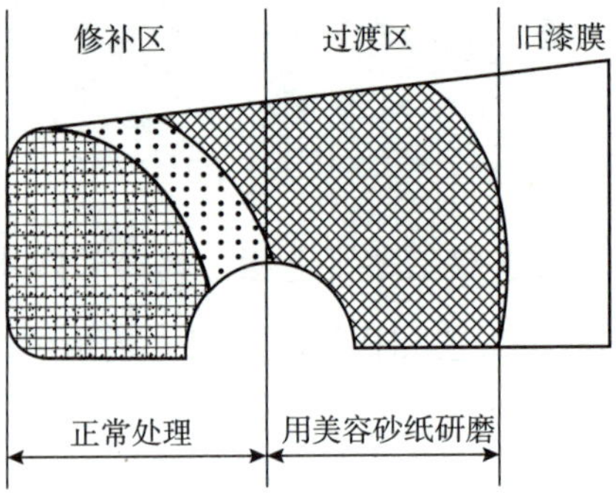

图 3-77 修补前的底材处理

本章小结

汽车在生产过程中，会经过冲压、焊接、涂装、装配四大工艺，而涂装作为其中的一个环节，相比于其他三大工艺更为特殊，不仅因为它的材料、工艺过程，同样因为涂装对于环境的要求更为严格，因为涂装环境的好坏直接影响着产品质量，在一个没有受控的环境内进行涂装作业，纤维、颗粒、缩孔等漆膜弊病极易出现。汽车车身涂装作业旨在缓蚀、美化和提高车辆档次。用各种涂装材料覆盖车身的内外表面是维修作业中的最后一道程序，直接影响着车身维修品质的优劣。汽车涂装与车身维修的其他作业联系密切。一方面，涂装可以弥补其他作业遗留下来的缺陷；另一方面，如果焊接、钣金、维修等项作业的基础不好，会直接影响车身的涂装品质。本章节阐述了汽车涂装工艺技术，详细介绍了汽车涂层损伤的鉴定、底材的处理，底漆、原子灰、面漆等选配与调制内容，使读者熟悉车辆清洗、损伤程度评估、待修区域底材处理等方面的知识，掌握底漆、原子灰、面漆的选配与调制等方面的知识。

通过本章的学习，使读者对汽车涂装工艺的认知有了进一步的了解，因此对以后学习提供了更多的帮助。

课程思政

科润荣获2021年度“中国表面工程协会科学技术奖”二等奖

近日，“中国表面工程协会科学技术奖”获奖名单正式公布，科润携手合作伙伴合众新能源汽车有限公司以“无磷表面处理技术在汽车制造行业的应用”项目荣获2021中国表面工程协会科学技术奖二等奖。

该奖项是由中国表面工程协会于2018年1月设立，并经国家科学技术奖励办公室备案，是我国表面工程领域的重要科学技术奖项。

科润的“无磷表面处理技术在汽车制造行业的应用”项目属于金属表面处理领域，应用于汽车涂装前处理，主要针对现有磷化技术含大量磷、镍等环境有害元素的问题，研究了无磷无镍涂装前处理药剂配方及使用技术，满足了汽车行业对于涂装前处理的技术要求，取得了显著的成果，在绿色制造方面效益显著。该项目的主要技术创新点在于无磷无镍涂装前表面处理剂的开发，通过制备表面特定比例的氨基/羟基的金属氧化物纳米颗粒，达到形成致密前处理膜层、增强与电泳涂料结合能力以及提升膜层电阻和电泳泳透力的目的。

该项目的应用价值主要体现在环保节能、降低能耗、减少废水及废渣排放、简化废水处理步骤、节约材料等方面。

（资料来源：https://www.sohu.com/a/446606400_221348　内容有删改）

思考练习

1. 如何进行漆膜损伤程度评估?
2. 进行底材处理的目的是什么?
3. 施涂原子灰应注意哪些方面?
4. 喷涂中涂底漆应注意哪些方面?

第四章

特种材料及其涂装工艺

本章导读

塑料在汽车车身中的应用越来越多，很多塑料件表面也是有涂层的，当塑料件涂膜损伤时，就需要对塑料件表面的涂膜进行修复。塑料件的涂膜修复工艺程序与钢板表面涂膜修复工艺程序相似，但由于塑料件弹性大，比较柔软，所以对喷涂施工的材料有特殊的要求。此外，塑料件有软、硬的区别，其涂装工艺也有一定的差别。

学习目标

1. 熟悉塑料件涂装工艺。
2. 了解水性漆涂装设备。
3. 能够描述水性漆涂装方法。
4. 认知各类特种涂装工艺。

第一节 塑料件涂装

一、塑料的认知

在汽车制造中，除了使用金属材料外，还大量使用了非金属材料。常见的汽车灯罩、仪表板壳、转向盘、坐垫、风窗玻璃、轮胎、传动带、连接软管等，这些均由非金属材料制成，如图 4–1 所示。

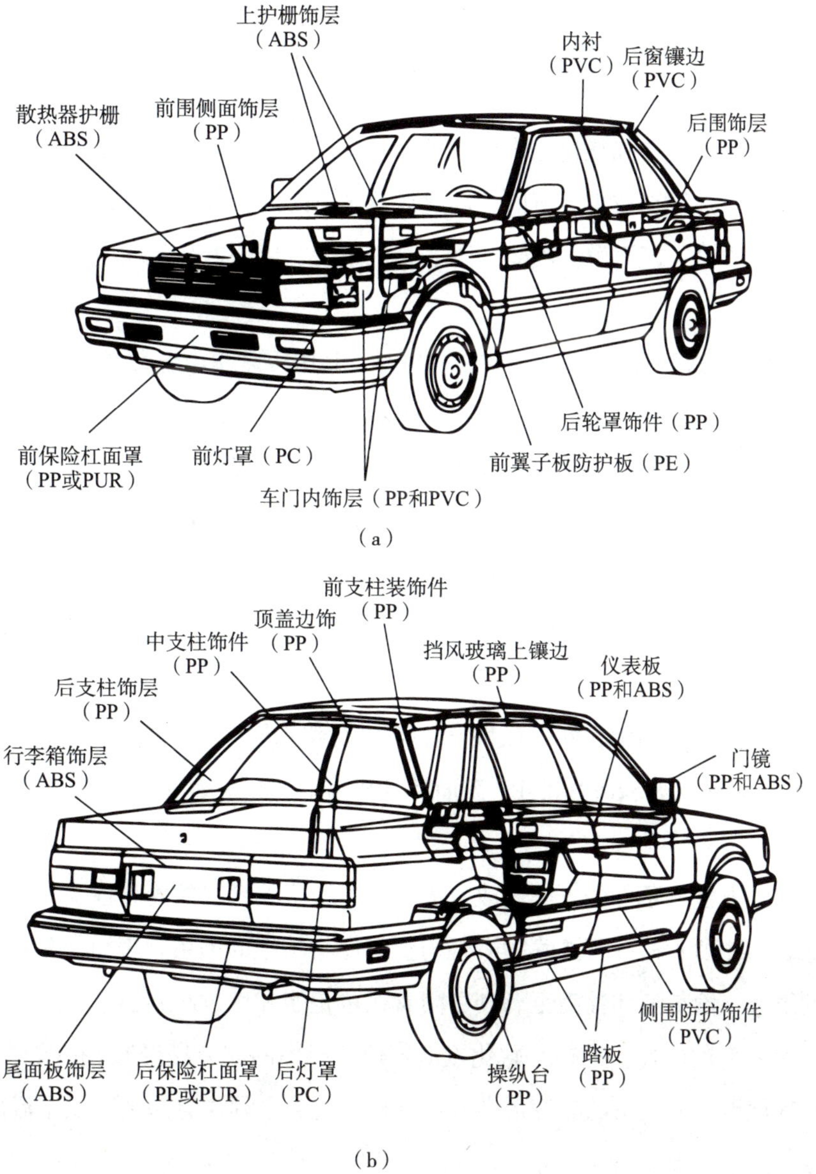

图 4–1　汽车上的塑料件

随着材料科学的发展，以及对汽车轻量化的要求，汽车尤其是轿车，其外敷件已由传统的钢制件逐步发展到铝制件、塑料件等。因此，作为车身重要的外敷件，塑料件的涂装也成为涂装专业课程的重要部分。塑料有很多的品种、型号和特性，其中有一个重要的分类特性就是其热塑性和热固性的属性。

1. 热塑性塑料

热塑性塑料在材质成型后，还可以再通过加热使其软化或融化，在软化或融化状态下加工成型，冷却后形状固定，再次加热还可以重塑形状。热塑性塑料主要有聚乙烯、聚丙烯、聚氯乙烯、聚苯乙烯、聚甲醛、聚碳酸酯、聚酰胺、丙烯酸类塑料、其他聚烯烃及其共聚物、聚砜、聚苯醚、氯化聚醚等。热塑性塑料中树脂分子链都是线型或带支链的结构，分子链之间无化学键产生，加热时软化流动，冷却变硬的过程是物理变化。

在生活中，常见的塑料管、塑料板、塑料绳以及承载不高的零件，如齿轮、轴承等，均为低压聚乙烯（PE）制造。而塑料薄膜、软管、塑料瓶以及电气工业的绝缘零件和包覆电缆等，均为高压聚乙烯制造。又如插座、插头、开关、电缆、凉鞋、雨衣、玩具、人造革等，就是由聚氯乙烯（PVC）材料所制成的。

2. 热固性塑料

热固性塑料是指原料最后在加热过程中形成产品（材质及形状），一旦定形之后材质就无法改变。热固性塑料的树脂固化前是线型或带支链的，固化后分子链之间形成化学键，成为三度的网状结构，不仅不能再熔解，在溶剂中也不能溶解。酚醛、脲醛、三聚氰胺甲醛、环氧树脂、不饱和聚酯、有机硅等塑料都是热固性塑料。

在实际生活中，我们常常可以看到很多非金属制品，其中很多是由各种类型的塑料制成的。如轴瓦、导向轮、无声齿轮、轴承及电工结构件、木质层压塑料件、适用于水润滑冷却的轴承及齿轮等，多由酚醛树脂（PF）制造。再如电话机、收音机、钟表外壳、开关插座及电气绝缘零件，多由氨基塑料制造。了解这些塑料的特性，不仅有助于汽车塑料涂装，也会帮助我们认识这些制品材料和特性。按塑料与漆膜的附着性（结合力），可将塑料分为易附着、难附着和不附着三类。

（1）易附着塑料底材。如 ABS、PMMA 塑料，可不涂底漆处理，直接涂塑料用面漆涂料也能附着牢固。

（2）难附着塑料底材。如 RIM–PU、改性 PP，需进行特殊处理（包含涂专用底漆处理）才能附着。

（3）不附着塑料底材。如未改性的 PP 表面活性极差，不经铬酸处理那样的强力处理，底漆不能附着。

塑料件的成型加工方法、条件的不同也改变表面状态，影响漆膜的附着性。如注射成型比吹塑成型的附着力要好。如表 4–1 所示概括了漆膜附着性与塑料底材特性的关系。表面能高，易使涂料湿润、扩散，有利于漆膜的附着。溶剂亲和性高也有利于附着，可是亲和性过高会引起底材的溶剂开裂和变形，因此必须注意涂料用溶剂的选择。另外，软化点低，使涂料中的成分易浸透 / 扩散到底材的内部，对附着也有利。可是，软化点影响底材的热变形性和尺寸稳定性，必须注意涂装时烘干温度的设定。

表 4-1　塑料底材的特性和漆膜的附着性

塑料底材的特性	漆膜的附着性	塑料底材的特性	漆膜的附着性
表面能（表面张力）	越高越好	软化点	低的情况好
极性（SP）	越高越好	溶剂亲和性	高的情况好
结晶性	越低越好		

塑料件涂装必须考虑底材特性，再认真选择涂料、稀释剂、烘干条件和表面处理工艺，并要充分把握住塑料底材变化动向，这点十分重要。

3. 塑料的特性

塑料主要有以下特性。

①大多数塑料质轻，密度在 0.83 ～ 2.2 g/ cm^3，仅是钢的 1/8 ～ 1/4；化学性稳定，不会锈蚀。

②耐冲击、防振动和隔噪声性能好。

③具有较好的透明性和耐磨耗性。

④不导电，绝缘性好，导热性低。

⑤一般成型性好、着色性好，加工成本低。

⑥大部分塑料耐热性差，热膨胀率大，易燃烧。

⑦尺寸稳定性差，容易变形。

⑧多数塑料耐低温性差，低温下变脆。

⑨容易老化。

⑩某些塑料易溶于溶剂。

知识拓展

塑料在汽车上的应用

1. 聚乙烯（PE）

PE 是一种耐酸，耐汽油、机油和油脂的热塑性塑料。即使在低温情况下，这种塑料也比较坚硬、刚度大且抗撞击。这种塑料通常应用于燃油箱和空气通道等处。

2. 聚丙烯（PP）

PP 是一种耐酸、耐汽油和机油的热塑性塑料。这种塑料不易破损且具有一定的抗撞击能力。保险杠饰板和车门槛外饰件多以该种塑料为原材料制作。

3. 聚酰胺（PA、PA66）

PA 是一种既耐高温又耐机油和汽油的热塑性塑料。这种塑料通常应用于进气装置、发动机盖板和气缸盖罩。

宝马 E63 的前侧围也由含有 66（PA66+PPE）的复合材料制成。这种复合材料具有突出的表面质量和较好的喷漆性能。这种塑料复合材料的一个小缺点是其具有吸收水分的特性。

4. 聚氨酯（PU）致密材料 / 泡沫材料

PU是一种应用范围非常广的热塑性塑料。它可以作为致密材料用于黏结剂和密封剂，也可以作为泡沫材料用于坐垫和吸能部件。PU具有消声特性。

5. 环氧树脂（EP）

EP是一种在135 ℃以下具有耐热变形能力且具有突出电气特性的热固性塑料。这种塑料应用于点火线圈和印制电路板等处，在跑车中也应用于支撑结构和传动元件。

6. 酚醛树脂（PF）

PF具有突出的机械特性，其耐热温度达到170 ℃。此外其还具有很好的防火特性。这种热固性塑料只能制成深色材料，主要应用于皮带轮、水泵壳体和进气装置。

7. 片状模塑料（SMC）

SMC是一种带有二维玻璃纤维增强结构的扁平状反应性树脂。这是一种热固性塑料。SMC部件的耐热温度达到200 ℃，因此能够进行上线前喷漆。

宝马E63和E64的行李箱盖、E64的折叠式车顶箱盖以及Rolls-Royce的前围板都由SMC制成。SMC由不饱和树脂（UP）+30%玻璃纤维构成。

汽车用的塑料外装件及材质如表4-2所示。

表4-2 汽车用的塑料外装件和材质

适用部件		塑料材质种类（通用名称）
外装部件	前照灯罩	PMMA（丙烯酸树脂）
	前、后保险杠	RIM-PU、改性PP、PC
	前面罩（水箱格栅）	ABS、ABS+电镀、PP、PC
	反光镜	ABS、PC
	门拉手支撑板	PA（尼龙）
	门拉手	PAG/GF（尼龙）、PC/PBT
	门槛护板	TPO、PP
	后阻流板	SMC、PPO/PA
	挡泥板	TPR
	后壁板	ABS
	轮罩	PC/ABC PPO、PPO/PA（GTX）、PP
	外部门拉手罩盖	EPDM（乙烯、丙烯）
外板	翼子板	PPO/PA（GTX）
	门板	PG/ABS

二、塑料件涂装的作用与涂装特点

1. 塑料件涂装的作用

汽车部件塑料的运用

尽管塑料制品不会生锈，易于着色，具有耐腐蚀性和一定的装饰性。但在其上涂布一层合适的涂料，可以延长它们的使用寿命，提高它们的各种性能，从而扩大它们的应用范围，提高经济效益。塑料件涂装的作用主要有以下几个方面。

（1）装饰作用

如汽车的保险杠和车身的外饰件等塑料件，经涂装后能达到轿车车身外观高装饰性的效果，且能同色化（无论是本色还是金属闪光色或珠光色）。

（2）保护作用

通过涂装提高塑料件的耐紫外线能力、耐溶剂性、耐化学药品性、耐光性等。

（3）特种功能

在塑料制品表面涂布特种功能涂料，可以将特种涂料的功能移植到塑料表面，扩大塑料的应用范围。例如苯乙烯、丙烯酸树脂和聚碳酸酯等透明塑料可以代替光学玻璃，做成各种光学制品，成本便宜，加工方便。但其硬度、耐磨性、耐划伤性不如玻璃，如涂布合适的特种涂料（如耐磨涂料、耐划伤涂料、抗反射涂料等、防结露涂料等）后，可用来制造眼镜、汽车玻璃等。

（4）轻量化

由于塑料的单位密度小于同类型的钢（铁）制品，因而降低了整车重量。

2. 塑料件的涂装特点

塑料底材的表面能较金属底材低，涂料、漆膜不易附着；塑料的热变形温度低，因而涂料干燥固化的加热温度受限制；还有如脱模剂洗净不良和添加剂的渗出，导致涂料不能成膜的情况。所以塑料件的涂装需要特殊的工艺。

（1）内用和外用塑料件涂装的不同点

内用塑料件一般采用半光泽或完全无光泽涂装，方法是在涂料中加入一定比例的亚光剂；外用塑料件有的采用无光泽涂装，有的采用有光泽涂装，视具体情况而定。

（2）硬性塑料和软性塑料件涂装的不同点

由于软性塑料本身具有柔韧性，因此它所用的涂料基本上都是烘烤型弹性磁漆，所谓“弹性”是指涂层具有较大的柔韧性，类似弹性体、橡胶，可以弯曲、折叠、拉伸，还可以恢复到原来的尺寸和形状而不会被破坏。恢复方法就是用专用的涂料或在涂料中加入柔软剂。硬性塑料的涂装无特殊要求，一般可采用与钢板相同的涂装工艺，但采用塑料专用涂料会提高漆膜的性能。

三、塑料件涂装用材料

1. 塑料表面清洁剂

它的作用是清除塑料件表面的脱膜剂，增强对涂料的附着力。使用方法是，先用灰色菜瓜布（砂纸）打磨，彻底清洁塑料件的表面，再用以 1 份清洁剂与 2 ～ 4 份清水混合后的混合液清洁整板工件，然后用清水清洗干净，待工件完全干燥后才可喷涂塑料底漆。塑料表面清洁剂的溶解性适中，不会损伤塑料表面，而且抗静电。所以塑料工件不会因摩擦而产生静电，影响涂装。

2. 塑料亚光剂

为消除汽车内部塑料件一定比例的光泽而使其半光泽或完全无光泽，一般都采用不同光泽的涂料装饰。亚光剂通常也称为平光剂，有聚氨酯用和非聚氨酯用两大类，选用时务必注意区分。其使用方法是，将喷涂面漆后的塑料件的光泽与原车的光泽作比较，以决定是否需要用亚光剂，如果需要的话，先在面漆中加入亚光剂，然后搅拌均匀，并作喷涂样板对比试验，在认为光泽达到一致时可正式喷涂施工。单层涂装消光，直接将亚光剂加入漆中即可；而双层涂装的消光，亚光剂不可加在色漆内，需添加在清漆内。

3. PVC 表面调整剂

它的作用是对 PVC 表面进行处理，使其有利于重涂。它由强溶剂配制而成，具有强烈的渗透性，而且能够软化 PVC 表面并产生轻微的溶胀。这样，涂装时修补涂料就能很容易地渗透进入塑料表面，这就是人们所说的“锚链效应”。它可以大大提高涂料对基材的附着力。

4. 汽车塑料件用底漆

（1）软性塑料件

大多数塑料件用底漆都要求在底漆中加入柔软剂（各生产厂均有与塑料面漆的配套产品），可使漆膜柔软、有韧性、不开裂。聚丙烯塑料件是一种难粘、难涂的材料，要使用专用底漆，以增加它的附着力，同时面漆中也要加入柔软剂，否则很容易脱皮。

（2）硬性塑料件

硬性塑料件的涂装通常不需要底漆，因为涂料在这类塑料制品上的附着力很好。但有些涂料生产厂仍然建议在涂面漆前使用推荐的溶剂彻底清洗塑料件，并对要涂装部位用 P 400 砂纸打磨，再喷涂合适的丙烯酸色漆、丙烯酸磁漆、聚氨酯漆，或底色漆加透明清漆。喷涂模压塑料板材时，需要使用底漆和中涂漆。

5. 涂料

汽车外部零部件如保险杠、挡泥板以及车门的镶边等塑料件所选择的涂料，最突出的要求是耐候性，另外也要求能够有较好的耐介质性和耐磨性。这类涂料多为丙烯酸聚氨酯涂料、聚酯 – 聚氨酯涂料、热塑性丙烯酸涂料等；汽车内部用塑料如仪表板、控制手柄、冷藏箱、各种把手、工具箱等，常用涂料为热塑性丙烯酸、改性环氧树脂、聚氨酯以及有机硅涂料等。

四、常用塑料种类的鉴别

在进行塑料件的维修涂装时，必须弄清塑料件的种类，以便确定维修方法和选用的涂料。不同的塑料适合的底漆类型是不同的，如表 4–3 所示。

表 4–3 不同塑料适合的底漆类型

底漆	塑料种类
适用于 PO 底漆的塑料底材	PP、PP/EPM、PP/EPDM、TPO
适用于普通塑料底漆的塑料底材	SMC、PPD、BMC、PA、GFK、HP–Alloy、PC、PUR、PP/EPDM、PBT、PP/EPM、TPV、ABS

常用的塑料件鉴别方法有以下几种。

1. 查找塑料件的标识

采用 ISO 识别码确认。在正规的塑料件制造厂生产的塑料件上（一般在背面），用 ISO 国际鉴别符号标识塑料件的品种。

2. 手册查找法

无 ISO 标识码时，可找车身维修手册，手册中可列出专用塑料的品种，手册资料要与车相符。

3. 浮力试验

在部件的背面切一片塑料，确认该部件上没有油漆、脱模剂或任何其他涂料，将这一小片塑料丢进一杯水中。假如塑料片沉入水底，表明它可以用普通塑料底漆，如图 4–2 所示；假如塑料片浮在水面上，表明它适用 PO 塑料底漆，如图 4–3 所示。

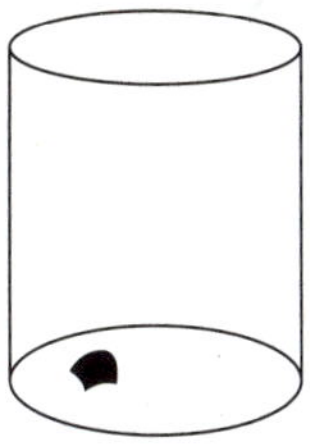

图 4–2 塑料片沉底

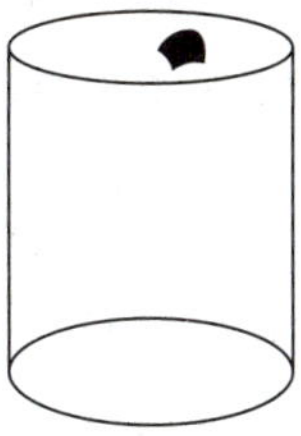

图 4–3 塑料片浮于水面

4. 燃烧试验

在部件的背面切一片塑料，确认该部件上没有油漆、脱模剂或任何其他涂料，在允许明火燃烧处，用镊子夹住塑料片的一端在火上燃烧。假如燃烧时随即产生黑色浓烟，表明它可以用普通塑料底漆，如图 4–4 所示；假如燃烧时发出轻的白烟，表明它适用 PO 塑料底漆，如图 4–5 所示。

图 4–4 燃烧发出黑色浓烟

图 4–5 燃烧发出白烟

5. 焊接确认法

一般塑料焊条有 6 种左右，每种焊条均有标识塑料品种。选择一种塑料焊条，试着焊接待确定的塑料件，如果能够使塑料件焊接良好，则可认为该焊条的材料与塑料件的材料相同。

6. 特殊简易鉴别法

（1）用手敲击保险杠内侧，PU 塑料发出较微弱的声音，PP 塑料则发出较清脆的声音。

（2）用白粉笔写在塑料件内侧，PU 塑料上的字迹 30 s 内擦不掉，PP 塑料件上的字迹 30 s 后可擦掉。

（3）用砂纸打磨塑料件内侧，PU 塑料没有粉末，PP 塑料有粉末。

7. 挠性测试法

将修理用的塑料制成试件，并与损坏的塑料件共同进行弯曲测试。一般热固性塑料在弯折后不能恢复形状，而热塑性塑料弹性较好可以恢复形状。当挠性相同时，两者材料类型相同，该试件的塑料就可以用来修理损坏的塑料件，反之就要再换塑料试件，直到两者挠性相同为止。

五、塑料件喷涂面漆工艺

用于塑料表面的涂料必须具备两个基本条件，良好的附着力和涂料不能过分溶蚀塑料表面。对于汽车涂料，内饰件侧重于耐溶剂性，涂料的使用较为复杂，包含有多个品种，主要根据底材的要求来考虑；而外饰件侧重于耐水性、抗石击性、耐候性及装饰性。大多数硬塑料不需涂底漆，面漆就能很好地黏附在其表面上；在半硬性（柔性）塑料的漆层中需要加入“柔性剂”，以使漆层在基体膨胀时具有一定的变形能力而不致脱落或开裂。对于塑料件的喷涂，最好使用一套厂家提供的配套材料，如柔性剂、面漆、内涂层材料、冲淡剂和稀释剂等。

1. 硬塑料件的喷涂

（1）内部硬塑料件的喷涂

硬塑料（如 ABS）件一般不需要喷底漆和腻子。内部塑料件面漆的颜色由车身编码牌上的调整号决定，其面漆主要用丙烯酸漆。各大型涂料厂都向用户提供内部漆图表，包括内部漆的供应号、名称、光泽系数及调整号。内部硬塑料件的喷漆方法如下。

①用溶剂清洗塑料件表面。

②按调整号码喷涂一般的内部丙烯酸漆。

③按规定时间干燥漆层，然后再装到车上。

（2）外部硬塑料件的喷涂

外部硬塑料件一般也不必喷底漆即可喷面漆，但也有个别厂家建议先喷一层底漆再喷面漆的情况，不论哪种情况，喷面漆的方法应相同。

①用清洗剂彻底清洗零件表面。

②喷涂适当颜色的面漆。

③待漆面完全干燥后，再把零件装到车上。

④对玻璃纤维件喷漆之前，应先涂腻子，再按照喷涂车身钢板的方法喷面漆。对原先已喷过气塑膜化合物的硬塑料件进行局部修理前，需先喷一层助黏剂。操作时用 400# 水砂纸打磨损坏部位，然后涂底漆、涂助黏剂，再喷面漆。

2. 弹性塑料件的喷涂

大多数弹性（半硬）塑料件的漆层中需要加入弹性剂，以使漆面在变形时不致开裂。加入了弹性剂的漆面称为弹性漆层，其喷涂方法如下。

①用 400# 砂纸彻底打磨整个表面，并用清洁剂清洗整个表面。

②按照制造厂的规定，将底漆、弹性剂和溶剂混合在一起，混合时先将底漆与弹性剂混合，再根据车间的温度加入适量的溶剂。

③将喷枪压力调到规定值，喷涂足量的双层湿涂层，以便完全遮盖表面。

④底涂层干燥 30 ～ 60 min，然后喷涂光亮层，待干燥后，装在车上使用。

知识拓展

轿车保险杠维修

保险杠是汽车发生碰撞时，最容易受到损伤的塑料件之一。保险杠出现了大的缺陷，如变形极大的损伤，视需要将保险杠拆下。然后针对变形与损伤情况，一方面进行维修处理，校正变形、修复损伤；一方面进行涂装作业，进行涂装时，还需要按原车身面漆类型，制订涂装方案。保险杠维修的工艺流程如表 4–4 所示。

表 4–4 保险杠维修的工艺流程

序号	项目	目的	施工要领
1	损伤评估	确定施工类型	仔细观察、对比，判断损伤部位及损伤程度
2	拆卸	拆卸保险杠	拆装施工规范，防止伤及其他漆面
3	修正变形	恢复原有形状	加热，但要防止加热过高
4	修补损伤	修复缺损	打止裂孔，黏结，加强缺损部位
5	涂装前处理	修整底材	打磨平整，做出羽边状，除尘、除油、除静电
6	施涂底漆	增加涂膜附着力	完全覆盖
7	施涂原子灰	填补	使用塑性原子灰，注意干燥时间，并打磨
8	施涂中涂漆	提高表面平整度，遮盖底色	清洁表面，使用塑料底漆，适当遮护，干燥，打磨
9	施涂面漆	遮盖修补部位，提供颜色、光泽度、膜厚、保护层	清洁表面，与原车面漆相同类型，调色、配制涂料，处理驳口，涂料增加增塑剂，涂膜干燥
10	修理	修补漆面轻微缺陷	抛光，检验合格
11	安装	安装保险杠	安装施工规范，防止伤及其他漆面

对车辆保险杠经过损伤评估后，确定需要维修的，正确拆卸后，进行以下修理作业。

1. 修整变形

①用红外线烤灯加热保险杠变形的部位和周围。

②打开红外线烤灯，调整灯光，使保险杠表面温度达到 40 ℃，保持 10 ～ 20 min，升高变形部位周围的温度。然后，将变形部位表面温度升到 60 ℃，保持约 5 ～ 10 min。大的变形部位会回复到原来的状态。

③用手修正其余小变形。

④完成矫正后，关掉红外线烤灯，冷却保险杠。应在原处慢慢恢复到常温状态。不要采用强制冷却或过早移动，避免构件发生整体变形。

2. 防止裂纹进一步产生

①用热肥皂水清洗整个外罩。然后擦干或吹干，再用优质塑料清洁剂清洗表面。

②使用 4 mm 直径钻头，在裂纹的末端钻一个小孔，防止裂纹进一步扩展，如图 4–6 所示。

3. 加工 V 形沟槽

用打磨机配合 120# 砂纸，在裂纹处打磨出 V 形沟槽，如图 4–7 所示。

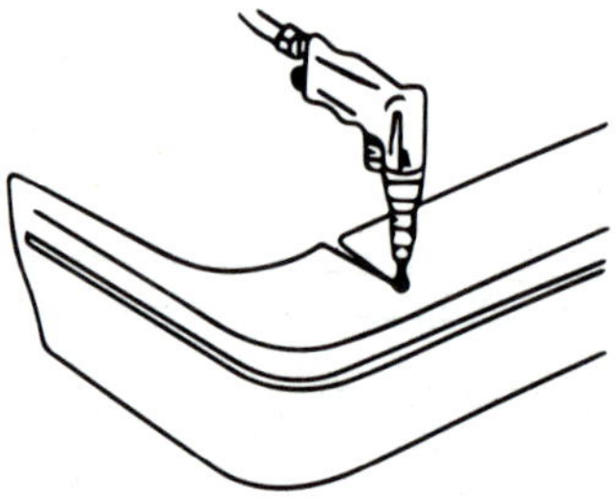

图 4–6 在裂纹的末端钻小孔

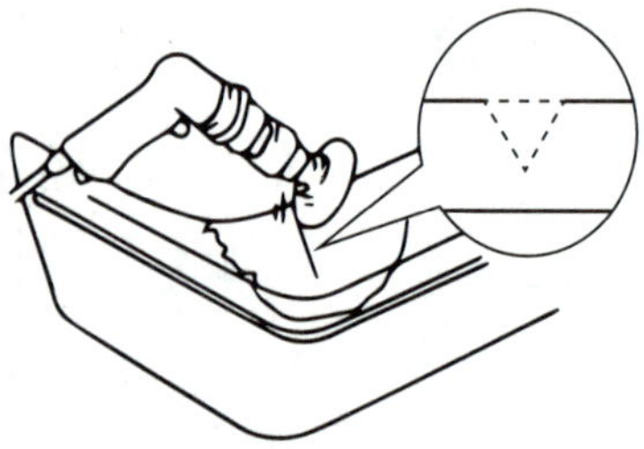

图 4–7 加工 V 形沟槽

4. 增强后面部位

①将黏合剂与固化剂完全混合，涂在保险杠的背后，直接涂在裂纹后面，使用方法参照有关黏合剂厂家的说明。

②在裂纹的末端，固定一块辅助材料（如薄铁板之类），用夹子压入其位，以消除裂纹产生的高度差。

③在涂黏合剂的部位，固定一块玻璃纤维布（不包括末端有加强材料的部位），压紧，用刮刀将流淌到玻璃纤维布外面的黏合剂刮到纤维布表面上，形成平整的涂层，如图 4–8 所示。

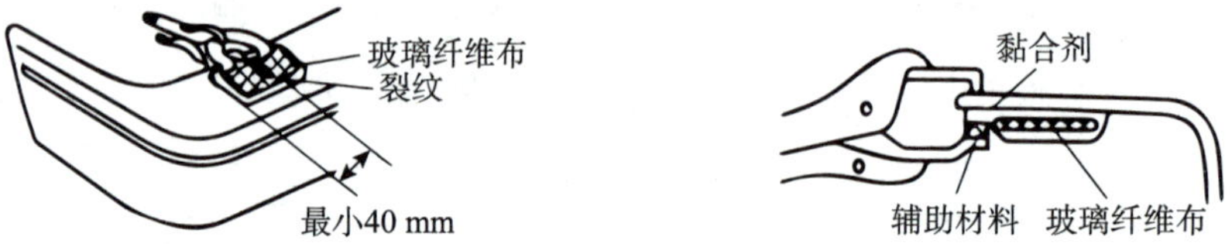

图 4–8 加强裂纹部位

④打开红外线烤灯，调整灯光，使加热部位表面温度达到 60 ～ 70 ℃，使黏合剂固化，冷却后，拆除夹子。时间参照有关黏合剂厂家的说明。

5. 打磨

往复式打磨机配合 300# ～ 400# 的砂纸在损坏的周边部位打磨出羽状边。

下面进行受损伤的聚丙烯保险杠喷重新涂工作，如图 4–9 所示。

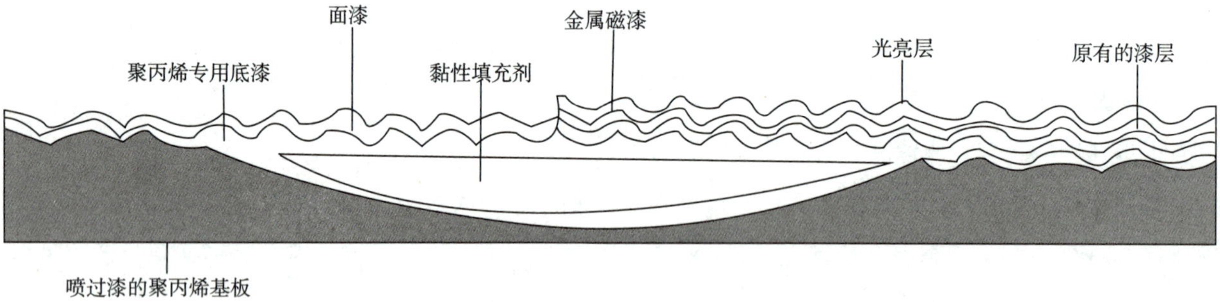

图 4–9 受损伤的聚丙烯保险杠重新喷漆工艺

6. 涂聚丙烯底漆（塑料底漆）

①用溶剂型抗静电清洁剂清洁裂纹及周围表面的油脂。

②为了保证保险杠光面的附着力，在塑料表面喷涂经过稀释的、混合均匀的特殊的聚丙烯底漆，干燥 5 ～ 10 min。

7. 施涂原子灰

①用柔性的原子灰黏合剂对要修补的部位（裂纹或刮痕）和周围（羽状边部位外边 10 ～ 20 mm）进行涂补。

②用红外线烤灯加热，使该部位表面温度达到 60～70 ℃，使原子灰固化，具体参照生产厂家说明。

8. 打磨原子灰

①保险杠冷却后，用打磨机配合 120#～320# 的砂纸打磨原子灰。

②用 320# 的砂纸打磨，区域适当向外扩张。

③用溶剂型抗静电清洁剂清洁打磨部位及周围表面的油脂。

9. 涂中涂底漆

①遮护。

②对损坏部位涂中涂底漆（塑料底漆）。

③干燥，具体参照生产厂家说明。

10. 打磨

①在有针孔或砂纸刮痕的部位涂刮填眼灰。

②填眼灰干燥后，用打磨机配合 320# 的砂纸做面漆施工前的打磨。局部修理用 500# 砂纸。

③吹干，清洁与除油。

11. 喷涂面漆

①按厂家提供的比例调配、过滤面漆涂料。

②喷涂面漆。视需要喷涂清漆。

③干燥面漆。

12. 检查、修整

如有瑕疵，进行适当的抛光处理。

13. 交车

按相应的手续和步骤交车。

第二节　水性漆涂装

一、水性漆概述

1. 水性漆定义

水性漆就是以水为稀释剂的汽车涂料。由于没有有机溶剂，所以水性漆的环保性能明显提高。由于环境污染影响和世界环保法规越来越严格的要求，水性漆得到快速的发展，各大汽车涂料生产商均在加紧研制水性漆。目前常用的为水性底色漆，如 PPG 公司生产的“Aquabase ® Plus”水性底色漆等，如图 4-10 所示。因水性漆有其独特的特点，在涂装时与溶剂型漆的工艺会有所差别。

图 4-10 PPG 水性底色漆

2. 水性漆的优点

（1）以水作溶剂，不仅可节省大量资源，还消除了施工时火灾危险性，降低了对大气的污染；仅采用少量低毒性醇醚类有机溶剂，改善了作业环境条件。

（2）水性涂料在湿表面和潮湿环境中可以直接涂覆施工；对材质表面适应性好，涂层附着力强。

（3）涂装工具可用水清洗，大大减少了清洗溶剂的消耗，并有效减少对施工人员的伤害。

（4）漆膜均匀、平整；展平性好；内腔、焊缝、棱角、棱边部位都能涂上一定厚度的漆膜，有很好的防护性。电泳漆膜有很强的耐腐蚀性。

3. 水性漆性能

水性漆虽然具有较多的优点，但也存在着一定的不足。因此，了解其性能，对于采用水性漆的涂装具有重要的意义。

（1）对涂装表面清洁度要求高

首先水性漆对施工过程中及材质表面清洁度要求高，因水的表面张力大，污物易使漆膜产生缩孔。

（2）颜料分散性差

水性漆属于聚合物分散体系，颜料分散性不是很好，树脂分子呈绕线团形的圆粒子状，这意味着分散粒子难吸附在颜料表面上。涂装所形成的漆膜初期的光泽鲜艳性好，而在室外暴露时的光泽保持率差，其原因就是水性树脂分子吸着在颜料表面上有一定的问题。因此，水性漆膜保持颜色能力较弱。

（3）表面张力大

水的表面张力大，故水性漆的表面张力也较大，在施工过程中要加强管理，否则涂装时易产生下列缺陷和漆膜弊病。

①易流挂。

②展平性不好。

③易产生缩孔、针孔。

④不易伸入被涂物表面的小细缝中。

⑤不易消泡。

（4）受温度、湿度的影响大

蒸发热和热容值高，受温度、湿度的影响大。水的高蒸发热和热容值使水性漆中的水蒸发慢。溶剂型漆中溶剂总量的50%在喷涂雾化过程中挥发掉，而对于水性漆仅为25%。水蒸发慢在涂装时易产生流挂，因此，需设置中间加热区将水从水性底漆涂层中强制挥发出去。在喷涂清漆前必须把90%的水从水性底漆涂层中除掉（防止在最终烘烤时沸腾的水穿过清漆挥发出来）以获得最佳的漆膜外观，从而避免水性底漆被清漆返溶。在喷涂金属闪光底色漆时，各层间的晾干时间较长，延长整个涂装时间而使作业效率变差。如采用烘烤方式，由于水的蒸发潜热大，烘烤温度要求高，能量消耗大。而沸点高的有机助溶剂等在烘烤时产生很多油烟，凝结后滴于漆膜表面影响外观。

水的蒸发速率与相对湿度密切相关，相对湿度高时，水的蒸发速率很低。因此，喷漆房的相对湿度和温度必须控制在一定范围内，以确保喷漆雾化过程中适量的水挥发掉，并且使水和有机溶剂在漆膜中保持适当平衡。这个适当的平衡是很重要的，它可使涂料有合适的表面张力以润湿喷涂表面。

（5）导电性好

水的介电常数大，因此水性漆的导电性好，一般水性漆的电阻小于 0.1 MΩ，而溶剂型漆有一定的电阻，为 0.5 ～ 20 MΩ。水性漆的导电性好，当采用静电喷涂时有特殊要求。

（6）腐蚀性大

水性漆含有大量水，因而对容器、输送管路、喷漆房室体等易受潮部位有腐蚀性，需用不锈钢或塑料制品。

（7）流变行为

流体黏度随剪切率的增加而减少时称为假塑性流体。假塑性流体的流变行为与其流变所走路径有关，也就是对时间有依赖，故也称之为触变性流体。基于水性漆的特性，用流杯测量黏度值不具有重现性，只有用旋转黏度计测出包括低剪切速率下和高剪切速率下的数据点完整流变曲线才能给出水性漆流变行为的完整特性。

4. 常用水性修补涂料

（1）双组分水性防腐底漆

双组分水性防腐底漆，可涂装在铁板、镀锌钢板、铝材上。作为 1K 填充中涂漆下的防腐底漆和附着底漆，也可以作为在磨穿处上的底漆，表面上可以直接喷涂水性底色漆。如表 4–5 所示。水性底漆与普通底漆（溶剂型）涂装的主要区别在于涂料的配套性，即 PPG 水性底漆应与专用的固化剂及稀释剂配套使用。

表 4–5　PPG 水性底漆技术说明

操作项目	技术要求	技术数据	
		用于防腐或附着底漆	用于磨穿处，直接喷面漆
混合比例：10 ：10 ：3（体积比）	70–2 水性底漆	10 份	10 份
	270–2 配套固化剂	10 份	10 份
	90–VE 配套稀释剂	3 份	3 份
喷涂黏度	DIN4 在 20 ℃时	16 s	16 s
活化时间	在 20 ℃时	5 h	5 h
喷枪	重力式 HVPL3 mm	0.2 ～ 0.3 MPa（喷嘴处）	
喷涂层	薄层	2 层	2 层，向周边小范围渐淡喷涂

表 4–5（续）

操作项目	技术要求	技术数据	
		用于防腐或附着底漆	用于磨穿处，直接喷面漆
膜厚	遮盖	20 ～ 25 μm	大约 20 μm
闪干时间	在 20 ℃时		大约 10 min 至亚光
干燥	在 20 ℃时	大约 20 min 至亚光	
	在 60 ℃时	10 min	
打磨	白色百洁布		边口粗糙区域

（2）单组分（1K）水性填充底漆

1K 型水性填充底漆用于固化不良的旧漆膜的封闭处理，也可以用在防腐底漆之上，作为填充功用的底材处理，还可以作为指导层使用。

（3）水性底色漆

水性底色漆分为水性金属底色和水性纯色底色两种，属于 1K 涂料，按双工序施工，表面可以喷涂水性或溶剂型罩光清漆。水性底色漆遮盖力极佳，溶剂含量只有 10%。

5. 水性底色漆干燥

水性底色漆的干燥曲线如图 4–11 所示。干燥过程分为红外线烘烤 1.5 min、吹热风 2 ～ 3 min 和吹冷风 2 min 几个主要步骤。最高的烘烤温度不要超过 75 ℃，最低不低于 30 ℃。

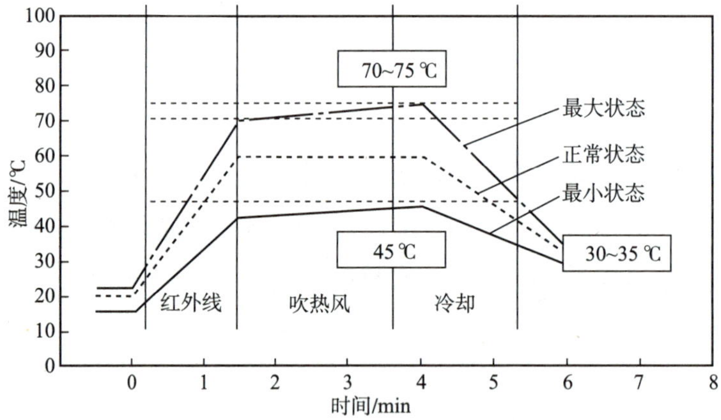

图 4–11 水性底漆干燥曲线

为了解决水性漆闪干慢的问题，应使用水性漆吹风机，来加快水分的蒸发。保证在喷涂清漆前，水性底色漆中的水分必须蒸发到小于 10%。在做小面积修补时（例如车门、翼子板等），可以减少烤漆房的加热需要，提高工作效率。使用水性漆吹风机的干燥时间与其他干燥方式的比较，如表 4–6 所示。由表中数据可以看出，用吹风机辅助干燥的速度明显要好于烘烤和自然干燥。

表 4-6　水性漆干燥时间比较

干燥系统	在 20 ℃下自然风干	在烤漆房内以 60 ℃烘烤	在 20 ℃用水性漆吹风机
第一道喷涂时间	30 s	30 s	30 s
挥发时间	15 min	9 min	3 min+10 s
第二道喷涂时间	30 s	30 s	30 s
干燥时间	17 min	8 min	3 min+15 s
总干燥时间	32 min	17 min	6 min+15 s

注：喷涂工件为翼子板；喷漆房空气流量为 27 000 m3/h。

水性漆吹风机的结构如图 4-12 所示。压缩空气从接口进入，在吹风机的头部形成文丘里效应区（气体流经小截面孔时，流速会增高，压力下降，并产生吸附作用），外部的空气经滤网过滤后被吸进，从喷嘴喷出去吹干油漆。

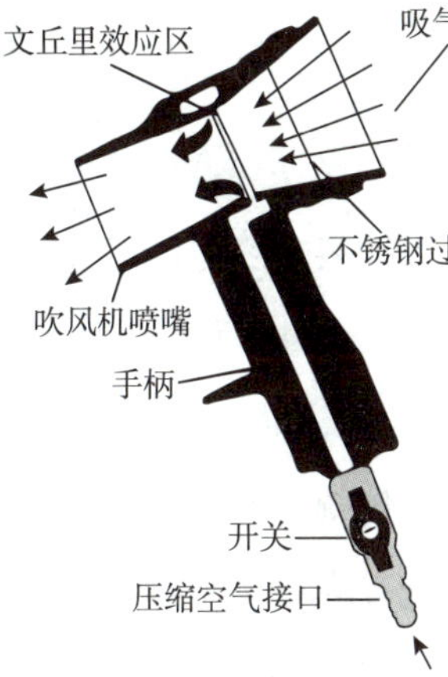

图 4-12　水性漆吹风机的结构

6. 水性漆储存

水性漆的储存条件要求：储存环境温度为 5 ～ 30 ℃；在冬夏两季运输过程中必须加热和冷却，运输车需装备恒温系统，油漆储存间和调漆间需安装空调；盛放的容器使用防腐蚀设备（不锈钢和塑料）等。

二、水性漆涂装设备

水性漆的施工工艺（涂料施工条件）如图 4-13 所示。水性漆最佳的施工温度和湿度范围为：温度 22 ～ 24 ℃，相对湿度 60% ～ 70%。

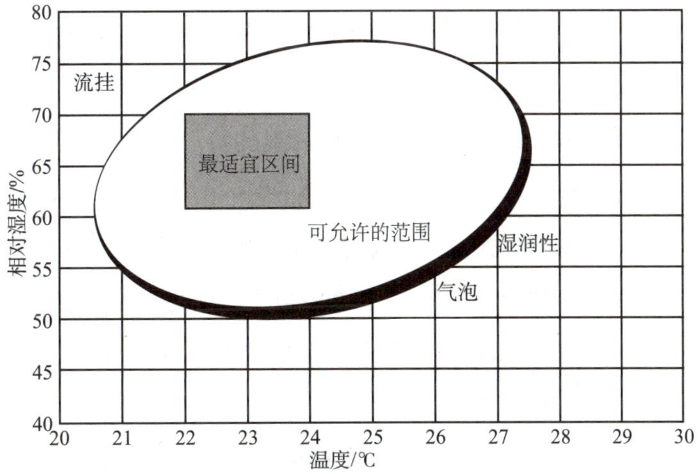

图 4-13　温度、湿度对水性漆施工的影响

与溶剂型漆相对宽松的施工工艺相比较，水性漆对于喷涂环境温度和湿度条件有着更加严格的要求，但为了选择涂料富裕度更大以便更好地保证生产质量，在喷涂设备系统设计时设定的条件要更为严格，一般要达到：温度（23 ± 1）℃、湿度 65% ± 3% 的精度要求。

由于水性漆特殊的施工要求，在设备选型上和溶剂型设备各有不同，具体对比情况如表 4-7 所示。

表 4-7 水性漆和溶剂型漆涂装设备要求对比

项目	溶剂型漆	水性漆	特殊要求
喷漆房	1. 受温度影响小 2. 可以通过助剂调整应对温度变化	1. 受湿度影响大 2. 不能通过助剂应对温度变化	需要加热 / 制冷 / 除湿空调
机器人	一般静电式喷涂机	水性漆导电性高，不能使用溶剂型喷涂系统	外置加电
闪干区	只需要流平区即可	水分不能完全挥发，需要强制挥发	需要增加水分预烘干装置
废漆处理		从排出中分离或析出涂料很困难，排水容易起泡	使用专用药剂
输调漆	黏度低，对金属腐蚀性弱	黏度高，对金属腐蚀性强	泵及管路选用比溶剂型大系统材质 304 不锈钢以上

1. 水性漆对喷漆房的要求

水性漆喷漆房的风速在 0.2 ～ 0.6 m/s 范围内，喷漆房的静压室以下最好采用不锈钢材质，因为水性漆的施工条件要保持湿度在 70% 以下，这样潮湿的环境对设备的腐蚀程度要比溶剂型漆强烈。

2. 中涂烘干系统

与传统溶剂型中涂漆喷涂施工后即进行烘干不同，由于水的挥发性较低，水性中涂漆喷涂施工后直接进行高湿烘干会产生气泡等缺陷，因此在原厂烘烤时需要进行低湿预烘，即在 80 ℃的温度下保持 5 min，使涂料中的水分充分蒸发后，再升温至 160 ℃保温 20 min 使漆膜完成固化。

3. 水性底色漆热闪干系统

对于溶剂型面漆涂装工艺，底色漆和罩光清漆均为溶剂型涂料，在底色漆喷涂后仅需要常温流平数分钟（1 ～ 5 min），就可以直接喷涂罩光清漆。而在水性漆面涂工艺中，由于水的难挥发性，需要在喷涂罩光漆之前通过加热干燥的方式将水性底色漆中的水分充分蒸发掉，才能进行下道罩光清漆的喷涂，否则面漆烘干时会产生气泡缺陷。

现阶段采用较多的是热风加热闪干形式，根据不同材料的特点，一般预烘干温度控制在 50 ～ 80 ℃，热风中控制水分含量不应大于 10 g/kg，相对湿度控制在 5% ～ 10%，每延长 1 m 的空气循环量不应小于 4 000 m^3/h，风嘴热空气的流速为 15 ～ 20 m/s。风嘴布置在 30 ～ 90 cm，同时可以采用红外线辅助加热等形式。预烘干过程对漆膜的除水效率一般应达到 90% 以上，否则对后续施工带来很多不利影响。烘干时间控制方面，考虑到生产线长度和漆膜的要求，一般控制在 3 ～ 4 min，其中升温 1 ～ 1.5 min，保温 2 ～ 2.5 min。

热闪干系统作为水性面漆涂装工艺中的关键，核心在于加热循环风系统的温度、湿度控制。一般做法是将热闪干段分为一个升温区、两个保温区，并对每个区的温度和湿度分别进行精确控制，以保证底色漆脱水率达到后续罩光清漆喷涂的要求。

由于汽车修理厂所配备的喷烤漆房几乎全部是按溶剂型涂料设计的，因此，涂料生产商生产的低湿修补水性漆也都能适应溶剂型喷烤漆房的条件，只是需要添加一个吹风装置即可。在实际操作中，可根据所使用的水性漆型号，按照其相应产品使用说明书进行。

三、水性漆涂装方法

1. 劳动安全与卫生

尽管水性漆溶剂含量很少，但仍然对人体健康有一定的影响，特别是在整个涂装系统中，并不是从底漆到面漆均为水性漆，所以，进行水性漆涂装作业时的劳动保护也需和涂装溶剂型漆一样。

2. 准备工作

因水性漆完全可以涂覆在溶剂型旧漆膜上，而底漆相对面漆而言，涂装操作相对简单，故以下介绍水性漆的涂装方法。

（1）粉尘的清除。用吸尘器或压缩空气除净待涂装表面的粉尘。

（2）遮蔽工作。对不需要涂装的部位进行严格的遮蔽。

（3）除油。用专用除油剂对待涂装表面进行一次彻底的除油。

（4）除尘。用专用除尘剂对待涂装表面进行一次全面的除尘。

（5）涂料的准备。水性漆的调色方法与溶剂型漆的操作相同。将调色后色浆量按规定的比例加入专用水（水性漆调整剂，按规定的比例配比），过滤后装入面漆喷枪。

（6）喷涂前的检查。对打磨、除尘、除油及遮蔽情况进行一次全面的检查，确认是否可以喷涂面漆。

3. 喷涂

（1）相关技术参数确定

①喷枪选择

根据 PPG 系列底色漆技术说明，喷涂 PPG 系列底色漆需专用喷枪，即用传统溶剂型喷枪即可，可选择 HVLP 喷枪（1.3 mm 口径），如图 4-14 所示。也可选择兼容喷枪（1.3 ～ 1.4 mm 口径）。

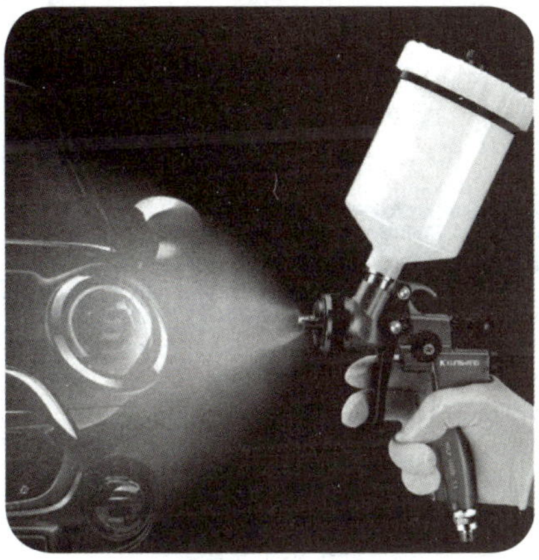
图 4-14 HVLP 喷枪

②喷涂气压调整

根据产品系列底色漆技术说明，喷涂 PPG 系列底色漆时喷涂气压为 1.0 ～ 1.5 kPa。

③喷漆房参数设置

PPG 系列底色漆建议的喷漆温度为 20 ℃。考虑到水性漆的特点，最好将喷漆房温度控制在 22 ～ 24 ℃，相对湿度为 60% ～ 70%。

（2）水性底色漆喷涂

①第一次喷涂雾喷层。

②调整吹风枪对漆面吹干至亚光状态。

③第二次中湿喷涂。

④调整吹风枪对漆面吹干至亚光状态。

⑤第三次中湿层喷涂（1/2 层）。

⑥第四次色漆指导层喷涂。

⑦调整吹风枪对漆面吹干至全亚光状态。

⑧如果色漆表面有灰尘，此时可用干磨砂纸干打磨，并再次薄喷一遍。

（3）清漆的喷涂

在水性漆表面喷涂清漆时，可以用溶剂型清漆。应选择溶剂型多功能清漆，与固化剂和稀释剂配比。

可以选用 HVLP 喷枪（1.3 mm 口径），喷涂气压为 1.8 ～ 2.0 kPa，喷涂层数为 2 层，以 60 ℃低温烘烤 30 min。

①将清漆与固化剂和稀释剂按要求的比例调好黏度。

②用过滤网过滤后装入选定的喷枪。

③调整好喷涂气压（1.8 ～ 2.0 MPa），喷幅及漆流量。

④喷涂第一层，闪干 5 ～ 10 min。

⑤喷涂第二层，闪干约 15 min 后可加温烘烤。

如果为局部修补，则应在清漆与旧漆膜过渡区域喷涂专用驳口水。

4. 干燥

将烤漆房设定烘烤温度为 60 ℃，烘烤时间为 30 min，关闭排风进行烘烤。局部喷涂也可采用红外线灯烘烤，短波为 8 min；中波为 10 ～ 15 min。

第三节 其他特种涂装

一、铝合金件涂装概述

1. 涂装易产生缺陷

铝合金裸金属长时间暴露在空气中就会出现氧化现象，生成三氧化二铝（氧化铝）。氧化铝就是铝合金表面的一层致密氧化膜，使铝不会进一步氧化并能耐水。但其表面极其光滑，所以其附着力比较差。目前在 4S 店或者修理厂，钣金一般不会对铝板进行整形，所以只要凹陷或者损伤面积在可控制的范围内，一般多采用补灰涂装操作。

刮了原子灰的铝合金面板在烘烤的情况下经常会出现原子灰开裂或者原子灰脱落，也有可能在喷漆后高温烘烤开裂。产生这些缺陷原因有很多种，如没有很好地清理铝合金表面的氧化膜；清理完原子灰表面的氧化膜没有马上进行原子灰操作；原子灰刮得太厚；为了提高工作效率使用大刮刀一遍成型，却忽略了原子灰与铝合金板的贴合程度；没有使用侵蚀底漆等。

2. 铝合金维修所用工具设备

（1）铝合金专用填料

相对于钢板，铝板的修平效果要差一些，很多情况下，较小的凹坑需要使用填料进行填平。普通的原子灰很难保证使用寿命，铅性原子灰还会造成铝板防腐性能降低。铝粉作为金属元素，具有较高强度及韧性，其与专用胶水的混合物非常适合对铝板凹坑进行填平。使用钢丝刷擦刷待涂装表面，使整个待刮涂的区域变得粗糙，以增加填料的附着力，可使用除油布清洁。将铝粉与胶水按照约 3:1 的比例混合搅拌均匀，刮涂于凹陷部位，一次无法成型时，可分几次刮涂，中间间隔约 15 min。待填料固化后，使用柔性锉初步修平，再使用研磨机进行精细研磨，最后进入喷漆作业。需注意的是，由于铝粉尘具有一定的燃爆性，所以研磨时要采用气动研磨机而严禁使用电动研磨机。

（2）侵蚀底漆

侵蚀底漆又称洗涤底漆，干燥迅速，防腐性能佳，对铝合金表面有较好的附着力。底材在喷涂前一定是干燥、干净、未被腐蚀、去除了油脂或氧化膜的。按照涂料生产商要求混合底漆和固化剂，并在规定的时间内完成喷涂，切勿喷涂过厚而影响附着效果。喷涂后应立即对喷枪进行清洗，以免腐蚀喷枪。

3. 铝合金件涂装工艺

铝合金件涂装工艺方法有两种，具体操作步骤如表 4–8 所示。

表 4–8　铝合金件涂装工艺的操作步骤

过程	操作要求	铝合金板（损伤）		铝合金板（新件）	备注
		方法一	方法二		
底材处理	用红色菜瓜布浸润除油剂清除表面油污	○	○	—	先除油主要是为了提高砂纸的使用效率
	用 P 180 干磨砂纸打磨表面形成羽状边	○	○	—	羽状边一定要平滑过渡
	对其表面进行彻底除油	○	○	○	
	喷涂侵蚀漆	—	○	—	底材处理后 6 h 内喷涂漆，防止底材再次氧化
中涂漆喷涂	侵蚀底漆喷完留出闪干时间直接喷中涂漆	—	○	—	采用“湿碰湿”的工艺，避免过多操作
	铝粉填料的填涂，打磨	○	—	—	注意使用要求
填充剂施涂	中涂漆在打磨后进行原子灰的填涂、打磨	—	○	—	中涂漆的打磨主要是为了提高附着力
侵蚀底漆喷涂	铝粉填料刮涂打磨后，侵蚀底漆喷涂进行操作	○	—	—	底材处理后 6 h 内喷涂底漆，防止底材再次氧化
中涂漆喷涂	侵蚀底漆后、原子灰后或新件上，中涂漆的喷涂	○	○	○	新件上本来就存在底漆，只需用灰色菜瓜布打磨即可喷涂中涂漆，切记不要打磨露出铝合金裸金属
面漆喷涂	中涂漆打磨后，面漆前处理结束，开始喷涂色漆	○	○	○	

注：○：执行此操作；　　—：不执行。

二、防石击涂料涂装

1. 类型

防石击涂料有抗砂石撞击涂料面漆型和中间涂层型两种类型。两种类型涂料的防石击作用是相同的，不同之处在于面漆型的是黑色的，而中间涂层型的颜色与面漆相同，因为它涂在电泳层和中涂漆之间。两种类型的涂料有特有的橘皮纹理，如图 4–15 所示。

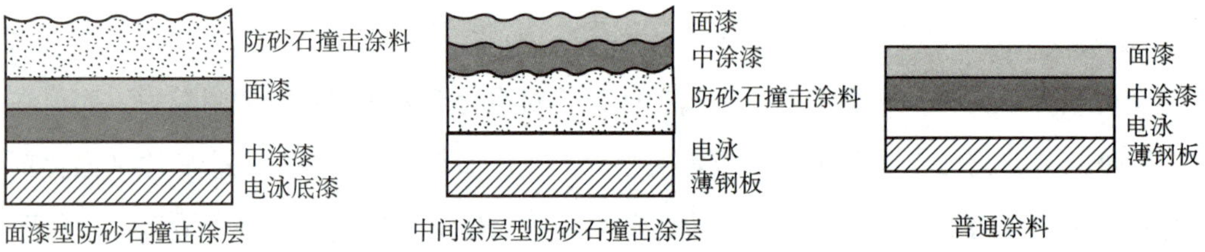

图 4–15 防石击涂装类型

2. 涂装要点

首先所用涂料必须是防石击性能很好的涂料，以便涂层被碎石撞击时不会脱落；其次必须喷涂适当厚度的涂料，最后的纹理产生合理，即接近原来的纹理。防石击涂层结构如图 4–16 所示。

3. 喷涂要求

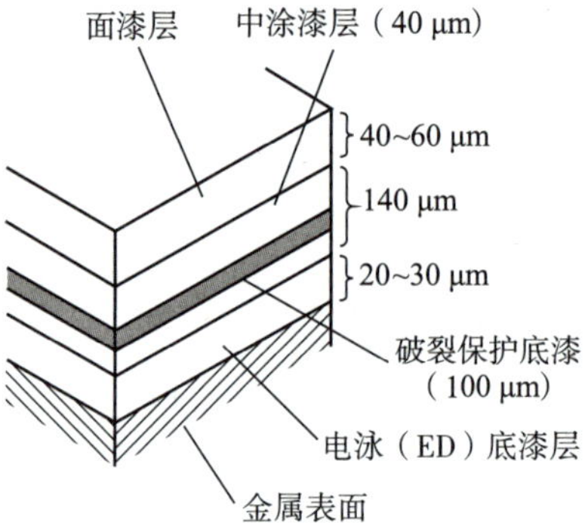

图 4–16 防石击涂层结构

对于防石击涂料一定要认真阅读涂料生产商提供的使用说明，特别注意与固化剂、稀释剂的配比。涂料的黏度一定要达到施工要求。可以通过试喷，干燥后与原涂层比较进行黏度调整；涂料调配好后，在室温下可保存一段时间，但一定要在规定的时间内施涂完成，否则影响喷涂效果。喷枪要求为：气压为 2.5 ～ 3.0 kPa；喷口开启 3 ～ 4 圈；喷枪直径为 1.5 mm（普通喷枪，仅供参考）。涂装时，首先将表面稍微喷湿，并留出约 5 min 的闪干时间（根据表面干燥情况）。喷涂第二遍时，要使喷涂表面的颜色与粗糙度与和周围的旧漆面相匹配。喷涂一般不要超过两遍。

4. 涂装工艺

防石击涂装工艺如表 4–10 所示。

表 4–10 防石击涂装工艺

流程	操作要点	面漆涂层型	中间涂层型	备注
原子灰成型	主要为板件更换后的施涂，注意整个面的协调性	—	○	
打磨	对施涂防石击涂料的部位进行打磨	○	○	P 300 ～ P 400 砂纸
施涂防碎石涂料	遮蔽，清洁，除油，施涂，注意施涂厚度，并干燥	—	○	根据涂料供应商的要求进行干燥流程
中涂漆施涂	待其干燥，用红色菜瓜布对防石击涂料处表面进行打磨	—	○	用菜瓜布主要防止橘皮式的结构被破坏
面漆涂装	喷涂防碎石涂料面漆	○	—	最后修整检查表面

注：○：执行此操作；—：不执行。

三、车底涂装

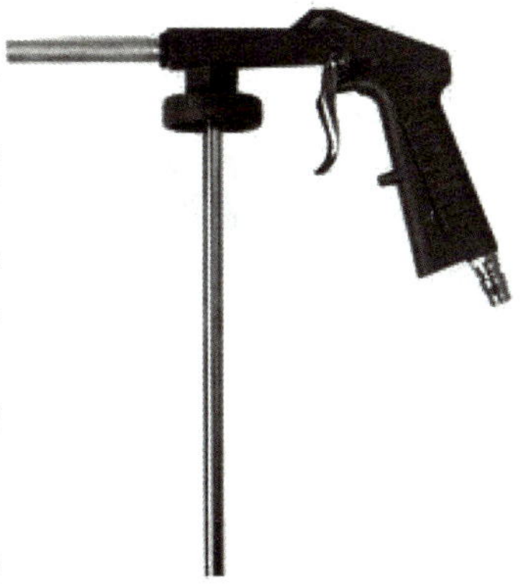

图 4–17　底盘装甲喷枪

在生产线生产的车辆上，为防止飞石等造成损坏，漆前部地板、后地板的下表面以及前后轮罩的内表面上均喷涂有防撞胶，但其涂层厚度会因部件位置而不同，通常的厚度为 0.5 ～ 1.5 mm。在将上述部件更换为新部件时或者严重损坏时，则应根据涂料供应商的要求喷涂底漆。有关需喷涂部位的详细信息一般要查看各车商的车身维修手册。所用喷涂设备主要是底盘装甲喷枪，如图 4–17 所示。

喷涂时，喷枪距物体表面 15 ～ 20 cm，呈“+”字形喷涂，喷涂速度为 10 ～ 15 cm/s。底盘装甲具有一定的厚度才能达到较好的效果，需通过多次喷涂加厚，下一次喷涂应在前一次涂层表面干燥的基础上进行（每次喷涂间隔为 10 ～ 15 min）。对于油箱、翼子板底部应重点喷涂。塑料材质的部件以及螺栓等不建议喷涂。

车底涂装工艺如表 4–11 所示。

表 4–11　车底涂装工艺

流程	操作要点	备注
清洁	施工前将车底需喷涂的部件高度清洁，达到无尘、无油。如有锈迹应铲除、磨光。车底清洁后用于布、压缩空气将需喷涂部位吹干净	特别是轮弧、挡泥板及其衬边
保护	利用遮蔽纸及胶带将不能喷涂的部位遮蔽好	包括：排气管、发动机、传动轴、三元催化器、镀锌板类散热部件（一般在排气管上方）、各种管线及接口、螺钉
喷涂	施工部位是车辆底盘钢板、轮弧、翼子板内表面、油箱外表面。施工人员需戴好防尘口罩。每次使用前用力摇匀涂料罐	拉开拉环，将喷枪吸管插穿铝膜，并拧紧容器罐与喷枪的对接口，即可开始喷涂
施工后处理	清除遮蔽，并清理场地	喷涂后 20 ～ 30 min 后，用手轻触漆面，表面干燥不黏手即可行车。涂层完全固化时间为 3 天左右，在此期间不影响车辆使用

四、彩色清漆涂装

彩色清漆是一种清漆混合物，其涂层结构如图 4–18 所示。适用于金属色漆层和透明颜料及染料。其漆层能够提供有深度感的透明颜色。这种漆层由表层的半透明彩色清漆层和底层的底色漆层组成。

彩色清漆层为半透明，其外观颜色会随漆层厚度的不同而变化，如图 4–19 所示。因此，有必要制备若干具有不同漆层厚度的颜色试件，按照与三层珍珠色漆相同的方法进行颜色比较。如果用作底色漆的漆型在掩盖底漆层颜色方面的性能较差，则应在底色漆喷涂前，先喷涂一道能够较好遮盖底漆层的色漆。

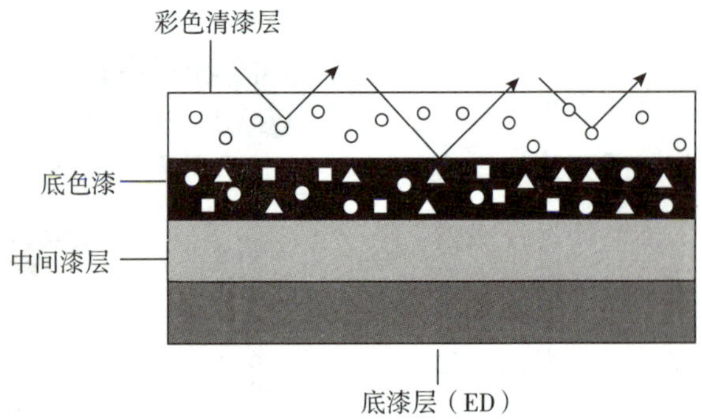

图 4-18 彩色清漆涂层结构

图 4-19 汽车彩色清漆涂装

本章小结

汽车是一种陆路交通工具，其使用的环境、气候、道路条件复杂而多变，为此它需要有良好的耐候、耐蚀、耐擦伤及抗石击的特性，即应在日晒、雨淋、风沙冲击、干湿交替、冷热变换、盐雾与酸雨侵蚀的环境下，具有良好的保光、保色、不粉化、不脱落、不起泡、不锈蚀能力。此外，覆盖在车身表面的油漆涂装层还是汽车一层美丽的外装，对于绝大多数用户而言，往往外观是决定是否购买某车的主要因素。本章详细介绍了塑料件涂装工艺、水性漆涂装工艺、部分特种涂装工艺，在能够正确鉴别汽车用各类塑料种类的同时，能够正确叙述各类材料的涂装工艺与修理程序。

通过本章的学习，使读者对特种材料及其涂装工艺有了进一步的了解，对后面的学习及工作奠定了良好的基础。

课程思政

节能环保产品优选优待 环保健康成为消费主流

中国水漆研究院与中国水性涂料产业战略联盟联合于 2018 年 7 月 17 日发布了国内首份全水漆行业蓝皮书——《水漆应用、评价及推广标准蓝皮书》，将为水漆及下游行业提供技术标准、使用规范和具体的评价体系。

目前实力企业与水漆企业展开战略性合作，已成为工业制造、建筑装饰等行业转型升级的新态势。据知情人士爆料，国家体育场“鸟巢”将在选择涂料时全面实现“油转水”，与拥有突出的技术优势和实践经验的晨阳水漆“强强联合”，有望为行业树立新的技术标杆。

当前，为实现“绿色发展”的战略目标，国家及地方不断出台各项环保政策，引导企业在生产过程中使用无毒无害或低毒低害原料，从源头削减或避免污染物的产生。以水为稀释剂的水漆，在世界范围内已被公认为是逐步替代油漆的更新换代产品，目前也已成为我国涂装行业绿色升级的热点。在欧美发达国家，水漆普及率达 60% 以上，工业漆普及率 40%。而在中国，以工业漆为例，其应用率尚不足 10%。推行水性化涂装是中国涂装领域的一次革命。

（资料来源：http://news.dichan.sina.com.cn/2017/07/24/1234963.html 内容有删改）

思考练习

1. 水性漆有哪些种类？各种类水性漆的用途是什么？
2. 铝合金涂装会容易出现哪些缺陷或损伤，如何进行预防？

第五章

汽车涂装修补技术及工艺

本章导读

汽车在运行中，由于受各种环境的影响，如风吹、雨淋、盐碱侵蚀、冷热变化或因事故造成破损等，涂层表面发生色裂、粉化、变色、脱落等，均需要进行修补或在新表面上喷涂。车身构件涂层品质的优劣主要取决于车身喷涂的工艺水平，因为喷涂对象的状态、喷涂的前期处理、涂喷的操作方法、喷涂的环境以及喷涂的干燥条件等，与汽车车身的喷涂品质密切相关。车身修补喷涂的目的是外观完美、颜色基本一致，这需要操作人员有丰富的经验和高超的技术水平。

学习目标

1. 熟悉局部修补喷涂的含义及其工艺。
2. 能够描述涂膜质量的检测相关内容。
3. 掌握涂膜病态分析与解决方法。

第一节　局部修补喷涂工艺

一、局部修补喷涂概述

局部修补即对车身的某一局部进行涂装修理，大多数需要进行涂装修理的车辆都属于这种情况。局部修补时最重要的是使修补区域的颜色与未修补区域的颜色一致，表面流平效果相同，为达到这个目的，在底材处理和喷涂时需要采用一定的技术措施。

局部修补喷涂也被称为点状上漆或局部修整，是指在车身维修时，如果一块板件上出现了损伤，但是损伤的面积较小，为了节省时间和材料，而进行的局部修补涂装工艺。局部修补喷涂的前提是有足够大的剩余面积，如图 5–1 所示。

1—受损、已经涂抹填料的表面；2—底色漆涂层；3—底色漆涂层之后的清漆涂层。

图 5–1　采用局部修补喷涂的面积确定

1. 不同种类漆膜的过渡方式

（1）素色漆

素色漆喷涂由于是单工序操作的，因此只将面漆进行局部喷涂，再适当进行晕色处理即可。

（2）金属色漆

金属色漆由于有清漆层，其局部修补喷涂方式分为局部过渡喷涂、板内过渡喷涂和板外过渡喷涂三种工艺。

①局部过渡喷涂工艺

局部过渡喷涂工艺是指局部喷涂底色漆、局部罩清漆，通常也称为点修补，适用于位于板件中部的范围在 20 ～ 50 mm^2 的漆膜损伤修复。

②板内过渡喷涂工艺

板内过渡喷涂工艺是指局部喷涂底色漆、整板罩光清漆，如图 5–2 所示。此种工艺一般用于位于板件中部的较小范围漆膜损伤修复，且受损面在各个方向上都没有清晰的边缘界线时。

③板外过渡喷涂工艺

板外过渡喷涂工艺是指在需修补板件和相邻板件上喷涂色漆，部分颜色在相邻板件上过渡，清漆喷涂整板（包括相邻板件）。通常在漆膜损伤点处于板件边缘时采用此工艺，如图 5–3 所示。

图 5-2 板内过渡喷涂工艺

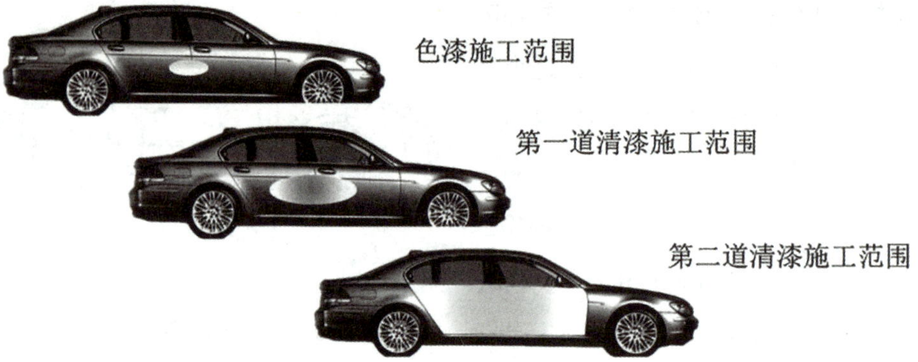

图 5-3 板外过渡喷涂工艺

无论是素色漆还是金属漆，过渡喷涂工艺的难点在于，如何使修补的部位与板件的原有部位之间的差异减小到肉眼无法分辨的程度。

2. 面漆局部修补喷涂边界的选择

局部修补喷涂边界的选择很重要，能使修补后的涂层与原涂层差异减小，让人基本看不出曾经被修补过。边界选择应满足以下要求。

快速补漆与钣金喷漆

（1）选在车身板件面积较窄处，比如 A 柱、B 柱、C 柱等处。

（2）选在车身拐角部位，比如保险杠蒙皮拐角处等。虽然是同一个板件，但是处在空间的两个面上，对观察者来说对比性要小很多。如果在同一个平面上，由于存在对比性，两部分的新旧、颜色等会很容易对比出来。

（3）板件的棱线部位。车身板件的棱线也是驳口过渡喷涂边界很好的选择，因为大多数车身棱线分界的两个面都是不在同一平面上的，所以对比性要小。

（4）不适合进行驳口过渡喷涂的部位，有发动机罩和行李舱盖。因为这两块板件均在车辆的最显眼的位置，并且处在水平面上，最好不要在上面“打补丁”。因为再好的修补也不是完美无缺的。

3. 面漆局部修补喷涂对底材处理的要求

要求在整板喷涂的基础上，要对过渡区域作更精细的处理。如图 5-4 所示。首先过渡区域的范围一定要达到要求，尽可能扩大一些；在扩大的过渡区域要用P 2000美容砂纸或与之相当的研磨材料，对原漆面进行研磨处理。

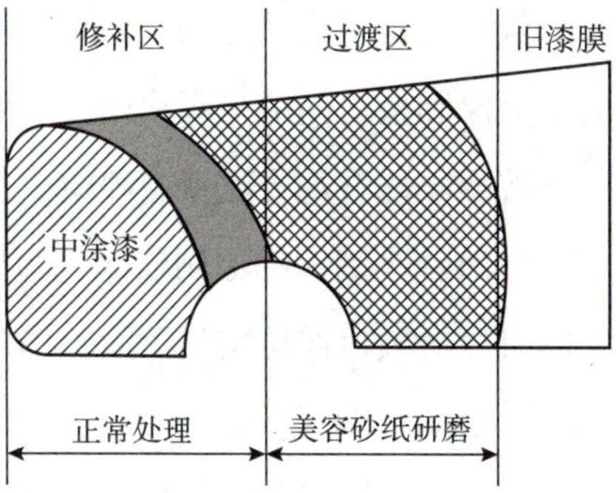

图5–4 过渡区域精细处理

4. 驳口水

驳口水也叫接口溶化剂，是进行面漆过渡喷涂时使用的涂料，它可以帮助过渡区域的色漆层变得平滑均匀，防止修补区域周围颜色深暗。驳口水通常装于铁制罐内，开罐即可使用。使用前需充分摇匀，需要在素色漆最后一道喷完后或者金属漆最后一道清漆喷完后，在接口区域马上喷涂一层驳口水。

二、单工序素色漆驳口喷涂

单工序素色面漆由于没有清漆层，所以通常采用板块内驳口喷涂工艺，按照小修补的方法调整喷枪。喷枪扇面的距离调整至10～15 cm，喷涂气压缩小至0.1～0.2 MPa，出漆量也需要相应缩小。

按照从小到大的原则，遮盖修补区域的中涂漆，每层之间需预留5～10 min的闪干时间，完全遮盖后，以1∶1比例添加驳口稀释剂，与剩余素色漆混合并快速搅拌均匀后向驳口部位喷涂均匀，然后倒出混合物，使用纯驳口稀释剂，继续向驳口部位喷涂均匀至驳口部位合格。

局部修补不适合在车顶、发动机盖等平面位置做，因为这些部位的驳口位置会比较明显，利用喷涂及抛光要达到较高的漆面亮度及均匀美观的纹理比较难。一般来说，单工序素色面漆适合于在翼子板、保险杠、B柱这些狭窄及有弧度的部位做局部修补驳口。素色面漆由于没有清漆层，所以通常采用板块内驳口喷涂工艺，如图5–5所示。

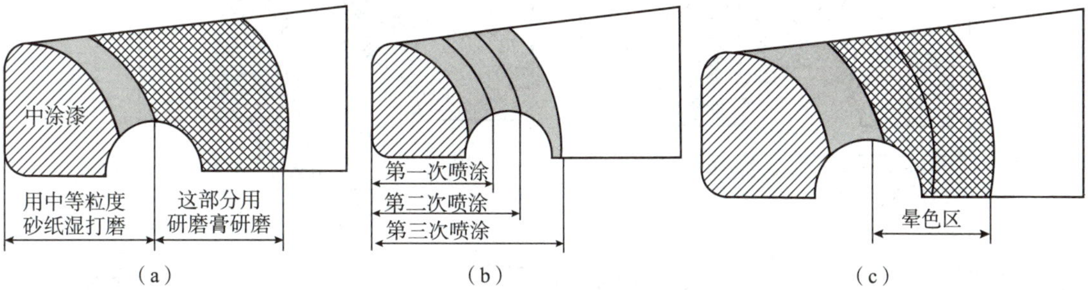

图5–5 素色漆驳口喷涂

（1）第一次喷涂薄薄的一层，以提高底层和旧漆膜与涂料的亲和力。

（2）第二次喷涂比第一次喷涂稍宽一些，并在湿的状态下定出色彩。

（3）第三次喷涂要比第二次喷得更宽些。要稍加一些稀释剂，以获得高质量的表层。要注意色调应与旧漆膜相吻合。

（4）晕色处理。用30%色漆，加入70%稀释剂，薄薄喷涂一层，此时如果喷得过多就会出现垂挂。另外，此时也可喷涂点修补驳口水，只是驳口水只喷涂在新旧漆膜的交界处。

（5）闪干10～15 min，清除遮蔽。

（6）干燥。通常以60 ℃烘烤干燥30 min。

三、双工序银粉漆驳口喷涂

银粉漆由于有清漆层，且银粉漆各角度观察颜色不同，要求较高，所以局部修补喷涂方法有板块内驳口喷涂和板块间驳口喷涂两种，喷涂技术相同。

按照小修补的方法调整喷枪，相关参数与单工序素色漆驳口喷涂相同。

按照从小到大的原则喷涂遮盖修补区域的中涂漆，每层之间需预留 5 min 左右的闪干时间，在遮盖的同时，向驳口部位均匀喷涂，确保每次喷涂都没有过渡痕迹和色差。

1. 板块内驳口喷涂

（1）条件。板块内驳口喷涂称为小修补，选择小修补时，必须满足以下条件。

①油漆损伤范围在 20 ～ 50 mm^2。

②损伤部位在车体适合作为小修的位置。

③原子灰填补范围在 25 mm^2 以内；完工区域在 20 cm × 30 cm 范围内。

④修补区内对底色漆和清漆驳口。

⑤修补工作能在 90 min 内完成。

（2）小修补喷枪。小修补用喷枪与普通喷枪相比只是体积小些，喷嘴直径有 0.3 mm、0.5 mm、0.8 mm、1.0 mm、1.1 mm 等规格，适合各种小修补喷涂情况。根据小修补的形状及大小使用 0.07 ～ 0.2 MPa 的气压，并适当调整出漆量。以 10 ～ 15 cm 的喷涂距离，喷涂多遍的薄涂层以慢慢控制颜色和遮盖。

（3）标准流程。金属闪光色的局部涂装标准流程如图 5-6 所示。

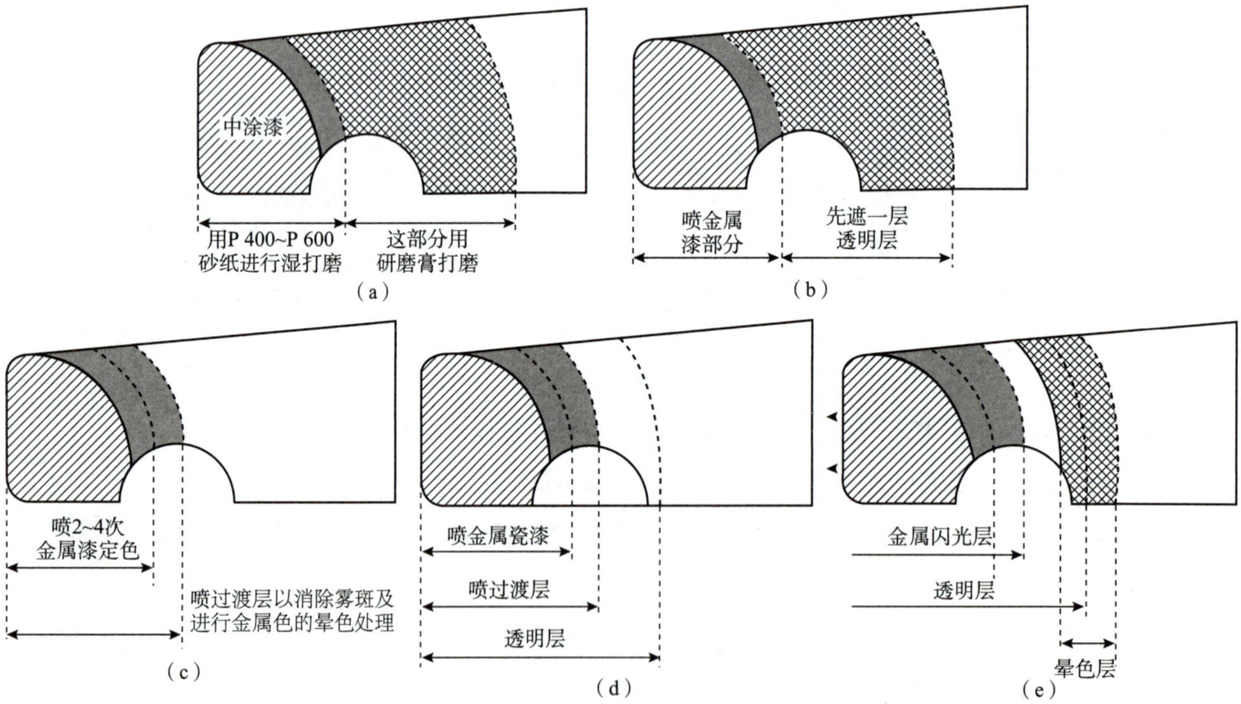

图 5-6 金属闪光色的局部涂装标准流程

①先在中涂漆层四周喷一层清漆，如图 5-6（a）所示，以使所喷的金属闪光漆更光滑。此次喷涂也可使用专用的驳口水（驳口清漆）进行。

“驳口清漆工艺”的作用是防止产生“黑圈”问题。所谓的黑圈现象是指在用金属漆在进行修补时，色漆过渡的边缘部分容易形成干喷，导致铝粉排列不均匀，直接观察时颜色发黑。在色漆需要过渡的区域使用面漆喷枪湿喷一层驳口清漆，然后按施工要求喷涂色漆。这种方法是让底层变得湿润，使铝粉喷涂时排列更加均匀，不易产生“干喷”现象。

②第一次喷底色漆，漆膜稍薄些，以提高与中涂漆和旧漆膜的亲和力。采用驳口渐淡法向周边区域扩展。

③第二次喷涂确定涂层的颜色，以标准的移枪速度喷涂，以达到足够的膜厚。采用驳口渐淡法向周边区域扩展。

④闪干至亚光。

⑤采用薄喷的方式，喷涂第三层底色漆，采用驳口渐淡法向周边区域扩展。此时也可将 50% 的金属底色漆与 50% 的清漆相混合，黏度调至 11 ～ 12 s，喷涂时比图 5-6（b）所示的面积喷得更宽一些。喷涂时应使涂料呈雾状，薄薄地喷涂，以消除斑纹，调整金属感，同时兼有晕色处理作用。

⑥闪干约 10 min（20 ℃）至漆膜呈亚光状态。

⑦喷涂清漆。透明涂料喷涂面积可扩大一些。第一次薄薄地喷一层，再湿碰湿喷第二层。喷涂时要边观察色调边喷，以形成光泽。

⑧晕色处理。以 20% 的清漆和 80% 的稀释剂相混合喷在透明层区域周围，以掩盖其由于喷涂雾滴带来的影响。此次喷涂也可使用专用的点修补驳口水进行。

⑨闪干，清除遮蔽材料。

⑩干燥。按涂料技术说明规定的温度和时间进行干燥，以 60 ℃烘烤干燥 30 min。

2. 板块间驳口

以左前翼子板修补喷涂向左前门过渡为例。

（1）打磨与清洁。

①用 P 400 干磨砂纸干打磨或用 P 1000 水磨砂纸湿打磨左前翼子板。

②用研磨膏（剂）和百洁布打磨或者用 P 1500 美容砂纸打磨左前门和左前翼子板。

③除硅清洁。

④将不需要喷涂的部位进行遮蔽。

（2）喷涂金属底色漆。

①金属底色漆的调配。按油漆产品使用说明调配底色漆。

②喷枪要求。1.3 mm 口径环保面喷枪，枪尾气压调整为标准值，喷幅调整为最大。

③在左前翼子板上薄喷第一道底色漆，闪干至亚光。

④用驳口渐淡法在左前翼子板和左前门相接处喷涂一道底色漆。

⑤在左前翼子板上喷涂第二道底色漆，完全遮盖底层颜色。闪干至亚光。

⑥降低气压喷涂过渡涂层。降低气压到 0.08 ～ 0.15 MPa，喷涂 1/2 层，用驳口渐淡法喷涂于左前翼子板和左前门相接处，无须闪干。

（3）喷涂清漆涂层。

①按产品说明调配清漆。按比例向清漆内加入固化剂和稀释剂。

②喷枪要求。1.3 mm 口径环保面喷枪，枪尾气压调整为标准值，喷幅调整为最大。

③喷涂。在左前翼子板和左前门上整板喷涂 2 层清漆，第一层闪干到清漆发黏后，再喷涂第二层。

④干燥。在 60 ℃条件下，干燥 30 min。

⑤维修部位进行抛光处理。

四、三工序珍珠漆驳口喷涂

三工序珍珠漆因为不同的喷涂技术和漆膜厚度会导致不同的效果，所以需要采用大范围的过渡喷涂工艺。点修补很难达到令人满意的效果，所以，总是向相邻的板块过渡。

下面仅以左前翼子板修补喷涂为例进行介绍。

1. 打磨与清洁

（1）用 P 400 干磨砂纸干打磨或用 P 1000 水磨砂纸湿打磨左前翼子板。

（2）用研磨膏（剂）和百洁布打磨或者用 P 1500 美容砂纸打磨左前门和左前翼子板。

（3）用除硅清洁清洁整左前门和左前翼子板。

（4）将不需要喷涂的部位进行遮蔽（只留下左前翼子板）。

2. 喷涂底色漆

（1）底色漆的调配。按油漆产品使用说明调配底色漆。

（2）喷枪要求。1.3 mm 口径环保面喷枪，枪尾气压调整为标准值，喷幅调整为最大。

（3）在左前翼子板上喷涂 2 层底色漆，2 层之间不需要闪干。

（4）去掉左前门的遮盖。

（5）降低气压到 0.1 ～ 0.2 MPa，喷涂 1/2 层。用驳口渐淡法从左前翼子板和左前门喷涂一薄层底色漆，过渡至前门前约 1/3 处。

3. 喷涂珍珠漆

（1）调制珍珠漆。

（2）从左前翼子板向前车门采用驳口过渡法喷涂第一层珍珠漆，喷涂区域覆盖底色漆并向后扩展至前车门约 1/2 处。闪干至亚光。

（3）喷涂 1/2 层珍珠漆。用驳口渐淡法从左前翼子板向左前门喷一薄层珍珠漆，扩展至车门约 3/4 处，闪干至亚光。

4. 喷涂清漆

（1）按产品说明调配清漆。按比例向清漆内加入固化剂和稀释剂。

（2）喷枪要求。1.3 mm 口径环保面喷枪，枪尾气压调整为标准值，喷幅调整为最大。

（3）喷涂。在左前翼子板和左前门上整板喷涂 2 层清漆，第一层闪干到清漆发黏后，再喷涂第二层。

（4）干燥。在 60 ℃条件下，干燥 30 min。

（5）维修部位进行抛光处理。

五、水性漆驳口喷涂

水性漆的驳口喷涂可分为板块内驳口水性底色漆和板外驳口水性珍珠漆的喷涂，各种工艺的操作方法与油性银粉漆类似，只是采用的底色漆为水性漆，需要练习掌握水性漆的特性。

按照产品调配要求，添加合适分量的水性漆稀释剂。与溶剂型底色漆不同，通常水性漆以重量比添加稀释剂，添加比例根据颜色种类，为 10% ～ 30%。调配并搅拌均匀后，用水性漆专用过滤网过滤并加入水性漆专用喷枪。由于水性漆会溶解普通过滤网的黏结用胶水，故需要使用水性漆专用的 125 μm 网眼的尼龙过滤网过滤。

按照小修补的方法调整喷枪，喷涂气压缩小至 0.12 ～ 0.15 MPa，出漆量及喷涂气压都相应缩小。按照从小到大的原则喷涂水性底色漆遮盖修补区域的中涂漆。纯色水性底色漆遮盖力较好，通常喷涂一个双层即可遮盖，同时也易于驳口过渡；对于银粉或珍珠水性底色漆，可喷涂 1 ～ 2 个双层至完全遮盖中涂漆，同时向外驳口均匀过渡。每喷涂一个双层后，都需要使用吹风枪以大约 45° 角斜吹工件表面，将水性底色漆吹干至亚光状态。

喷涂底色漆吹干后如发现尘点，可用 P 1000 精磨砂纸打磨，打磨好之后，在打磨区再补喷一层水性底色漆。

知识拓展

抛光打蜡工艺

要得到高质量的涂面，除了涂料本身质量及正确的施工方法，掌握正确的抛光打蜡工艺是增加漆膜美观的重要一环。抛光剂、车蜡的种类很多，性能各异，只有根据涂面状况和使用环境来正确选用抛光剂和车蜡，才能取得最佳效果。

1. 抛光工艺

抛光主要是为了增加漆膜的光泽度与平滑度，消除涂面的粗粒、轻微流痕、泛白、橘皮、细微砂纸痕迹、划痕、泛色层等漆膜表面细小的缺陷。抛光处理既适用于旧涂面翻新，也适用于新喷涂面及修补施工的修饰。

汽车是一种室外交通工具，长年受到阳光、风沙、雨雪、温差等不良环境的影响。目前化工工业的飞速发展，使涂面接触化学品的概率增大，涂面受到的侵蚀程度既复杂又严重。光靠简单的水洗不能将其消除，而要进行翻新抛光处理，通过摩擦和抛光的作用来消除涂面的缺陷。抛光盘配合抛光剂与涂面摩擦，去除涂面的老化层和细微擦痕，使涂面变得光滑、亮丽。溶剂挥发型面漆（硝基面漆）在干燥后涂膜表面会失光，通常需要进行表面抛光处理来恢复其光泽。现在通常使用丙烯酸基或丙烯酸聚氨酯型的双组分面漆虽然表面具有高度的光泽，但由于喷涂环境的影响，喷涂表面有时也会产生大量的脏点，或是由于局部修补需要使修补部位与原涂层消除光泽上的差异或色差，往往也需要进行整板抛光处理。

（1）整车抛光工艺

整车抛光既有旧车涂面翻新抛光，也有新喷涂面抛光。新喷涂面应在漆膜实干后进行，挥发性涂料在喷涂后 8～16 h 进行，双组分涂料应在喷涂后，经过 60 ℃（金属温度为准）烤干 35 min，待表面温度冷却后，手指压表面而没有产生手指印或风干 36 h 进行抛光（但不建议风干）。一般采用二次抛光处理法效果较好。在抛光前若是旧车涂面，则应用水将车身表面的泥沙冲洗干净，以防在抛光时损坏涂面。

当整车涂面用全能抛光剂完成后，涂面的流痕、粗粒、划痕、海绵砂纸打磨痕迹会全部消除，但有时会有一些极其细小的丝痕或光环，为了确保涂面更平滑、光亮，则需用釉质抛光剂进行第二次抛光。用干净的软布擦净前道抛光残留物，摇匀釉质抛光剂，用软布或海绵将其均匀涂于漆膜表面，用手工或机械方法抛光，机械抛光应将海绵盘转速保持在 1 000～1 500 r/min，抛光时应按一定方向有序进行。不要用羊毛盘进行第二抛光。手工抛光时应水平直线运动进行抛光，直到涂面擦亮即可，最后无论是机械抛光还是手工抛光都应用干净的软布擦净涂面。经釉质抛光剂抛光后，涂面亮度高、丰满度好，保持时间可达 1 年。

（2）修补涂装施工中的局部抛光

根据局部抛光所起的作用可分为喷涂前修补部位外围旧漆膜抛光和喷涂后局部抛光。

①喷涂前修补部位外围旧漆膜抛光

可采用手工或机械方法，因修补涂装部位外围抛光面积一般不会太大，所以手工处理较为普遍，使用抛光剂时应选用不含蜡、硅氧烷的粗抛光剂。抛光时倒少许于软布上，用力在修补涂装部位外围旧漆膜上来回研磨，去除旧漆膜表面的氧化层、泛色层和蜡等一般清洁剂不易擦净的脏物，抛光处理的面积尽可能宽一些，一般遵循处理面宜大不宜小，以给修补涂装时留出足够的伸缩余地。

②喷涂后局部抛光

应在漆膜完全干燥后，使用细度抛光剂或超细抛光剂。采用手工或机械处理方法，倒少量抛光剂于软布上，在修补涂装部位四周接口处，按修补涂装部位向旧涂面部位单一方向抛光。抛光力度不宜过大，抛光程度不宜过深，防止产生补涂边缘线形痕迹，如图 5-7 所示，涂面达到柔和程度即可。

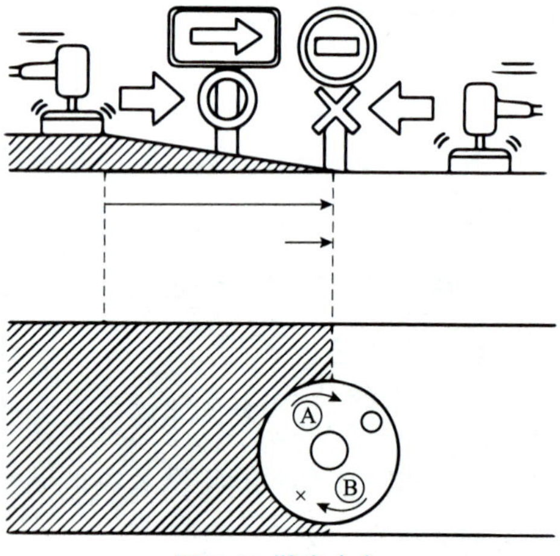

图 5-7 抛光方向

2. 打蜡工艺

汽车漆膜经过抛光后，一般均需在其表面打蜡，蜡质在漆膜表面干燥后会形成一层薄的保护膜，该保护膜可以反射阳光中的紫外线，降低对漆膜的破坏。蜡质的光滑度能有效防止水分子对漆膜的渗透并具有抗污能力，蜡膜有一定的硬度，可减轻划伤漆膜的程度，蜡膜的光泽能提高漆膜的光泽度和丰满度，弥补抛光处理后的不足。

（1）机械打蜡

机械打蜡时使用轨道抛光机，如图 5-8 所示。其椭圆形轨迹旋转及双手扶把紧贴机体的中心立轴，效率高、质量好，不易产生划痕。打蜡时将液体蜡摇匀后画圈似地倒在打蜡盘面上，每次以 0.5 m^2 的面积顺序打匀，直至打完全车。待蜡凝固后，将干净、无杂质的全棉抛蜡盘套装在打蜡机上，开机后调节转速并控制在 1 000 r/min，然后将打蜡机抛光盘套轻轻地平放在涂面上，进行横向与竖向覆盖式抛光，直至涂面亮丽为止。

（2）手工打蜡

若是乳状蜡，则应将其摇匀，然后倒少许于海绵或软布上，涂蜡时以大拇指和小拇指夹住海绵，以手掌和其他三个手指按住海绵，每次涂蜡以 0.5 m^2 的面积为宜，力度均匀地按旋律式顺序擦拭，如图 5-9 所示。从前到后、从左到右，蜡膜要涂得薄而均匀，根据每种车蜡的说明，稍候用干净的软布擦净即可。

图 5-8 机械打蜡

图 5-9 手工打蜡

第二节 汽车涂装缺陷检测

一、涂装缺陷概述

喷涂过程中常常会由于种种原因在面漆表面造成一些微小的缺陷，例如颗粒、微小划擦痕迹和凹坑等。由于这些涂装缺陷的存在，会影响漆膜的装饰性，因此必须进行修补。本节主要介绍涂装过程可能出现的各类缺陷，并分析产生缺陷的原因、预防措施及处理方法。

二、涂膜质量的检测

涂膜质量的检测是取得优异的汽车涂装效果的重要保证。做好涂装质量检验工作不仅是给用户的汽车涂层提供满意的外观装饰效果、优异的抗腐蚀性和耐久性，同时也是对企业负责，推动企业发展的有力保证。因此，在涂装工作之前一定要做好各项准备工作，必要时要进行喷涂样板测试等，以确保涂装的质量，节约时间和操作成本。

1. 涂膜的附着力检测

涂膜的附着力是指涂膜与被涂物面之间的结合力，用它表示涂膜与被涂物之间的结合牢固程度。要真正测得涂膜的附着力是比较困难的，目前只能以间接的手段来测定，往往测得的结果除附着力外还包括一些其他的综合性能，而在硬度、冲击强度、柔韧性试验中，也可以间接地反映出涂膜的附着力。

目前，测定涂膜的附着力常采用两种方法，即综合测定法和剥落测定法。综合测定法包括栅格法、交叉划痕法和画圆法；剥落测定法包括扭开法和拉开法。根据 GB 1720—1979 规定，广大企业普遍使用综合测定法中的画圆法来测定涂膜的附着力，所得的结果也被广泛认同。

画圆法即用附着力测定仪在喷涂样板上按圆滚线划出一圈一圈的划痕，然后查看划痕范围的涂膜完整程度来进行评定。

测定方法：待喷涂样板彻底干燥后，在恒温、恒湿条件下测定。测量时，首先调整划针的回转半径，直至与标准回转半径 5.25 mm 的圆滚线相同为止。将样板放在试验台上并固定，在荷重盘上酌加砝码，使转针的尖接触到涂膜并能划至金属层。按顺时针方向均匀摇转摇柄，转速以 80 ～ 100 r/min 为宜，圆滚线划痕标准图长为（7.5 ± 0.5）cm。取出样板，用毛刷清除漆屑，以四倍放大镜观察划痕并做出评定。

评定的方法：以样板上划痕的上侧为检查的目标，依次标出七个部位，相应地将其附着能力分为七个等级，按顺序检查涂膜的完好程度。例如：部位 1 涂膜完好，附着力评为 1 级；部位 2、3、4、5、6 均有不同程度的脱落，依次评为 2、3、4、5、6 等级；部位 7 脱落最多，评为 7 级。测试的结果以至少两块测试样板的结果一致为准。这种方法用来做不同涂料或不同底材的附着力比较测试较为常用。

在没有测试仪器的情况下，可以使用一种比较简便易行的方法进行附着力测试，方法如下：在完全干燥的样板上，取不同的部位，分别用锋利的刀片或划针在 1 cm^2 范围内划横 10 条、竖 10 条划至金属层的直线，将这一小面积划分为若干个 1 mm 见方的小方格，然后用黏度较大的塑料胶带粘贴在这些小方格上，用力撕下胶带，观察涂膜的剥落现象，从而评定涂膜的附着能力。这种方法由于局限性比较大，所以只作为参考用，不能作为评判的标准。但由于该方法简便易行，所以在涂装车间进行简单测试时经常采用。

2. 涂膜柔韧性的检测

涂膜的柔韧性又称为弹性或弯曲性，是指涂于一定规格金属板上的涂膜能够经受的最大弯曲程度（最小弯曲直径），即涂膜经过一定程度的弯曲后而不发生破坏的性能，用弯曲直径（mm）表示。测试时必须使用柔韧性测定器，将喷涂样板在不同直径的轴棒上弯曲，直至弯曲后不引起涂膜破坏的最小轴棒为止，最小轴棒的直径即表示该涂膜的柔韧性数值。

3. 涂膜的耐冲击强度检测

涂膜的耐冲击强度是指涂膜能承受外来冲击而不损坏的程度。根据 GB 1732—1979《涂膜的耐冲击测定法》规定，以钢锤的重力与其落于涂膜样板上而不引起破坏的最大高度的乘积（N · cm）来表示。

测试方法：按国标规定，待测试样板涂膜彻底干燥后在恒温、恒湿条件下进行。涂膜向上，将样板放置在试验器下部的铁砧上。样板承受冲击的部分距边缘不少于 15 mm。钢锤控制在一定的高度（通常为涂料产品标准规定的高度），按压控制按钮，钢锤自由下落并冲击冲头，冲头冲击涂膜样板。提起钢锤，取出样板，用四倍放大镜观察涂膜有无裂纹、皱纹和剥落等破坏现象。

4. 涂膜硬度的检测

涂膜硬度是指涂膜彻底干燥后具有的坚实性，即涂膜表面对作用于其上面的另一个硬度较大的物体所表现的阻力。这个阻力可以通过一定重量的负荷作用在比较小的接触面积上，测定涂膜抵抗变形的能力来表现出来。它是表现涂膜机械强度的重要指标之一。对于涂膜硬度还有一种比较简便的方法，使用铅笔来测定其硬度值。测试用的铅笔质量要求有保证，各级笔芯的硬度要有明显且均匀的差异，准备铅笔一套，从 6H 到 6B 共 13 支，如图 5–10 所示。

图 5–10 检测涂膜硬度用的铅笔

从最软的铅笔开始，保持铅笔与测试样板呈 45° 角，由后向前推进，如果笔芯划破涂膜，则说明涂膜的硬度比该铅笔的硬度低一号。这种方法因使用简便而被广泛采用，但因铅笔的生产制造存在很大的差异，所以仅可以作一般比较和简单检测使用，不能作为标准。

5. 涂膜光泽度的检测

所谓涂膜光泽度，是指涂膜表面把投射其上的光线朝向一个方向反射出去的能力。涂膜表面如果平整光滑，那么光线向一个方向反射的能力就强，涂膜越亮，其光泽度好，反之就差。涂膜表面反射光的强弱不但取决于涂膜表面的平滑或粗糙程度，还取决于涂膜表面对投射光的反射量和透过量的多少。

在同一涂层表面，以不同入射角投入的光会出现不同的反光强度，因此在测量光泽度时，不管是目测还是采用仪器，都必须首先确定光的入射角。我国规定采用的标准入射角为 45° 。一般光泽的大小均是相对的比较值，即光泽计附有一块高光泽标准样板（黑玻璃），规定该标准样板的光泽为 100%，与被测定的涂膜的样板进行比较，用百分比表示。

光电光泽计的原理是将一定角度的光投射于被测涂膜样板上，通过透镜反射，并用光电池将反射光强度转化为电能，在通过精密的检流计测定。用该测定值与同样条件下光泽计内附的标准板所反射的光量值进行比较，其比值的百分数即被测样板的光泽度。

进行光泽度检测时需要同时测量不同的几点（不少于三个点）以进行综合评定。每测定五块标准板后，应校对一次，标准板宜用专用镜头纸或柔软绒布擦拭，以避免损伤镜面。

6. 涂膜厚度的检测

涂膜的厚度检测目前常采用两种方法，一种是利用千分尺来进行测量，这种方法不能直接测得被涂车辆的膜厚，只能测量喷涂样板。将喷涂样板遮盖后进行喷涂，待干燥后用千分尺分别测量未喷涂部位的厚度与喷涂部位的厚度，两者之差即膜厚。

对于被涂车辆车身上的膜厚，通常采用磁性测厚仪测定。用磁性测厚仪测量膜厚也有缺点，它只能测量钢铁等导磁金属表面的涂膜厚度，对于不导磁物体则无法测量；若汽车车身表面经过多次修复或涂有很厚的原子灰层，则会影响导磁，从而导致不能测量。

使用磁性测厚仪测量时，首先要进行归零处理，即取出探头，插入仪器的插座上，选用一块与被测物底材相同的材料，擦洗干净，把探头放在底板上按下电钮，再按下磁心。当磁心跳开时，如果指针不在“0”位，则必须调整调零电位器使其归零，调零后即可进行测量。取距样板边缘不小于 1 cm 的被涂物面上的几个点进行测量。将探头放在被测涂膜上按下电钮，再按下磁心，使之与被测涂膜完全吸合，此时表盘上的指针缓慢下降，待磁心跳开，指针稳定时即可读出涂膜的厚度值。取测量各点厚度的算术平均值作为被测涂膜的平均厚度值。

知识拓展

面漆涂装后修整的要求

面漆的喷涂结束以后，涂装的工作已经大部分完成，但还需要进行最后的修整工作。漆膜的修整主要包括修理小范围内的缺陷和表面抛光等。

在涂装最末道面漆后，由施工人员和质检人员，按该车型的质量标准对该车进行一次全面的检查，并将发现的各种缺陷填写在工艺质量卡上。由操作技术好的施工人员按质量卡上所列缺陷项目依次将缺陷修饰、修整直至合格。

收尾操作人员要有熟练的操作技术，对涂料的特性和涂装工艺理解有一定深度。

第三节 涂膜病态分析与处理

车身喷涂的品质缺陷可分为两种情况，一种品质缺陷在喷涂过程中或者是干燥后出现；另一种品质缺陷在喷涂后的使用过程中发生。这两种类型的品质缺陷，可根据不同的现象和原因采取相应的对策。

一、涂料储存中易出现的病态及处理方法

涂料在运输、储存中易出现沉淀、变稠、结皮、浑浊等缺陷。

1. 沉淀

涂料在运输、储存过程中常发生沉淀现象，如颜料和填充料下沉，经摇动后仍不见效。

（1）产生原因。颜料或体质颜料颗粒研磨不细，分散不良，填充料较多，颜料与漆层间发生反应或相应吸附，储存静放时间较长。

（2）防治办法。在存放时经常将涂料移动，倒换放桶方法，如横放、倒放。不能储存过久，在使用前反复流动、摇晃，或将全部涂料倒出，充分搅拌均匀。也可加入一些防沉淀剂，如硬脂酸铝、氢氧蓖麻油、改性膨润土等。

2. 浑浊

清漆、清油等出现不透明的乳浊状，透明度较差。

（1）产生原因。在运输和存放时，由于保存不佳，从桶口渗进水分，或储存时温度过低，油中含有的蜡质析出。另外，稀释剂溶解力不足，或里边含有水分也易造成清漆浑浊。

（2）解决办法。库房存放温度应在 20 ℃左右，发现浑浊时应加入溶解性强的溶剂，或采取安全的加热方法解决。

3. 变稠

色漆或清漆在存放过程中失去出厂时的稠度，变稠，变厚，甚至不能使用。

（1）产生原因。色漆变稠主要是因为颜料与漆基发生反应，如锌白、铝白等盐基性颜料与漆基中的有机酸起反应生成金属皂。硝基漆变稠主要是涂料中含有的水分与铁反应，或因桶盖封闭不严，稀释剂蒸发变稠。过氯乙烯漆变稠则是由于过氯乙烯树脂含氮量过低，可能合有水分。

（2）防治办法。涂料存放时间不宜过长，最好在品质保证期限内用完。存放时温度不应过高，更不能在烈日下暴晒或在高温室内存放。打开桶后的涂料应及时用完，用后封闭好桶盖，或加一些溶解力强的稀释剂。

4. 结皮

氧化干燥型的涂料（如油性漆、油基漆等）表面结一层皮膜。

（1）产生原因。涂料桶内漆装不满，桶内存有空气造成结皮。涂料中含有过多的干料或用桐油制的涂料。储存时温度过高也是原因之一。

（2）解决办法。涂料桶尽量装满，涂料与空气接触面积越小越好。用后应封闭好桶盖或在涂料上加一些同类型稀释剂或抗结皮剂，如常用的邻甲基酚、苯酚、邻苯二醛、松节油、丁醇、丁基乙醇酸、环己酮等。

虽然以上化合物可以显著地阻止结皮，但是不容易完全消除结皮。如已结皮，应在使用前进行处理。

5. 胶化

涂料在存放时由液体状态变成固体状态的就不能使用了。

（1）产生原因。双组分涂料，如固化剂（硬化剂）产生胶化是由于桶口封闭不严，空气中的潮气进入桶内。双组分涂料加入固化剂后没有完全用完，过夜后产生胶化。

（2）防治办法。双组分涂料使用的硬化剂用后应将桶盖封闭严密，不接触潮湿空气，盛装硬化剂的容器应用小口嘴，带螺口盖，容易拧紧。使用双组分涂料时，应用多少调配多少，防止一次配料过多。

二、涂装中涂膜产生的病态及解决方法

1. 流挂或滴流

垂直或倾斜表面喷涂过量涂料，造成涂料干燥过慢而向下流挂或滴流如图 5-11 所示。

（1）产生原因。

①喷涂时喷枪距离物面太近，移动速度慢。

②各层之间静置时间不足，涂料没有按规定稠度调对稀释剂。

③喷涂气压过低或喷涂图样太窄（圆形）。

④使用化白水（延干稀料）过量。

（2）预防办法。

①喷涂时控制喷枪嘴与物面的距离在 250 ～ 300 mm，保持均匀的移动速度。

②控制各层之间的静置时间，烤漆在 20 ℃环境温度下 5 ～ 15 min。普通漆如采用湿喷湿方法，喷涂时应根据涂料品种和涂装时的温度，合理掌握并按规定调对稀释剂。

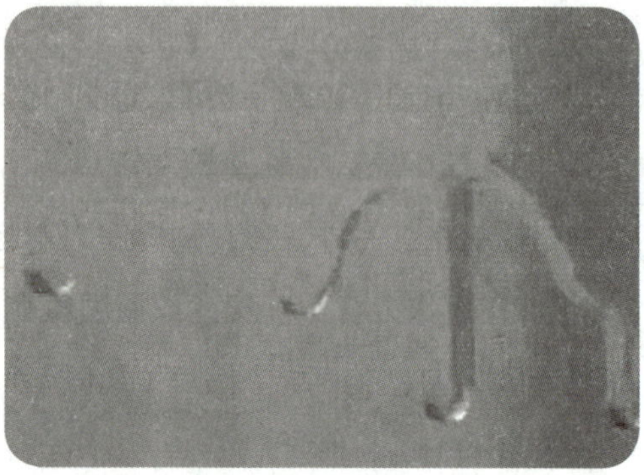

图 5-11 流挂现象

③按产品说明书和喷枪嘴的口径，一般喷涂气压控制在 0.45 ～ 0.5 MPa 为宜，以气压到达喷枪的压力表指示为准。

④使用化白水或慢干稀释剂时应不超过稀释剂的 25% 为宜。

2. 泛白

涂料喷涂物面以后产生的白色雾状，该表面严重无光或光亮不均。

（1）产生原因。

①空气中湿度过大。当空气中相对湿度高于 70% 时，或者在干燥过程中由于溶剂挥发过快，涂膜表面温度急剧下降时，水汽会凝聚在涂膜表面上，产生发白。这种现象常发生在挥发性涂料中。

②涂料或稀释剂中含有水分，或使用低沸点、挥发快的稀释剂。

③施工环境差，喷涂气压太高，油水分离器失效，水分的进入使漆膜喷涂后变白。

（2）防治办法。

①施工环境相对湿度不能过高。如高于 70% 时应采取措施提高物件温度，如烘烤或在漆中加入 10% ～ 20% 的防潮剂或化白水。

②使用空气压缩机前应检查放水，安装油水分离器，不让水分进入涂料中。

③合理使用稀释剂。在稀释剂中加入一些高沸点溶剂，以减慢漆膜干燥速度。

（3）解决办法。

①已发白的涂膜可待涂膜干燥后进行打蜡工序，削除白雾。如发白严重，可在稀释剂中加入 10% ～ 20% 的防潮剂，加入少许涂料再喷 1 ～ 2 道。

②用红外线喷灯边烤边喷，或将涂料隔离加热后喷涂。

3. 起痱子

涂面呈现许多像痱子一样的小凸点，如图 5-12 所示。

（1）产生原因。

①在制造涂料过程中，过滤设备不完备或研磨不细造成机械杂质或粗料。

②喷涂环境不清洁，漆室没有及时清理，涂料表面干燥时间过短造成涂膜表面呈痱子状。

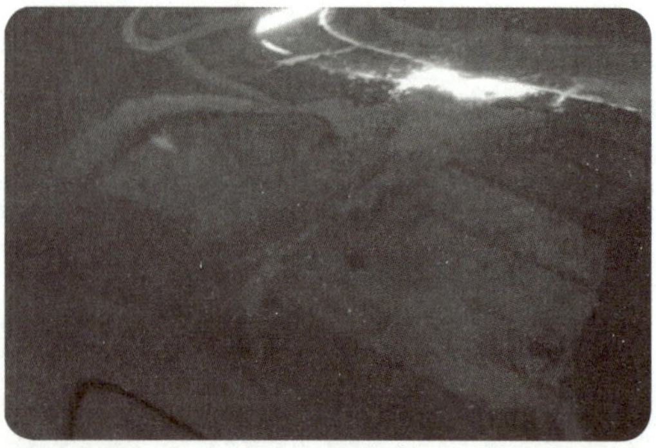

图 5-12 起痱子现象

③各层之间相隔时间不足。第一道喷完后溶剂没有足够时间挥发便喷上了第二道。

④由于涂料喷涂过厚，漆膜底层的稀料需较长时间才能完全挥发，或涂料表层结膜前，稀料未能完全挥发。

⑤喷涂完成后静置时间过久（双组分烘漆）才进入烘烤，漆膜在常温下表层干燥较快，但加温后，大量稀释剂在极短时间内同时挥发，使得已开始结膜表层发生起痱子现象。

（2）解决办法。

①涂料喷涂前应用 120 ～ 180 目纱网过滤后再使用。

②彻底清洁喷枪内干固的涂料，同时也要清洁盛涂料的容器。

③车辆进入喷涂房前应冲洗泥尘，然后用风管吹净各部灰尘。

④每次喷涂完工后，对喷涂房进行清理，表面脏物洗刷干净。喷涂房内不可进行大量打磨或任何抛光工作。

⑤喷涂各层之间的间隔时间，应根据产品使用技术条件执行，既不能过长，又不能过短。

⑥喷涂气压应调整在 0.4 ～ 0.5 MPa，黏度应根据不同涂料的技术要求用黏度计调整到正确值。喷涂第一道时，注意不宜过厚。

⑦使用双组分烘烤干燥涂料，喷完后静置时间应不大于 10 ～ 15 min 便可进行加温干燥。

（3）补救办法。

①对于粗料不严重或局部出现粗料的涂膜可用 P 1200 ～ P 1500 号水砂纸轻磨，然后用砂蜡抛光。

②如粗料严重，待完全干燥后，用细砂纸磨光，重新喷涂。

4. 橘皮

涂层表面出现明显的凹凸不平如图 5–13 所示。

图 5–13　橘皮现象

（1）产生原因。

①涂装环境温度过高，稀释剂挥发过快造成涂膜干燥过早，使涂膜不能流平，呈橘皮状。

②喷枪喷嘴不合格或涂料黏度大，使涂膜较粗难以流平。

③混合及稀释比例不当。气温达 30 ℃以上时，用快干稀释剂；喷枪运行较快，当涂料喷涂后没有流平时间；干燥过快，也易出现橘皮。

（2）解决办法。

①调整涂料黏度，使用涂料配套稀释剂。

②选用雾化好的喷枪，正确掌握空气压力、喷枪与物面距离及运行速度。

③双组分烘漆一定按比例调配稀释剂，并根据温度的变化选用快干、慢干、特慢干的稀释剂。

（3）补救办法。

①橘皮不严重的涂膜，待干后抛光打蜡解决。

②橘皮严重时，待干后用细砂纸磨光，重新喷涂。

5. 高光泽涂料喷涂后光泽不佳

（1）产生原因。

①双组分烘漆加温前静置时间太短，或低温烘干漆烘烤时温度超过 80 ℃。

②喷涂金属漆时，银粉漆喷后，未能有足够的静置时间便喷上清漆。

③添加过量的稀释剂。

④涂料在干燥过程中缺乏足够的新鲜空气。

⑤在单组分旧漆层表面喷上单组分中间漆，但面漆是双组分烤漆。

（2）解决办法。

①双组分烤漆喷涂后必须有足够的置干时间，一般在 20 ℃环境温度下约经过 5 ～ 15 min 才能加温干燥。

②经常检查烤漆房的恒温器，确保烤漆温度正常。

③喷涂两道工序金属漆时，应有足够的置干时间，才能喷涂清漆。

④必须按涂料技术要求的配合比例添加稀释剂。

⑤涂料在干燥过程中，应有良好的空气流通环境。

（3）补救办法。

①一般情况可通过抛光打蜡实现理想的光泽。

②失光严重时，应待干后用细砂纸打磨，然后重喷面漆。

6. 灰印

面漆喷涂后，底灰填补范围显现表面。

（1）产生原因。

①旧涂层未完全干燥便刮涂原子灰腻子，或原子灰腻子未完全干燥便喷涂底漆或面漆。

②原子灰腻子填补于单组分涂料上。

③稀释剂过多，喷涂黏度过低，或高温沸点溶剂用量大。

④在同一表层上，如有两种或两种以上的不同类型产品，它们的膨胀和收缩系数不同，漆面出现不规则的收缩情形。

⑤当单组分漆膜受到溶剂、稀释剂溶解或渗入后发生膨胀，溶剂挥发后，漆膜表面便出现收缩现象。表面未喷涂二道底漆或中间漆，也会造成灰印现象。

（2）解决办法。

①任何修补工作必须待漆层完全干燥后才能进行。

②原子灰腻子需完全干燥后才能进行打磨、喷涂底漆或面漆。

③原子灰腻子不可填补（可溶性）单组分涂膜表面，如需填补，则应在喷涂面漆前喷涂二道底漆或隔离底漆。

④涂料喷涂时，应按技术要求混合稀释剂，不能过多地使用高沸点溶剂类（如环己酮）。

（3）补救办法。

①待涂膜完全干燥后，用细水砂纸打磨平滑，喷涂中间漆或面漆。

②在原子灰低凹处刮涂硝基腻子，待干燥后用细水砂纸磨平，喷涂面漆。

7. 水印

水在涂膜表面经蒸发后留下水点痕迹，常发生在平面位置。

（1）产生原因。

①涂层未彻底干燥便接触水分（例如雨淋、露水等）。

②混合双组分涂料时，加入不适量的硬化剂或硬化剂不配套。

③烘干涂料加温干燥时，烘烤温度或时间不足。

（2）补救办法。

①轻微情况可使用 P 1200 ～ P 1500 号水砂纸打磨后抛光打蜡。

②情况严重时，经打磨后重新喷涂面漆。

8. 针孔

涂膜表面因受热太快，漆层内溶剂未能完全挥发，表面已开始干燥结膜。当溶剂强制挥发时，穿越结膜的面层，使涂膜表面出现细微小孔（针孔），其原因与气泡相似，如图 5-14 所示。

（1）产生原因。

①涂膜黏度高，喷涂过厚，第一道喷完后未待溶剂挥发便喷第二道。

②底漆或底灰表面有针孔未能解决。

图 5-14 针孔现象

（2）解决办法。

①必须按技术要求调整涂料稠度。

②烘干漆加温前应让涂层有足够的置干时间。

③底漆完全干燥后再进行下道工序。

④底层或中间层经打磨后仍有针孔时，必须用幼灰填平，待干燥经打磨后再喷涂面漆。

（3）补救办法。

①情况较轻时，可采取抛光打蜡工序。

②情况严重时，应填补腻子，重新磨光后喷涂面漆。

9. 起皱

涂膜在干燥过程中产生皱纹现象。

（1）产生原因。

①温度较高，涂层一次喷涂过厚，或使用大量桐油制得的涂料便容易起皱。

②在涂料中过多使用钴、锰催干剂，表面干燥过快容易起皱。

③溶剂使用不合理，涂料中使用易挥发的溶剂。

④烘烤温度升温过急过快，造成涂膜表面干燥过快也容易起皱。

（2）解决办法。

①适量控制桐油的用量，少用钴，锰催干剂，多用铅、锌催干剂，对于烘烤型涂料加催干剂，可有效防止起皱。

②控制涂层一次喷涂厚度，或避开高温时间喷涂。

③在涂料中使用配套的稀释剂或少量加一些防起皱剂。如在醇酸磁漆中加入少量（5%）的氨基树脂可防止起皱，一次喷涂厚度达 40 μm 以上也不会起皱。

（3）补救办法。

①对已起皱的涂层，待漆层干透后用水砂纸打磨平滑，重新喷涂。

②如漆层起皱较严重，应将起皱表面铲除后，刮一层腻子，干后打磨重新喷涂。

10. 缩膜（鱼眼孔光珠）

局部涂层表面出现许多鱼眼状的凹孔。

（1）产生原因。

①喷涂表面有油脂或油污，喷涂环境受污染，在喷涂房进气处进行抛光打蜡工作。

②空气压缩机内的油污经气管及喷枪跑到喷涂表面。

（2）预防方法。

①喷涂前必须彻底清洁喷涂表面，所有喷涂物件应先打磨清洁，再进行喷涂。

②经常排放空气压缩机气缸内的水分及油水分离器的水分、油污。

③喷涂前留意附近有否污染，如有污染来源立即排除。

（3）补救办法。

①将受影响的漆膜用 P 280 ～ P 320 号水砂纸打磨，然后喷涂 2 ～ 3 道中间漆。

②待中间层彻底干燥后，经打磨重新喷涂面漆。

③如再发生光珠现象，可在喷涂最后一道漆时加一些抗光珠剂，经搅拌后喷涂在受影响的范围表面。

注意事项：使用抗光珠剂前应详细查阅产品技术资料。

三、喷涂后涂膜出现的病态及防治

涂料在施工后由于各种原因使漆膜产生粉化、裂纹、生锈起泡等病态现象。

1. 粉化

漆膜喷涂后不久经阳光直射和风吹雨淋，涂膜表面发生分解变化，呈粉面状，经擦洗脱落掉色。

（1）产生原因。

①涂料耐候性差，在大气中紫外线、水分、氧气等作用下，涂膜提前老化，树脂失去作用，颜料被游离出来而脱落掉色。

②涂料在喷涂时未搅拌均匀，多量清油被甩掉，剩少量清油留在桶上部，底部颜料过多，喷涂后不久，涂膜经不住大气变化而提前粉化。

③涂层喷涂过薄，在喷涂时温度较低，或喷涂时层次少，涂膜达不到一定的厚度，造成漆膜早期粉化。

（2）预防办法。

①选用耐候性好的涂料，注意涂料的使用范围，如户内涂料不能用于户外。

②在涂装时将涂料桶搅拌均匀，如发现颜料过多喷涂在最后一层涂膜时，可加入 30% ～ 40% 同类产品清漆。

③涂装时应增加涂装层次，按比例添加稀释剂，涂膜厚度应达 50 μm 以上。

（3）处理办法。

根据粉化的等级不同采取相应的处理办法，如表 5–1 所示。

表 5–1　粉化等级及处理办法

等级	粉化程序	处理方法
优、无粉化	用手指压擦无颜色	应正常维护涂膜
良、轻微粉化	擦后手指沾有一些颜料，擦痕处颜色无光泽或有一定差异	应根据涂膜情况进行打蜡处理，以延长膜的使用寿命
差、较强粉化	擦后手指有很多颜料，擦痕处颜色无光泽或有很大差异	应用细砂纸打磨，喷涂 1 ～ 2 道色漆、混合清漆
劣、严重粉化	擦后手指满带颜色，涂膜颜料没有黏结力	应彻底打磨，重新涂漆

2. 裂纹

涂装不久漆膜外观产生大小不规则的裂纹，外形各有差异。裂纹有的像龟甲状，称为龟裂；有的像鳄鱼皮；有的像松针状，称松针状裂纹；有的用肉眼能见到裂缝底；有的像玻璃开裂，称玻璃裂纹（图 5–15）。

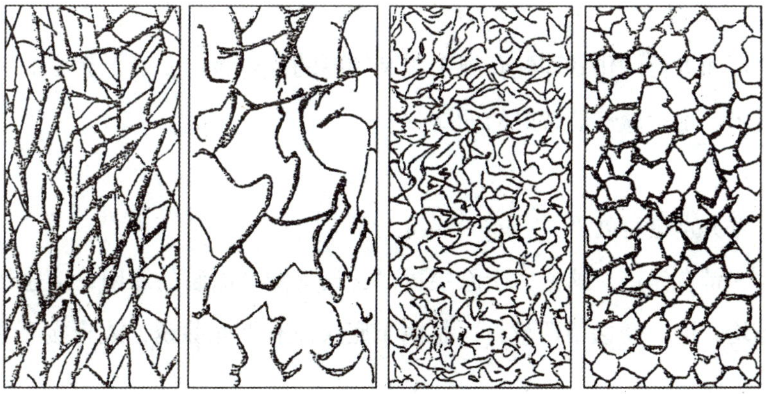

图 5–15　几种常见的裂纹形状

（1）产生原因。

①涂层不配套。长油度底漆或腻子上涂短油度的面漆，使面漆弹性不够易开裂。

②面漆品质不良，涂料中含有过多松香或催干剂混入过量，漆膜失去弹性也易裂纹。

③底层过厚，干燥不彻底又涂面漆，造成底、面层收缩不均，形成早期裂纹。

④涂料耐候性差，对热带和寒带气候变化不适应产生裂纹。

（2）预防办法。

①涂装时应选用配套涂料，底层、中间层应配套，涂层不宜过厚，要待底层干燥后再涂面漆。

②不能随意使用催干剂和稀释剂。

③选用耐候性优良的涂料产品。

（3）处理办法。根据涂层裂纹情况的不同采用不同处理办法，如表 5–2 所示。

表 5–2 涂层裂纹损坏程度及处理办法

涂层损坏程度	裂纹形态	产生原因	处理办法
轻度裂纹	涂膜虽有裂纹，但裂纹细小不深，经附着力检验状况良好	底层基础很好，由于面层油漆不配套所造成	用砂布或砂纸磨平磨光，喷涂二道底漆，找补细腻子，磨好后喷涂
局部裂纹	局部涂膜裂纹深，稀疏，细而长，个别裂纹翘起，用铲刀铲除时，裂纹周围附着牢固	腻子刮涂较厚或局部厚薄不均，腻子层次间使用不合理，头道腻子软，二道腻子较硬，底部腾修不牢固，铁皮振动	用铲刀顺裂纹方向铲开，不牢固处铲掉，露底，上下大小形成斜坡，沟状底部，也可重新腾修或垫平，补腻子，涂漆
严重龟裂纹	涂膜裂痕细深，有清角，涂膜底部有腻子，裂纹细深，很杂乱	涂膜老化失修，腻子调制成分不稳定，底层有油污，处理不干净	全部除掉，重新涂装

3. 生锈起泡

涂层经一段时间使用后，表面出现不规则的锈迹凸泡。

（1）产生原因。

①底材表面品质较差，有锈未除净就涂装，涂层过薄，不是复合涂层，如底漆、中间层、面层。

②漆前底层磷化处理不当，底漆选择不当。

③涂料品种选择不合理，不适应湿热带气候或盐碱环境。

（2）防治办法。

①涂装前底层处理和进行磷化处理配套施工应有较厚的复合涂层，确保涂层的完整性。

②选择耐水、耐候、耐盐碱性能较好的面漆。

（3）处理办法。

根据锈蚀起泡程度分别进行处理。

①小泡面积很大，带有锈迹，这是由于涂层过薄，没有配套涂装的原因，应全部砂磨，重新涂装。

②小泡、大泡不均，泡心锈蚀很严重，这是由于底层没有彻底除锈，或直接喷涂面漆造成的。应全部清除，合理涂装。

③局部起泡，泡的形状较大，连成一片，这是由于腻子中油料过小，填料里有水分，没有彻底干燥造成的。应将所有起泡部分清除彻底，重新涂装。

本章小结

喷涂过程中常会由于种种原因在面漆表面造成一些微小的故障，如流挂、个别的涂膜颗粒（脏点）、微小划擦痕迹和凹坑等，影响装饰性，因此必须进行检测和修整。车辆在进行完汽车修补涂装后，为了确定涂膜的质量，以及检测在涂装过程中有无漆膜缺陷以及对产生的缺陷从而进行正确的防治和处理。汽车维修企业也可为客户提供如何防护涂装后产生漆膜破坏的建议，为涂装后的车辆进行抛光打蜡处理，从而使涂装后的车辆更亮丽，获得更好的客户满意度。本章主要介绍汽车局部修补喷涂工艺、涂装缺陷的种类及其成因和补救措施、方法，通过学习应能够正确判别涂膜的各种常见缺陷，分析成因，并能加以解决。

通过本章的学习，使读者对汽车涂装修补技术及工艺有了进一步理解，对后面的学习及工作奠定了良好的基础。

课程思政

最新中国汽车涂料国家强制标准发布

2020 年 3 月 4 日，国标委正式发布汽车涂料国家强制标准《GB 24409—2020 车辆涂料中有害物质限量》，代替《GB 24409—2009 汽车涂料中有害物质限量》。

2020 新版覆盖汽车原厂 / 修补 / 部件涂料、轨道交通涂料等所有车辆涂料，并根据应用领域精准细分。在汽车修补用涂料标准上大幅度提升清漆 VOC 从 560 g/L 提升 480 g/L；水性 VOC 明确规定为 420 g/L。

2020 年 3 月 31 日，由工信部、生态环境部、国标委共同指导，环境规划院、涂料工业协会、石油化工联合会和中海油常涂院起草的国家标准《GB/T 38597—2020 低挥发性有机化合物含量涂料产品技术要求》正式发布。

推荐标准明显高于强制性国家标准，领先全球。VOC 标准：清漆提升至 420 g/L；油性漆底漆 / 中涂 / 本色面漆至 540 g/L；水性漆至 380 g/L，超过欧盟、美国标准 420 g/L。

推荐标准将覆盖长三角区域、京津冀及周边太原、济南、郑州等“2+26”个城市。

中国行业标准制定领先全球，充分体现了中国整体研发实力的上升和中华民族伟大复兴的趋势。在“中国制造”向“中国创造”转型关键时刻，中国标准将成为行业全球竞争制高点。在全球领先中国标准指引下，中国涂料行业必将高速发展，出现引领世界潮流的领军企业。

（资料来源：http://www.27580.cn/news/20542.html 内容有删改）

思考练习

1. 如何进行面漆局部修补喷涂边界的选择？
2. 如何进行涂膜的附着力检测？
3. 举例说明涂装中涂膜产生的病态及解决方法。

参考文献

[1] 吴兴敏，张凤云，翟静．汽车涂装技术 [M]. 北京：人民邮电出版社，2021.

[2] 何扬．汽车涂装工艺 [M]. 北京：人民邮电出版社，2021.

[3] 胡振川．汽车车身涂装工艺 [M]. 重庆：重庆大学出版社，2020.

[4] 李扬．汽车涂装技术 [M]. 北京：机械工业出版社，2020.

[5] 李珍芳，戴巍．汽车涂装技术 [M]. 北京：航空工业出版社，2020.

[6] 易建红，向忠国．汽车涂装工艺 [M]. 北京：人民交通出版社，2019.

[7] 李庆军．汽车车身修复及涂装技术 [M]. 北京：机械工业出版社，2016.